Maria E. Reicher

Einführung in die philosophische Ästhetik

Einführungen Philosophie

Die Reihe „Einführungen" (Philosophie) soll vor allem den Studienanfängern Orientierung bieten. Auf dem neusten Stand der Forschung werden die wesentlichen Theorien und Probleme aller Hauptgebiete der Philosophie dargestellt. Dabei geht es nicht um Philosophiegeschichte, sondern um das Philosophieren selbst. Nicht Namen und Epochen stehen im Vordergrund, sondern Argumente. Jeder Band steht für sich und ermöglicht einen systematischen Überblick über das jeweilige Gebiet. Die didaktische Aufbereitung (Zusammenfassungen, Übungsaufgaben, Literaturhinweise ...), eine übersichtliche Gliederung und die gute Lesbarkeit machen die Bände zu einem hervorragenden Hilfsmittel für Studierende.

Maria E. Reicher

Einführung in die philosophische Ästhetik

2. Auflage

Die Deutsche Nationalbibliothek verzeichnet diese Publikation in der Deutschen Nationalbibliografie; detaillierte bibliografische Daten sind im Internet über http://www.dnb.d-nb.de abrufbar.

2., überarbeitete Auflage 2010

1. Auflage 2005
Die Herausgabe dieses Werkes wurde durch die Vereinsmitglieder der WBG ermöglicht.
Satz: Lichtsatz Michael Glaese GmbH, Hemsbach
Einbandgestaltung: schreiberVIS, Seeheim
Gedruckt auf säurefreiem und alterungsbeständigem Papier
Printed in Germany

Besuchen Sie uns im Internet: www.wbg-wissenverbindet.de

ISBN 978-3-534-23218-5

Inhalt

Vorwort

Dieses Buch ist eine systematische Einführung in die wichtigsten Probleme und Theorien der philosophischen Ästhetik. Es ist so geschrieben, dass es grundsätzlich auch für Leserinnen und Leser ohne irgendwelche Vorkenntnisse in Philosophie verständlich sein sollte, wenngleich solche Vorkenntnisse (auch aus anderen Disziplinen der Philosophie) zweifellos von Nutzen sind. Das Buch richtet sich also sowohl an Studierende der Philosophie als auch an interessierte Laien. Dennoch ist es keine ganz leichte Lektüre. Es verlangt, wie jeder substantielle Lernprozess, ein gewisses Maß an Zeit und Anstrengung.

Es ist zweckmäßig, die einzelnen Kapitel in der vorgegebenen Reihenfolge zu lesen, aber im Großen und Ganzen sind die Kapitel so selbständig, dass sie prinzipiell auch unabhängig von den anderen gelesen werden können.

Den Prinzipien dieser Einführungsreihe in die Philosophie folgend habe ich auf historische Verweise und bibliographische Angaben im Text, wie sie in wissenschaftlichen Büchern sonst üblich sind, bewusst fast zur Gänze verzichtet. Das soll den Text kürzer und leichter lesbar machen und gezielt die Aufmerksamkeit auf die Probleme und Argumente lenken. Ziel des Buches ist es nicht, einen historischen Überblick zu geben, sondern zum Mitdenken anzuregen. Wer das Buch gründlich studiert hat, sollte in der Lage sein, selbständig weiterführende Literatur zu lesen.

Die Literaturhinweise am Ende jedes Kapitels und die Auswahlbibliographie am Ende des Buches sollen Hilfestellung bei der Wahl weiterführender Literatur geben. Die Literaturangaben können durchaus Arbeiten enthalten, in denen Positionen vertreten werden, die im Text scharf kritisiert werden. Bei der Auswahl der Literaturempfehlungen wurden Arbeiten bevorzugt, für deren Verständnis möglichst wenig Kenntnis der Fachliteratur erforderlich ist.

Die (ebenfalls nach Kapiteln gegliederte) Bibliographie am Ende des Buches ist eine Erweiterung der Literaturempfehlungen am Ende jedes Kapitels; sie enthält, neben anderen, die am Ende jedes Kapitels erwähnten Arbeiten. Natürlich handelt es sich trotzdem nur um eine kleine Auswahlbibliographie. Auf die Angabe historischer Texte verzichte ich auch dort weitgehend, es sei denn, es handelt sich um Arbeiten, die im Text direkt oder indirekt erwähnt wurden. Diese kleine Bibliographie ist aber eine gute Basis, von der ausgehend man fast alles finden kann.

Die Fragen am Ende jedes Kapitels dienen der Wiederholung und Selbstkontrolle. Sie sind so gehalten, dass grundsätzlich jeder, der den vorangegangenen Text gründlich durchgearbeitet hat, in der Lage sein sollte, sie zu beantworten.

Den Vorgaben der Herausgeber folgend, habe ich Definitionen im Text durch Rahmen hervorgehoben. Ich betone aber nachdrücklich, dass es sich dabei nicht um „Merksätze" handelt, die man nach Möglichkeit auswendig lernen soll, wie die an Schulbücher erinnernde Form suggerieren könnte. In der Philosophie gibt es kaum gesicherte Wahrheiten, die man guten Gewissens zum Auswendiglernen empfehlen könnte. Das zeigt sich auch in diesem Buch immer wieder: Es ist keineswegs ungewöhnlich, dass es zu einer bestimmten Frage mehrere, einander teilweise widersprechende Theorien gibt, ohne dass man eine davon mit Bestimmtheit ausschließen könnte.

Selbstverständlich werden in diesem Buch, wie es sich für eine Einführung gehört, verschiedene, auch miteinander nicht verträgliche Theorien dargestellt und diskutiert. Dennoch werde ich nicht selten auch für oder gegen eine bestimmte Position Partei ergreifen. Schließlich geht es in der Philosophie um die Suche nach Wahrheit. Aber das primäre Ziel ist es nicht, die Leserinnen und Leser zum unkritischen Übernehmen der von mir präferierten Positionen zu bewegen. Vielmehr ist eines der wichtigsten Lernziele die Entwicklung der Fähigkeit, philosophische Auffassungen mit Argumenten zu kritisieren. Das ist wesentlich mehr wert als das blinde Akzeptieren einer Wahrheit.

Beim Schreiben dieses Buches wurde mir großzügige Hilfe und Unterstützung sowohl intellektueller als auch finanzieller Art zuteil. Für Korrekturen und konstruktive Kritik bin ich Johann Marek und den Herausgebern der Reihe „Einführungen Philosophie" der WBG, Dieter Schönecker und Niko Strobach, zu Dank verpflichtet. Das Buch entstand im Wesentlichen in den Jahren 2002–2003, als ich am Institut für Philosophie der Universität Graz eine Hertha-Firnberg-Nachwuchsstelle innehatte, die aus Sondermitteln des österreichischen Wissenschaftsministeriums finanziert wurde.*

Noch ein Wort zum schwierigen Thema „Sprache und Geschlecht": Die feministische Sprachkritik hat uns für die Tatsache sensibilisiert, dass die Sprache auch ein Bild der Beziehungen zwischen Männern und Frauen und ihrer jeweiligen Rollen in der Gesellschaft darstellt, wobei es in vielen Bereichen eine Tendenz gibt, den Anteil von Frauen zu unterschlagen. Es ist heute kaum mehr möglich, diese Einsicht in aller Unschuld zu ignorieren, auch wenn das viel bequemer wäre. Wenn ich mich beispielsweise nur an *Leser* ausdrücklich wende, ist mir bewusst, dass sich viele *Leserinnen* nicht im selben Maß angesprochen fühlen werden; und man darf wohl annehmen, dass es umgekehrt ebenso wäre. Die wahrscheinlich korrekteste Lösung bestünde darin, stets die weibliche und die männliche Form anzuführen. Aber das wäre an vielen Stellen im Text stilistisch haarsträubend. Das große „I" im Wortinneren ist hingegen zwar praktisch, hat aber den Einzug in den Regelkanon der Standard-Rechtschreibung noch nicht geschafft. Ich habe mich deshalb zu folgender Kompromisslösung entschlossen: Ich verwende manchmal die weibliche und manchmal die männliche Form. Ich bemühe mich dabei um Ausgewogenheit, aber davon abgesehen ist es beliebig, welche Form an einer bestimmten Stelle vorkommt; es hat keine tiefere Bedeutung. Im Regelfall meine ich stets beide Geschlechter.

* Es handelte sich um das Projekt T75.

I. Was ist philosophische Ästhetik?

In diesem Kapitel soll geklärt werden, was philosophische Ästhetik eigentlich ist. Konkret geht es darum zu klären, welche Gegenstände die philosophische Ästhetik erforscht (was ihr Gegenstandsbereich ist), welches ihre zentralen Fragen sind und welcher Methoden sie sich bedient. Es werden einige traditionelle Definitionen der philosophischen Ästhetik diskutiert und als nicht adäquat zurückgewiesen, und es wird eine alternative Definition vorgeschlagen. Diese Definition soll es ermöglichen, die Diskussionen in den folgenden Kapiteln in einen größeren Zusammenhang einzuordnen.

1. Auf der Suche nach einer Definition der philosophischen Ästhetik

Dieses Buch soll in die philosophische Ästhetik einführen. Aber was ist das überhaupt: philosophische Ästhetik? – Die philosophische Ästhetik ist, wie die Bezeichnung ja schon sagt, eine Disziplin der Philosophie, neben Erkenntnistheorie, Ontologie, Ethik und anderen.

Es gibt auch Ästhetik außerhalb der Philosophie. Philosophische Ästhetik und nicht-philosophische Ästhetiken unterscheiden sich weniger durch ihre Gegenstände als vielmehr durch ihre Methoden. Von den Methoden der philosophischen Ästhetik wird weiter unten die Rede sein, und in diesem Zusammenhang wird auch der Unterschied zwischen philosophischer Ästhetik und nicht-philosophischen Ästhetiken erörtert werden. Grundsätzlich gilt hier und durch das ganze Buch hindurch: Wenn nicht ausdrücklich anders angegeben ist mit „Ästhetik" stets *philosophische* Ästhetik gemeint.

Die Herkunft des Terminus „Ästhetik"

Der Terminus „Ästhetik" wurde im 18. Jahrhundert als Bezeichnung für eine philosophische Disziplin eingeführt, und zwar von Alexander Gottlieb Baumgarten. Baumgarten veröffentlichte 1750 ein Werk mit dem Titel *Aesthetica*, und er definierte darin die Ästhetik als die „Wissenschaft von der sinnlichen Erkenntnis". Der Terminus „Ästhetik" ist abgeleitet aus dem griechischen „aisthesis", was so viel bedeutet wie „sinnliche Wahrnehmung". Mit „sinnlicher Erkenntnis" meinte Baumgarten nichts anderes als Erkenntnis durch die Sinne, also Erkenntnis durch sinnliche Wahrnehmung.

Baumgarten wird manchmal als der Begründer der philosophischen Ästhetik betrachtet. Tatsächlich finden wir aber Gedanken, die inhaltlich der Ästhetik zuzurechnen sind, schon wesentlich früher, nämlich bereits in der antiken Philosophie, bei Platon und Aristoteles.

Wollte man die Ästhetik mit einem ästhetischen Prädikat charakterisieren, so könnte man sagen: Sie ist eine ziemlich unordentliche Disziplin. Betrachtet man das, was bisher in der Philosophie unter dem Titel „Ästhetik" behandelt wurde (oder in der Geschichte der Philosophie im Nachhinein darunter subsumiert wurde), gelangt man rasch zu dem Eindruck, dass die Ästhetik keine geschlossene Disziplin ist. Es gab und gibt unterschiedliche und zum Teil inkompatible Auffassungen darüber, was der Gegenstandsbereich der philosophischen Ästhetik sei und welche Aufgaben sie zu erfüllen habe.

Auch andere philosophische Disziplinen sind weit verzweigt und nicht immer sehr scharf voneinander abgegrenzt. Aber für die meisten philosophischen Disziplinen gibt es so etwas wie ein von allen (oder fast allen) Vertreterinnen und Vertretern der Disziplin als solches anerkanntes Kerngebiet, das sich in wenigen Worten umreißen lässt. So kann man auf die Frage „Was ist Erkenntnistheorie" antworten: „Erkenntnistheorie ist die Lehre vom Wesen, den Quellen und dem Umfang des Wissens"; auf die Frage „Was ist Ontologie?" lässt sich antworten: „Ontologie ist die Lehre vom Seienden als Seiendes"; auf die Frage „Was ist Ethik?" ließe sich etwa antworten: „Ethik ist die Theorie der Moral". Zwar gibt es ähnlich prägnante Charakterisierungen auch für die philosophische Ästhetik, aber diese sind (zu Recht, wie wir sehen werden) wesentlich umstrittener als etwa die erwähnte Charakterisierung von Erkenntnistheorie als Lehre vom Wesen, vom Umfang und von den Quellen des Wissens.

Traditionelle Definitionen der Ästhetik

Umstritten ist nicht nur Baumgartens Definition der Ästhetik als Theorie der sinnlichen Erkenntnis, sondern auch die wesentlich populärere Definition der Ästhetik als „Theorie des Schönen und der Kunst". Warum diese Definitionen nicht adäquat sind, werde ich weiter unten begründen. Bevor das geschieht, soll erklärt werden, warum man sich überhaupt um eine Definition der philosophischen Ästhetik bemühen soll und insbesondere auch, warum die Suche nach dieser Definition am Anfang einer Einführung in die philosophische Ästhetik steht.

Als philosophische Disziplin ist die Ästhetik eine Wissenschaft. Jede Wissenschaft hat ihren Gegenstandsbereich (im weitesten Sinn), ihre speziellen Fragestellungen und ihre Methoden, durch welche sie sich von anderen Wissenschaften unterscheidet. Es liegt auf der Hand, dass jede (kompetente) Wissenschaftlerin zumindest ein implizites Wissen über den Gegenstandsbereich, die Fragestellungen und die Methoden ihrer Wissenschaft haben muss. Eine Definition der Ästhetik ist nichts anderes als ein erster Schritt dazu, dieses Wissen explizit zu machen. Eine Definition der Ästhetik sollte uns sagen, wodurch sich die Ästhetik etwa von der Erkenntnistheorie oder der Ontologie unterscheidet. Wenn wir uns auf die Suche nach einer Definition der Ästhetik begeben, reflektieren wir also darüber, was die Ästhetik von anderen philosophischen Disziplinen (bzw. anderen Wissenschaften im Allgemeinen unterscheidet), was sie als eigenständige Disziplin auszeichnet. Das Ziel einer solchen Reflexion ist nicht, am Ende eine handliche Formel zu haben. Das Ziel ist vielmehr, Klarheit darüber zu erlangen, was wir eigentlich tun, nach welcher Art von Erkenntnis wir streben, welche grundlegenden Fragen wir beantworten wollen. In der täglichen wissenschaftlichen Arbeit geht es sehr oft um ganz spezielle Fragen und ganz kleine Probleme, und man kann darüber leicht den größeren Zusammenhang aus den Augen verlieren. Reflexion über den Gegenstandsbereich, die Fragestellungen und Methoden der eigenen Disziplin helfen dabei, den großen Zusammenhang im Auge zu behalten. So viel zum grundsätzlichen Nutzen der Suche nach einer Definition für die philosophische Ästhetik.

Warum soll man aber ausgerechnet eine *Einführung* in die philosophische Ästhetik mit der Suche nach einer Definition der philosophischen Ästhetik beginnen? Für eine Einführung in eine philosophische Disziplin ist es freilich nicht *notwendig*, eine Definition der Disziplin an den Anfang zu stellen. Man könnte auch einfach damit beginnen, wichtige Probleme, Argumente und Positionen der Disziplin zu diskutieren. Wer die wichtigsten Probleme, Argumente und Positionen der philosophischen Ästhetik kennt und verstanden hat, der weiß, was philosophische Ästhetik ist; und wer nicht weiß, welche Probleme, Argumente und Positionen es in der Ästhetik gibt, der weiß auch nicht wirklich, was philosophische Ästhetik ist. In letzterem Fall hilft es wenig, eine Definition der Art „Ästhetik ist die Theorie des Schönen und der Kunst" zu kennen.

Eine Definition lenkt den Blick auf das Wesentliche

Trotzdem ist es *nützlich*, eine Einführung in die philosophische Ästhetik mit der Frage zu beginnen, was philosophische Ästhetik eigentlich ist, und zwar aus folgendem Grund: Es ist, wie gesagt, die Aufgabe einer Einführung, die wichtigsten Probleme, Argumente und Positionen der Disziplin vorzustellen und zu diskutieren. Die Einschränkung auf *das Wichtigste* ist in diesem Zusammenhang wesentlich, und zwar aus mindestens zwei Gründen:

Erstens ist es allein aus Platzgründen unvermeidlich, eine Auswahl zu treffen. Auf dem Gebiet der Ästhetik wurde so viel nachgedacht und geschrieben, dass man nicht einmal in einem sehr dicken Buch alles erwähnen (geschweige denn erklären und kritisch diskutieren) könnte; dazu kommt, dass eine Einführung grundsätzlich nicht allzu umfangreich sein sollte, um das Durchhaltevermögen von Lesern und Leserinnen, die mit dem Gebiet noch nicht vertraut sind, nicht über Gebühr zu strapazieren.

Zweitens soll eine Einführung ja nicht nur Fachwissen vermitteln, sondern auch die Fähigkeit zur selbständigen *Orientierung* in dem betreffenden Gebiet. Dafür muss man aber eine Vorstellung davon haben, welche Fragen, Argumente und Positionen für eine Disziplin zentral sind und welche eher randständig. Welche Probleme, Argumente und Positionen sind aber zentral? Diese Frage lässt sich nur vor dem Hintergrund einer ganz bestimmten Auffassung darüber, was philosophische Ästhetik eigentlich ist, beantworten. Eine Ästhetikerin, die Ästhetik als Kunsttheorie auffasst, wird gewiss die Frage „Was ist Kunst?" als eine der zentralen Fragen der Ästhetik behandeln. Für einen Kollegen, der die Auffassung vertritt, Ästhetik sei Theorie der sinnlichen Erkenntnis wird dieselbe Frage vermutlich nur untergeordnete Bedeutung haben. Jede Einführung in die philosophische Ästhetik setzt also eine gewisse Konzeption von philosophischer Ästhetik voraus.

Aber nicht alle Autorinnen und Autoren von Einführungen in die philosophische Ästhetik machen explizit, was ihrer Ansicht nach philosophische Ästhetik ist. Das heißt: Nicht alle suchen nach einer Definition der philosophischen Ästhetik. Vielfach zeigen sich die Auffassungen nur indirekt, und zwar darin, welche Fragen, Argumente und Positionen diskutiert werden.

Ich stelle die Suche nach einer Definition der philosophischen Ästhetik an den Anfang, weil ich meine Auffassung darüber, was philosophische Ästhetik ist, von Anfang an möglichst klar machen möchte. Diese Transparenz soll Ihnen, den Leserinnen und Lesern, das Verständnis des Folgenden erleichtern. Die Definition der philosophischen Ästhetik, die ich in diesem Kapitel vorschlagen werde, steckt einen Rahmen ab, der von den folgenden Kapiteln ausgefüllt werden wird. Sie sollen in die Lage versetzt werden, die Fragen, Argumente und Positionen der folgenden Kapitel in einen größeren Zusammenhang einordnen zu können. Letzteres ist in der Philosophie oft schwierig: Gerade weil im philosophischen Denken Genauigkeit sehr wichtig ist, besteht permanent die Gefahr, sich in Details zu verlieren und am Ende vielleicht eine ingeniöse Lösung für ein kleines technisches Problem gefunden zu haben, aber nicht mehr zu wissen, warum man dieses Problem eigentlich lösen wollte.

Einer Einführung in die Ästhetik liegt also stets eine Entscheidung für eine bestimmte Auffassung von Ästhetik zugrunde. Nur so kann man entscheiden, welche Fragen in einer Einführung unbedingt erörtert, welche Begriffe erklärt, welche Theorien diskutiert werden müssen.

Drei Fragen zum Wesen der Ästhetik

Aus diesem Grund ist es sinnvoll, eine Einführung mit der Frage zu beginnen, was philosophische Ästhetik eigentlich ist. Konkret sollen die folgenden drei Fragen beantwortet werden: *1. Mit welchen Gegenständen beschäftigt sich die philosophische Ästhetik? 2. Welche Fragen stellt sie in Bezug auf diese Gegenstände? 3. Mit welchen Methoden versucht sie, diese Fragen zu beantworten?*

2. Die Gegenstände der philosophischen Ästhetik

Ich beginne mit der Frage nach den Gegenständen der Ästhetik. An dieser Stelle ist eine terminologische Anmerkung angebracht, die einen Terminus betrifft, der in diesem Buch allgegenwärtig ist, nämlich den Terminus „Gegenstand". Ich verwende diesen Terminus in einem etwas technischen (das heißt: vom natürlichen Sprachgebrauch abweichenden) Sinn. Im natürlichen Sprachgebrauch benützen wir „Gegenstand" häufig in derselben Bedeutung wie „Ding". Mit „Ding" meinen wir normalerweise mittelgroße materielle (und unbelebte) Gegenstände, also die Art von Sachen, die wir sehen und angreifen können. Dinge sind also zu unterscheiden von Ereignissen, Zuständen, Eigenschaften, Gedanken, Gefühlen, ja sogar von Lebewesen. Ich gebrauche den Ausdruck „Gegenstand" in einem sehr viel weiteren Sinn. In meinem Gebrauch sind auch Ereignisse, Zustände, Eigenschaften, Gedanken, Gefühle und selbstverständlich auch Lebewesen *Gegenstände*. Ein Gegenstand ist alles, worüber man nachdenken kann, wovon man sprechen kann, worüber man etwas wissen oder von dem man etwas glauben kann. Kurz: Alles ist ein Gegenstand in diesem Sinn.

Dieser Gebrauch des Ausdrucks „Gegenstand" kommt dem in Redewendungen wie „der Gegenstand des Gesprächs", „der Gegenstand der Debatte" oder „der Gegenstand der Untersuchung" sehr nahe. Der Gegenstand einer Debatte oder einer Untersuchung muss nicht unbedingt ein Ding sein. Gegenstand einer Untersuchung kann zum Beispiel ein Todesfall sein (also ein Ereignis), Gegenstand eines Gesprächs kann etwa die Freude über einen Besuch sein (also ein Gefühl).

Die Frage „Mit welchen Gegenständen beschäftigt sich die Ästhetik?" ist also in einem sehr weiten Sinn zu verstehen. Als Gegenstände der Ästhetik kommen grundsätzlich nicht nur Dinge in Frage, sondern auch Ereignisse, Zustände, Eigenschaften, Gefühle und anderes. Jedenfalls ist nichts davon durch die Verwendung des Ausdrucks „Gegenstand" in der Formulierung der Frage ausgeschlossen.

Drei traditionelle Definitionen der Ästhetik

Auf die Frage, welches die Gegenstände der Ästhetik seien, versuchen auch die drei bekanntesten traditionellen Definitionen der philosophischen Ästhetik eine Antwort zu geben. Diese Definitionen lauten:

1. Ästhetik ist die Theorie der Kunst.
2. Ästhetik ist die Theorie des Schönen.
3. Ästhetik ist die Theorie der sinnlichen Erkenntnis.

Selbstverständlich lassen sich auch jeweils zwei oder sogar alle drei dieser Charakterisierungen zu einer einzigen Definition zusammenfassen, wie in der schon erwähnten Charakterisierung von Ästhetik als Theorie des Schönen *und* der Kunst. Aus systematischen Gründen ist es aber zweckmäßig, diese drei zunächst getrennt zu diskutieren. Um das Ergebnis vorwegzunehmen: Sie sind weder einzeln noch zusammen genommen adäquat als Definitionen der Ästhetik.

Zweifellos ist die Theorie der Kunst ein wichtiger Teilbereich der Ästhetik. Sehr viele ästhetische Schriften beschäftigen sich mit Fragen, die zur Theorie der Kunst zu rechnen sind. Die Grundfrage der Kunsttheorie lautet: „Was ist Kunst?" Diese und andere, speziellere, Fragen der Kunsttheorie werden im letzten Kapitel diskutiert werden.

Ästhetik ist nicht nur Theorie der Kunst

Trotzdem kann man die Ästhetik nicht mit der Theorie der Kunst identifizieren, und zwar aus folgendem Grund: Ein zentrales Thema der Ästhetik ist die *ästhetische Erfahrung* bzw. das *ästhetische Erlebnis.* (Ich verwende die Ausdrücke „Erfahrung" und „Erlebnis" hier und im Folgenden als austauschbar.) Nun ist es zweifellos so, dass viele ästhetische Erlebnisse durch Kunstwerke zustande kommen bzw. Kunstwerke zum Gegenstand haben. Wir können ästhetische Erlebnisse haben, wenn wir Musik hören oder ein Gedicht lesen oder ein Gemälde betrachten, und so fort. Der springende Punkt ist aber: Ästhetische Erlebnisse kommen nicht *ausschließlich* durch Kunstwerke zustande. Ästhetische Erlebnisse können von ganz banalen Alltagsdingen und in ganz alltäglichen Situationen verursacht werden. Ein ästhetisches Erlebnis kann man haben, wenn man eine Spiegelung in einer Fensterscheibe sieht, oder einen liebevoll gedeckten Tisch, oder das Muster einer Tapete, und so weiter.

Außerdem können ästhetische Erlebnisse sogar von *natürlichen* Dingen und Ereignissen ausgelöst werden, zum Beispiel von Pflanzen, Tieren, nicht von Menschenhand geformten Steinen, Naturlandschaften oder Naturereignissen (wie einem Gewitter oder einem Regenbogen). Mit „natürlichen Dingen" bzw. „Naturdingen" ist hier, grob gesagt, alles gemeint, was nicht von Menschen oder anderen intelligenten Wesen geschaffen wurde, sondern was sozusagen „von selbst", auf natürliche Weise entstanden ist. (Es gibt allerdings Argumente für die Annahme, dass in speziellen Fällen auch ein

Naturding ein Kunstwerk sein kann. Dieses Thema wird im letzten Kapitel diskutiert werden.) In der ästhetischen Literatur findet man in diesem Zusammenhang oft den Ausdruck „das Naturschöne". Blumen, Berge und Regenbögen sind normalerweise keine Kunstwerke, aber sie können auf uns ästhetisch wirken, das heißt, sie können ein ästhetisches Erlebnis in uns auslösen. Aus diesem Grund ist es zu eng, philosophische Ästhetik als Theorie der Kunst zu definieren.

Ästhetik ist nicht nur Theorie des Schönen

Die Auffassung, dass Ästhetik die Theorie des *Schönen* ist, vermeidet den Einwand, der soeben gegen die Auffassung, dass Ästhetik Kunsttheorie ist, vorgebracht wurde: Schön können sowohl Kunstwerke als auch Naturdinge sein. Die Theorie des Schönen gehört auch zweifellos zur Ästhetik. Trotzdem ist die Definition der Ästhetik als Theorie der Schönheit nicht adäquat, und zwar vor allem aus zwei Gründen:

1. Die Theorie der Kunst geht nur zu einem kleinen Teil in der Theorie des Schönen auf. Natürlich hängen Kunst und Schönheit zusammen. Viele Menschen erwarten – ausgesprochen oder unausgesprochen – von einem Kunstwerk, dass es schön ist; und viele Kunstwerke *sind* auch schön. Zur Theorie der Kunst gehört aber auch Vieles, das nichts mit Schönheit zu tun hat. Das Problem der Authentizität von Aufführungen, oder das Problem der Beziehung zwischen Originalen und Fälschungen, und viele andere Fragen der Kunsttheorie, gehören nicht unmittelbar zur Theorie des Schönen.

Hässlichkeit in der Kunst

2. Nicht alle Kunstwerke sind schön. Nun kann man natürlich die Auffassung vertreten, dass es nicht-schöne Kunstwerke nicht geben kann, weil ein Gegenstand, der nicht schön ist, *per definitionem* kein Kunstwerk ist. Wer so argumentiert, der verwendet einen Kunstbegriff, der Schönheit einschließt. Wenn man einen solchen Kunstbegriff verwendet, dann gilt notwendigerweise: Alles, was ein Kunstwerk ist, ist schön.

Vom Begriff der Kunst und seinen Problemen wird, wie gesagt, noch ausführlich die Rede sein. Für den Augenblick soll der Hinweis genügen, dass ein solcher Kunstbegriff jedenfalls nicht dem allgemeinen Verständnis von Kunst entspricht. Das heißt: Es gibt viele Gegenstände, die allgemein als Kunstwerke anerkannt sind, die aber nicht schön sind bzw. nicht als schön gelten. Man denke zum Beispiel an die Arbeiten der Wiener Aktionisten in den 60er Jahren des vorigen Jahrhunderts oder an die Bilder Gottfried Helnweins (geb. 1948) oder an die Karikaturen von Manfred Deix (geb. 1949), die mit Absicht erschreckend und abstoßend hässlich sind. Man kann aber auch weiter zurückgehen in der Kunstgeschichte, um Beispiele für hässliche Kunst zu finden, etwa Caravaggios Gemälde *Medusa* (um 1600), welches, auf sehr realistische Weise, den schlangenbewachsenen Kopf einer Frau mit grässlich verzerrtem Gesicht darstellt. Wer nichts von dem als Kunst gelten lässt, nur weil es nicht schön ist, der spricht offensichtlich von Kunst nicht im üblichen Sinn.

In allen erwähnten Beispielen ist die Hässlichkeit von den Künstlern beabsichtigt. Ein Kunstwerk kann aber, so scheint es jedenfalls, auch deshalb der Schönheit ermangeln, weil es *misslungen* ist. Wer leugnet, dass das möglich ist, der verwendet den Ausdruck „Kunstwerk" als gleichbedeutend mit „gelungenes Kunstwerk". Von einem „misslungenen Kunstwerk" zu sprechen, wäre dann ein Widerspruch in sich. Ein misslungenes Kunstwerk wäre so unmöglich wie ein rundes Viereck oder ein verheirateter Junggeselle. Auch hier ist es mindestens fraglich, ob ein derart eingeschränkter Kunstbegriff nicht zu eng ist. Man muss sich fragen, ob es wirklich ein Widerspruch in sich ist, von einem „misslungenen Kunstwerk" zu sprechen.

Die Vielfalt ästhetischer Eigenschaften

3. Schönheit und Hässlichkeit sind nicht die einzigen ästhetischen Eigenschaften, die es gibt. Schöne Dinge können in uns ästhetische Erlebnisse auslösen, und zwar, wie es scheint, *aufgrund* ihrer Schönheit. Schönheit berührt uns ästhetisch. Aber es gibt auch andere Eigenschaften von Gegenständen, die uns ästhetisch berühren können.

Das Vokabular des Ästhetischen enthält mehr als die beiden Prädikate „schön" und „hässlich". Mit ästhetischen Prädikaten werden wir uns in Kapitel III gründlich beschäftigen. Vorläufig sollen nur einige Beispiele gegeben werden für ästhetische Prädikate, die sich nicht auf „schön" und „hässlich" reduzieren lassen: „anmutig", „erhaben", „anrührend", „poetisch", „kitschig", „sinnlich", „ausdrucksstark", „seicht", „langweilig", „humorvoll".

Ästhetik ist also nicht nur die Theorie des Schönen. Mit anderen Worten: Ästhetik als Theorie des Schönen zu definieren, ist zu eng. Es ist aber auch nicht adäquat, Ästhetik als Theorie des Schönen *und* der Kunst zu definieren. Denn Gegenstände, die weder Kunstwerke noch schön sind, können ja nichtsdestotrotz ästhetische Qualitäten haben und somit Gegenstände ästhetischer Erfahrung sein. Solche nicht-schönen Gegenstände, die keine Kunstwerke sind, sollten also auch zum Gegenstandsbereich der Ästhetik gezählt werden. Es gibt ästhetische Erfahrungen, die weder Kunsterlebnisse noch Schönheitserlebnisse sind; und auch diese ästhetischen Erfahrungen gehören zum Gegenstandsbereich der Ästhetik. Ästhetik muss also mehr sein als Theorie des Schönen und der Kunst.

Wenden wir uns nun Baumgartens Definition zu: „Ästhetik ist die Theorie der sinnlichen Erkenntnis (also der sinnlichen Wahrnehmung)." Im Licht unseres modernen Alltagsverständnisses mag diese Definition weit hergeholt klingen. Aber sie ist in der Geschichte der Ästhetik sehr tief verwurzelt.

Es ist klar, dass für die Ästhetik eine Theorie der sinnlichen Wahrnehmung sehr wichtig ist. Denn für ästhetische Erlebnisse spielt die sinnliche Wahrnehmung eine zentrale Rolle. Nicht nur, dass die meisten (wenn nicht alle) Arten der ästhetischen Erfahrung ohne sinnliche Wahrnehmung gar nicht möglich wären. Ob wir in einer bestimmten Situation ein ästhetisches Erlebnis haben oder nicht, hängt wesentlich davon ab, *was* wir in dieser Situation sinnlich wahrnehmen und *wie* wir es wahrnehmen. Man wird also in einer umfassenden Ästhetik sicher nicht ohne eine Theorie der sinnlichen Wahrnehmung auskommen. Das heißt: Man muss sich darüber Gedanken machen, wie sinnliche Wahrnehmung funktioniert, wie sie gesteuert werden kann, welche Ebenen und Elemente der sinnlichen Wahrnehmung wir unterscheiden können, wodurch sinnliche Wahrnehmung beeinflussbar ist, und anderes mehr. Diese Fragen sind für die Ästhetik wichtig.

Ästhetik ist nicht Theorie der sinnlichen Wahrnehmung

Dennoch ist es nicht adäquat, die Ästhetik mit einer Theorie der sinnlichen Wahrnehmung zu identifizieren, und zwar aus zwei Gründen:

1. Es ist nicht jedes Wahrnehmungserlebnis ein ästhetisches Erlebnis. Mit anderen Worten: Nicht jede Wahrnehmung ist eine ästhetische Wahrnehmung. Sinnliche Wahrnehmung ist eines unserer wichtigsten Erkenntnis-

instrumente. Die Erkenntnis ästhetischer Qualitäten ist nur eine unter vielen möglichen Anwendungen dieses Instruments. In diesem Sinn ist die Charakterisierung von Ästhetik als Theorie der sinnlichen Erkenntnis viel zu weit.

2. Nicht jedes ästhetische Erlebnis ist ein Wahrnehmungserlebnis. Denken wir zum Beispiel an die Literatur. Literatur gehört sicher zum Gegenstandsbereich der Ästhetik. Literarische Texte haben ästhetische Qualitäten. Aber die ästhetischen Qualitäten von literarischen Texten sind nur zum Teil Sinnesqualitäten. Mit „Sinnesqualitäten" meine ich Qualitäten, die sinnlich wahrnehmbar sind. Rhythmus- und Klangeigenschaften eines Gedichtes oder Prosatextes sind sinnliche ästhetische Qualitäten. Aber ein literarisches Werk kann auch andere ästhetische Qualitäten haben, zum Beispiel Spannung, Poesie und Witz. Diese ästhetischen Qualitäten können sehr wesentlich sein für ein literarisches Werk, aber sie sind keine Sinnesqualitäten. Wenn wir uns eine Geschichte vorlesen lassen in einer Sprache, die wir nicht verstehen, dann können wir diese nicht-sinnlichen ästhetischen Qualitäten allenfalls aus dem Tonfall der Vorleserin erahnen, aber wirklich erfassen können wir sie nicht. In diesem Sinn ist die Charakterisierung von Ästhetik als Theorie der sinnlichen Erkenntnis zu eng.

Ästhetik als Theorie der sinnlichen Erkenntnis zu charakterisieren ist also einerseits zu weit, weil das Gebiet der sinnlichen Erkenntnis vieles umfasst, was nicht zur Ästhetik gehört. Die Charakterisierung ist aber andererseits auch zu eng, weil die Ästhetik vieles umfasst, was nicht zur sinnlichen Erkenntnis gehört.

Wir können also festhalten, dass keine der drei berühmtesten traditionellen Definitionen von Ästhetik adäquat ist. Jede einzelne ist entweder zu eng oder zu weit, oder sogar beides: in einer Hinsicht zu eng und in einer anderen Hinsicht zu weit. Es ist im Lichte des Gesagten unschwer einzusehen, dass auch keine Kombination der drei diskutierten Charakterisierungen eine adäquate Definition ergibt.

Eine alternative Definition der Ästhetik

Ich schlage nun eine Definition der Ästhetik vor, die sowohl die Theorie der Kunst als auch die Theorie des Schönen als auch einige Aspekte der Theorie der sinnlichen Wahrnehmung einschließt. Sie lautet:

> Ästhetik ist die Theorie der ästhetischen Erfahrung, der ästhetischen Gegenstände und der ästhetischen Eigenschaften.

Auf den ersten Blick könnte es scheinen, dass diese Definition zirkulär ist. Eine Definition ist zirkulär, wenn man das Definiens (das ist der „erklärende" Teil der Definition) nur dann verstehen kann, wenn man bereits das Definiendum (das ist der Terminus, den es zu definieren gilt) verstanden hat. Im vorliegenden Fall ist das Definiendum der Terminus „Ästhetik"; das Definiens ist „Theorie der ästhetischen Erfahrung, der ästhetischen Gegenstände und der ästhetischen Eigenschaften". Die Definition wäre also zirkulär, wenn man die Ausdrücke „ästhetische Erfahrung", „ästhetischer Gegenstand" und „ästhetische Eigenschaft" erst dann verstehen könnte, wenn man bereits wüsste, was „Ästhetik" bedeutet.

Es ist klar, dass eine zirkuläre Definition mangelhaft ist; denn sie verhilft uns nicht zu einem besseren Verständnis des definierten Ausdrucks – und das ist schließlich der Zweck einer Definition. Aber die vorgeschlagene Definition von „Ästhetik" ist nicht zirkulär. Zwar sind die Termini „ästhetische Erfahrung", „ästhetischer Gegenstand" und „ästhetische Eigenschaft" gewiss noch erklärungsbedürftig. (Ein großer Teil dieses Buchs ist dieser Aufgabe gewidmet.) Aber sie müssen nicht mit Hilfe des Terminus „Ästhetik" definiert werden. Die Definition wäre zirkulär, wenn zum Beispiel „ästhetische Erfahrung" definiert werden würde als die Art von Erfahrung, mit der sich die Ästhetik beschäftigt (und analog für „ästhetischer Gegenstand" und „ästhetische Qualität"). Aber dieser schwere Fehler lässt sich leicht vermeiden.

Die Ergebnisse der folgenden Untersuchungen können hier noch nicht vorweggenommen werden. Aber man kann doch versuchen, eine erste Idee davon zu vermitteln, was gemeint ist, wenn von ästhetischen Erlebnissen, ästhetischen Gegenständen und ästhetischen Eigenschaften die Rede ist.

Die Begriffe des ästhetischen Erlebnisses, des ästhetischen Gegenstandes und der ästhetischen Eigenschaft hängen sehr eng zusammen, und zwar in der Weise, dass sie wechselseitig durch die jeweils anderen definierbar sind. Man könnte zum Beispiel den Begriff des ästhetischen Gegenstandes und den Begriff des ästhetischen Erlebnisses mit Hilfe des Begriffs der ästhetischen Eigenschaft definieren:

Ästhetischer Gegenstand

> Ein ästhetischer Gegenstand ist ein Gegenstand, der (mindestens) eine ästhetische Eigenschaft hat.

Ästhetisches Erlebnis

> Ein ästhetisches Erlebnis ist ein Erlebnis, welches das Erfassen einer ästhetischen Eigenschaft einschließt.

In diesen Definitionen wird der Begriff der ästhetischen Eigenschaft benutzt, um den Begriff des ästhetischen Gegenstandes und den Begriff des ästhetischen Erlebnisses zu erklären. Diese Definitionen sagen freilich nichts darüber, was wir unter einer ästhetischen Eigenschaft verstehen sollen. Man könnte nun den Begriff der ästhetischen Eigenschaft folgendermaßen definieren:

Ästhetische Eigenschaft

> Eine ästhetische Eigenschaft ist eine Eigenschaft, die nur durch ein ästhetisches Erlebnis erfasst werden kann.

Diese Definition erklärt den Begriff der ästhetischen Eigenschaft mit Hilfe des Begriffs des ästhetischen Erlebnisses. Diese Definition ist, *für sich allein genommen*, nicht zirkulär, ebenso wenig wie die Definition des ästhetischen Erlebnisses. Aber diese beiden Definitionen *zusammen genommen* ergeben einen Zirkel: Ein Begriff A wird durch einen Begriff B erklärt; und der Begriff B wird durch den Begriff A erklärt.

Selbstverständlich ist so etwas *als Definition* mangelhaft. Denn wenn wir den Ausdruck „A“ nur verstehen können, wenn wir den Ausdruck „B“ verstehen, und wenn wir „B“ nur verstehen können, wenn wir „A“ verstehen, dann verstehen wir entweder sowohl „A“ als auch „B“ oder weder „A“ noch „B“. In beiden Fällen wäre eine Definition eines Begriffes A durch B (oder umgekehrt) nutzlos. Im ersten Fall wäre sie nutzlos, weil wir ja die Bedeutung von „A“ und „B“ bereits verstehen, also keine Definition brauchen. Im zweiten Fall wäre sie nutzlos, weil sie uns nicht weiterhilft.

Das bedeutet allerdings nicht, dass Definitionszirkel *in jeder Hinsicht* völlig nutzlos sein müssen. Wenn wir bereits ein Verständnis von „A“ oder „B“ (oder sogar von beiden) haben, dann kann es auch ein Erkenntnisgewinn sein, wenn uns klar wird, welche Beziehungen zwischen den Begriffen A und B bestehen.

Das ändert aber nichts daran, dass wir nicht, in ein und derselben ästhetischen Theorie, den Begriff des ästhetischen Erlebnisses durch den Begriff des ästhetischen Gegenstandes definieren können *und* den Begriff des ästhetischen Gegenstandes durch den Begriff des ästhetischen Erlebnisses. Wir können höchstens eine dieser Definitionen als Definition in unsere ästhetische Theorie aufnehmen. Der jeweils andere Begriff muss entweder anders definiert werden oder er muss undefiniert bleiben.

Undefinierte Begriffe

Undefinierte Begriffe gibt es in jeder Theorie, und zwar notwendigerweise. Denn, wie an unseren Beispielen schon ersichtlich ist, für jede Definition eines Begriffs müssen wir wiederum Begriffe benutzen. Wir können freilich diese Begriffe ihrerseits definieren, wozu wir wieder Begriffe brauchen, und so fort. An irgendeinem Punkt müssen wir allerdings diese Definitionskette abbrechen – ganz einfach deshalb, weil wir endliche Wesen sind. Da jede Theorie nur endlich viele Definitionen enthalten kann, müssen in jeder Theorie einige Begriffe undefiniert bleiben (vorausgesetzt, wir wollen Zirkularität vermeiden).

Diese unvermeidliche Konsequenz unserer Endlichkeit kann man unbefriedigend finden, aber sie ist nicht fatal. Denn zum Glück gibt es viele Ausdrücke, die wir recht gut verstehen, ohne sie jemals definiert zu haben. Vermutlich können Sie mit den Ausdrücken „ästhetischer Gegenstand“, „ästhetische Eigenschaft“ und „ästhetisches Erlebnis“ *irgendeinen* Sinn verbinden, wenn auch vielleicht keinen sehr klaren. Aber es dürfte ein Grundverständnis vorhanden sein, das als Ausgangspunkt dienen kann. Wenn das nicht der Fall ist, können Beispiele Abhilfe schaffen. Auf die Frage „Was ist eine ästhetische Eigenschaft?“ könnte man durch Angabe von typischen und unumstrittenen Beispielen antworten: Schönheit, Erhabenheit und Anmut sind allgemein anerkannte Beispiele für ästhetische Eigenschaften.

Falls es uns gelingt, den Begriff der ästhetischen Eigenschaft allein durch Angabe von Beispielen hinreichend klar zu machen, könnten wir diesen Begriff als undefinierten Grundbegriff behandeln und zur Definition des ästhetischen Erlebnisses und des ästhetischen Gegenstandes heranziehen, ohne in einen Zirkel zu geraten.

Später in diesem Buch wird sich allerdings zeigen, dass der Begriff der ästhetischen Eigenschaft doch problematischer ist als er auf den ersten Blick scheint. Daher schlage ich vor, lieber den Begriff der ästhetischen Erfahrung als undefinierten Begriff zu wählen. Dann kann dieser Begriff zur Definition des ästhetischen Gegenstandes und der ästhetischen Eigenschaft verwendet werden.

Vorausgesetzt, dass Schönheit eine ästhetische Eigenschaft ist, gilt: Ein Gegenstand, der schön ist, ist ein ästhetischer Gegenstand. Wenn wir die Schönheit eines Gegenstandes erfassen, dann haben wir ein ästhetisches Erlebnis. Ich spreche bewusst vom „Erfassen" einer ästhetischen Eigenschaft und nicht vom „Wahrnehmen". Wahrnehmen ist eine Art des Erfassens, aber nicht jedes Erfassen ist ein Wahrnehmen. Die Wahrnehmung sagt uns zum Beispiel nicht, dass ein Roman spannend ist. Die Qualität des Spannend-Seins erfassen wir nicht durch die Sinne.

Es ist leicht zu sehen, dass die vorgeschlagene Definition der Ästhetik die traditionellen Definitionen der Ästhetik ganz oder teilweise einschließt: Erstens ist gemäß dieser Definition die Theorie des Schönen ein Teilgebiet der Ästhetik, weil Schönheit eine ästhetische Eigenschaft ist. Zweitens ist gemäß dieser Definition die Theorie der Kunst ein Teilgebiet der Ästhetik, insofern Kunstwerke ästhetische Gegenstände sind. Drittens ist gemäß dieser Definition die Theorie der sinnlichen Wahrnehmung ein Teilgebiet der Ästhetik, insoweit sinnliche Wahrnehmung eine Form der ästhetischen Erfahrung ist bzw. insoweit die sinnliche Wahrnehmung ein wesentlicher Bestandteil der ästhetischen Erfahrung ist.

Der Begriff des ästhetischen Erlebnisses wird, wie gesagt, ausführlich im nächsten Kapitel erläutert werden. Ich sage bewusst, dass ein ästhetisches Erlebnis das Erfassen einer ästhetischen Eigenschaft *einschließt* – und nicht dass ein ästhetisches Erlebnis im Erfassen einer ästhetischen Eigenschaft *besteht*. Denn ein ästhetisches Erlebnis (wie der Begriff hier verstanden werden soll) kann ein sehr komplexes Erlebnis sein, das vieles einschließt – nicht nur das Erfassen ästhetischer Eigenschaften. Die Grundfrage lautet aber: Was geht in uns vor, wenn wir ästhetische Erfahrungen machen, und was unterscheidet ästhetische Erlebnisse von Erlebnissen anderer Art?

Die Frage, welche Gegenstände ästhetische Eigenschaften haben (und damit ästhetische Gegenstände sind) wird im dritten Kapitel behandelt. In diesem Kapitel wird auch die Natur ästhetischer Eigenschaften diskutiert. Die Ästhetik muss sich unter anderem mit folgenden Fragen beschäftigen: Was ist das Besondere an ästhetischen Eigenschaften? Welche ästhetischen Eigenschaften gibt es überhaupt? Welche Beziehungen bestehen zwischen ästhetischen und nicht-ästhetischen Eigenschaften? Wie kann man ästhetische Eigenschaften erkennen?

Die Gegenstände der Ästhetik

Die oben gestellte Frage „Mit welchen Gegenständen beschäftigt sich die philosophische Ästhetik?" kann nun also wie folgt beantwortet werden: *Die philosophische Ästhetik beschäftigt sich mit ästhetischen Eigenschaften, mit ästhetischen Gegenständen (das heißt: mit Gegenständen, die ästhetische Eigenschaften haben) und mit ästhetischen Erlebnissen (das heißt: mit Erlebnissen, die das Erfassen ästhetischer Eigenschaften einschließen).*

3. Die Fragen der philosophischen Ästhetik

Wir haben nun also eine Antwort auf die Frage gegeben, mit welchen Gegenständen sich die philosophische Ästhetik beschäftigt. Die Frage, welche Fragen die Ästhetik in Bezug auf diese Gegenstände stellt und zu beantworten sucht, lässt sich nicht in derart konziser Form beantworten. Aber ein paar Hinweise können gegeben werden bzw. wurden teilweise bereits gegeben. In Bezug auf ästhetische Eigenschaften geht es unter anderem um folgende Fragen: Gibt es (echte) ästhetische Eigenschaften überhaupt, oder lassen sich vermeintliche ästhetische Eigenschaften auf andere, nicht-ästhetische Eigenschaften zurückführen? Wenn es ästhetische Eigenschaften gibt, welche gibt es? In welchen Beziehungen stehen sie zueinander und zu nicht-ästhetischen Eigenschaften?

Die Frage nach der Existenz ästhetischer Eigenschaften

Der Begriff der Schönheit ist einer der zentralen Begriffe der Ästhetik. Von der Antike an haben sich Philosophen die Frage gestellt, was Schönheit ist. Diese Frage kann in der folgenden Weise verstanden werden: Was meinen wir eigentlich damit, wenn wir von einem Gegenstand sagen, dass er schön ist? Wollen wir damit dem Gegenstand eine Eigenschaft zusprechen (so, wie wenn wir sagen, dass ein Gegenstand rot oder zwei Meter hoch ist), oder wollen wir damit nur sagen, dass uns der Gegenstand *gefällt*? Das ist nicht dasselbe. Im ersten Fall sprechen wir nur von dem Gegenstand unserer Betrachtung und wir charakterisieren ihn, indem wir ihn beschreiben. Im zweiten Fall sprechen wir von dem Gegenstand der Betrachtung *und* von uns selbst, und wir beschreiben den Gegenstand nicht eigentlich, sondern charakterisieren ihn nur durch seine Beziehung zu uns, indem wir sagen, dass er auf uns in einer ganz bestimmten Weise wirkt.

Die Frage nach der Gültigkeit ästhetischer Urteile

Mit dem Problem der ästhetischen Eigenschaften hängt eng zusammen die Frage nach der Gültigkeit und der Bedeutung ästhetischer Urteile, insbesondere *ästhetischer Werturteile*. Ein ästhetisches Werturteil ist ein Urteil, mit dem einem Gegenstand ein ästhetisches Wertprädikat zugesprochen wird. „Schön" ist ein ästhetisches Wertprädikat. Ein Urteil der Form „x ist schön", zum Beispiel „Dieses Bild ist schön", ist also ein ästhetisches Werturteil. Hier lauten die wichtigsten Fragen: Wie ist ein Urteil der Form „x ist schön" zu interpretieren? Handelt es sich um ein echtes Werturteil oder nur um den Ausdruck eines Gefühls? Wenn es sich um ein echtes Werturteil handelt, kann es dann wahr sein? Wenn es wahr sein kann, wie kann man erkennen, ob es wahr ist oder nicht?

Angenommen, zwei Personen A und B sprechen über ein neues Bauwerk x. A sagt, dass x schön ist, B bestreitet das. Es hat den Anschein, dass hier eine Meinungsverschiedenheit zwischen A und B besteht. Aber wenn „x ist schön" so viel heißt wie „x gefällt mir", dann kann zwischen A und B keine Meinungsverschiedenheit bestehen, denn, wie eine bekannte Redewendung sagt: Über Geschmack lässt sich nicht streiten.

Wenn aber „x ist schön" sich nicht reduzieren lässt auf „x gefällt mir", dann stellt sich die Frage, was für eine Eigenschaft die Schönheit ist. Das Merkwürdige an der Schönheit ist nämlich Folgendes: Einerseits scheint Schönheit etwas zu sein, das man *wahrnimmt*, falls es vorhanden ist. Schönheit erkennt man nicht, indem man Schlüsse zieht. Jemand, der urteilt, dass ein bestimmtes Bauwerk schön ist, ist zu diesem Urteil nicht durch Schlussfolgerungen gekommen, etwa in der Art: „Das Bauwerk besteht aus Granit, Beton, Stahl und Glas, Teile der Fassade sind blau lackiert .... (und so fort), ... und daraus folgt: Es ist schön." Ebenso wenig kommt man auf diesem Weg zu dem Urteil, dass das Bauwerk *nicht* schön ist. Jedenfalls wäre dieses Verfahren sehr unzuverlässig, und wir gehen normalerweise auch nicht so vor. Zu ästhetischen Urteilen über Bauwerke, Skulpturen, Gemälde etc. gelangen wir normalerweise, indem wir diese Dinge *anschauen.*

Aber hier liegt ein Problem. Angenommen, A und B sind beide normalsichtig und mental gesund und haben x unter denselben äußeren Bedingungen angeschaut: Wie lässt sich dann erklären, dass sie in Bezug auf die Schönheit von x nicht übereinstimmend urteilen? Diese Fragen sind ganz zentral in der Ästhetik, und wir werden uns mit ihnen in Kapitel III dieses Buchs auseinandersetzen.

In Bezug auf ästhetische Gegenstände ist zunächst zu klären, welche Gegenstände überhaupt ästhetische Gegenstände (also Träger ästhetischer Eigenschaften) sein können: Sind es die materiellen Gegenstände, die wir sehen und angreifen können, oder sind es Gebilde unseres Bewusstseins? In engem Zusammenhang damit steht die Frage, wie ästhetische Gegenstände *entstehen.* Insofern Kunstwerke ästhetische Gegenstände sind, gehört die Theorie der Kunst mit allen ihren allgemeinen und auch spezielleren Fragen ebenfalls zur Theorie der ästhetischen Gegenstände im weiteren Sinn. In diesem Buch wird die allgemeine Frage nach der Natur ästhetischer Gegenstände in Kapitel III behandelt werden. Die Kapitel IV und V widmen sich verschiedenen Problembereichen der Theorie der Kunst.

Die Frage nach dem Wesen ästhetischer Erfahrung

Was die ästhetische Erfahrung betrifft, geht es vor allem um Klärung der Frage: Was macht das Wesen eines ästhetischen Erlebnisses aus? Mit anderen Worten: Was unterscheidet ästhetische Erlebnisse von nicht-ästhetischen Erlebnissen? „Nicht-ästhetische" Erlebnisse sind hier nicht zu verwechseln mit „unästhetischen" Erlebnissen! Wer etwas als „unästhetisch", also als „unschön" empfindet, hat ein ästhetisches Erlebnis. Aber was macht den Unterschied zwischen ästhetischen und nicht-ästhetischen Erlebnissen eigentlich aus? Was ist das Charakteristische eines ästhetischen Erlebnisses? Gibt es so etwas wie eine besondere „ästhetische Einstellung"? Wenn ja, worin besteht diese?

Es gibt viele verschiedene Arten von Erlebnissen, und nicht alle davon sind ästhetische Erlebnisse. Denken Sie zum Beispiel an die berühmten Fernsehbilder des Anschlags vom 11. September. Diese Bilder hatten auf die meisten Leute, die sie gesehen haben, eine starke psychologische Wirkung. Viele berichteten, sie hätten mit Entsetzen oder mit Angst darauf reagiert – oder auch mit Ungläubigkeit oder Verwirrung, Wut, Hass oder Ohnmachtgefühlen, oder alles zusammen. Diese Erlebnisse sind keine ästhetischen Erlebnisse. Manche berichteten aber auch, dass diese Bilder auf sie *ästhetisch* gewirkt hätten. Der deutsche Komponist Karlheinz Stockhausen äußerte etwa in einer Pressekonferenz, dass der Anschlag auf das World Trade Center ein *Kunstwerk* gewesen sei. (Stockhausens Äußerung wurde unter anderem in der *Welt* vom 18. 9. 2001 zitiert.) Er musste dafür sehr viel Kritik einstecken, vor allem moralische Kritik. Hier soll es aber nicht um eine Moraldiskussion gehen, und auch nicht darum, ob Stockhausen Recht hatte oder nicht. Vielmehr soll Stockhausens Äußerung als ein Indiz dafür genommen werden, dass die Bilder des Anschlags auf ihn eine ästhetische Wirkung hatten. Der philosophisch interessante Punkt ist: Wir haben Bekanntschaft mit ästhetischen Erlebnissen; und wir können ästhetische Erlebnisse von nicht-ästhetischen Erlebnissen unterscheiden. Aber worin besteht der Unterschied genau? Das ist eine Frage, die im Zentrum der philosophischen Ästhetik steht.

4. Die Methoden der philosophischen Ästhetik

So viel also zu den Fragen, mit welchen Gegenständen die philosophische Ästhetik sich beschäftigt und welche Fragen sie zu beantworten versucht. Es bleibt noch die dritte Frage zu beantworten: *Mit welchen Methoden* versucht die philosophische Ästhetik, ihre Fragen zu beantworten?

Philosophische und nicht-philosophische Ästhetik

Um das zu klären, ist es sinnvoll, die philosophische Ästhetik mit anderen Arten der Ästhetik zu vergleichen. Wie bereits erwähnt gibt es Ästhetik nicht nur in der Philosophie, sondern auch in anderen wissenschaftlichen Disziplinen. Was die *Gegenstände* betrifft, unterscheiden sich diese kaum von der philosophischen Ästhetik. Die Unterschiede liegen eher in den *Fragestellungen* und, damit zusammenhängend, in den *Methoden*.

Der Begriff der Ästhetik im Allgemeinen ist noch viel weiter und auch unschärfer als der Begriff der *philosophischen* Ästhetik. Mit Ästhetik (im weiteren Sinn) beschäftigen sich außer Philosophinnen noch Psychologen, Soziologinnen, Musikwissenschaftler, Literaturwissenschaftlerinnen, Kunsthistoriker, Kunstkritikerinnen und nicht zuletzt auch Künstler, sofern sie Kunst nicht nur produzieren, sondern über ihre Arbeit auch reflektieren.

Philosophische Ästhetik ist allgemein und nicht-empirisch

In einem ersten Schritt kann philosophische Ästhetik wie folgt charakterisiert werden: Philosophische Ästhetik ist eine *allgemeine* und eine *nicht-empirische* Ästhetik. Sie ist also von speziellen und empirischen Ästhetiken zu unterscheiden. Unter einer „speziellen Ästhetik" kann man zweierlei verstehen: Einerseits kann damit die Ästhetik einer bestimmten Art von Gegenständen bzw. Kunstwerken gemeint sein, zum Beispiel: Musikästhetik, Literaturästhetik, Gartenästhetik, Ästhetik des Wohnens, der Kleidung, und so fort. Andererseits kann mit „spezieller Ästhetik" aber auch eine ästhetische Beschäftigung mit einzelnen Gegenständen gemeint sein, also zum Beispiel eine Analyse und Kritik eines bestimmten Films, eines bestimmten Gemäldes, eines bestimmten Romans, und so fort. Bei dieser Art von spezieller Ästhetik geht es darum, einzelne Kunstwerke zu beschreiben und zu bewerten und, vor allem, die gemachten Werturteile zu begründen – oft mit der Absicht, die Leser dazu zu bringen, die Richtigkeit eines Werturteils einzusehen.

Wenn wir zwei Bedeutungen von „spezieller Ästhetik" unterscheiden können, dann können wir auch zwei Bedeutungen von „allgemeiner Ästhetik" unterscheiden. Einerseits kann eine Ästhetik allgemein sein in dem Sinn, dass sie sich nicht ausschließlich mit Gegenständen einer bestimmten Art beschäftigt (also nicht nur Kunstästhetik, Literaturästhetik etc. ist). Andererseits kann eine Ästhetik allgemein sein in dem Sinn, dass sie sich nicht der Analyse und Kritik einzelner Kunstwerke (oder anderer ästhetischer Gegenstände) widmet.

Philosophische Ästhetik ist tendenziell allgemein in beiden Bedeutungen von „allgemein", obwohl es auch philosophische Musikästhetik, Literaturästhetik, und so fort, gibt; insbesondere aber ist sie allgemein im zweiten Sinn. Das heißt: Es ist nicht Aufgabe der philosophischen Ästhetik, einzelne Kunstwerke oder andere ästhetische Gegenstände zu analysieren und zu bewerten. Daraus ergibt sich bereits, worum es in dem vorliegenden Buch *nicht* geht: Es geht nicht um eine Analyse und Kritik einzelner Kunstwerke. Es werden also keine Werturteile über Kunstwerke gemacht (außer vielleicht im Kontext eines Beispiels, aber in diesem Fall ist nicht intendiert, die Leserinnen dazu zu bringen, das betreffende Werturteil zu akzeptieren).

Philosophische Ästhetik und Kunstkritik

Es sollte freilich nicht verschwiegen werden, dass manche philosophischen Ästhetiker es sehr wohl als ihre Aufgabe sehen, konkrete Werturteile über einzelne Kunstwerke aufzustellen und zu begründen. Werturteile über Kunstwerke abzugeben und zu begründen, ist Aufgabe der Kunstkritik. Um keine Missverständnisse aufkommen zu lassen, sei gesagt: Unter „Kunstkritik" ist hier nicht das zu verstehen, was sich oft in Tageszeitungen auf den Kinoseiten findet, nämlich eine oberflächliche Beschreibung (etwa der Handlung eines Films) plus einer oftmals nicht näher begründeten Wertung (etwa der Leistungen der Schauspielerinnen oder des Regisseurs). Kunstkritik im hier gemeinten Sinn ist ein anspruchsvolleres Unterfangen. Kunstkritik im hier gemeinten Sinn dient nicht nur der Entscheidungshilfe für potentielle Konzert-, Kino- oder Ausstellungsbesucherinnen, ob es sich lohnt, Zeit und Geld zu investieren, um etwa eine bestimmte Inszenierung zu sehen, sondern soll zu einem vertieften Verständnis eines Werks (oder auch einer bestimmten Inszenierung/Aufführung eines Werks) führen. Kunstkritik dieser Art schließt meist (wenn auch nicht notwendigerweise) ästhetische Werturteile ein, aber im Allgemeinen finden wir für diese Werturteile auch Gründe angeführt. Denn die bloße Feststellung, dass etwa eine Inszenierung gut oder schlecht ist, verhilft uns zu keinem vertieften Verständnis. Zu einem vertieften Verständnis kann es aber führen, wenn auch gesagt wird, *warum* eine bestimmte Inszenierung gut oder schlecht ist. Die Lektüre einer solchen Kunstkritik kann sogar dann zu einem vertieften Verständnis des besprochenen Werks führen, wenn man mit den Werturteilen der Kritikerin nicht übereinstimmt.

Kunstphilosophie ist nicht Kunstkritik

Es ist selbstverständlich nicht ausgeschlossen, dass ein und derselbe Mensch Philosoph und Kunstkritiker in Personalunion ist (und in der Tat gibt es dafür prominente Beispiele). Es ist natürlich auch möglich, dass ein und dieselbe Person sowohl gute Kunstphilosophie als auch gute Kunstkritik macht. Das ändert aber nichts daran, dass die Aufgaben und Methoden der Kunstphilosophie von den Aufgaben und Methoden der Kunstkritik verschieden sind. Damit zusammenhängend kann ein Verfahren, das in der Kunstkritik sehr erfolgreich ist, in der Philosophie völlig unangemessen sein, und umgekehrt. Eine der wichtigsten Aufgaben von Kunstkritikerinnen ist es, Rezipienten für die ästhetischen Qualitäten eines Werks zu sensibilisieren, hinzuweisen auf relevante Merkmale, die ungeübten oder nicht hinreichend informierten Rezipienten entgehen könnten. Man könnte auch sagen: Die Funktion (oder jedenfalls eine der wichtigen Funktionen) von Kunstkritik besteht darin, uns zu lehren, Kunstwerke wahrzunehmen. Um das zu erreichen, ist es sehr oft zielführend, eine Detailanalyse des betreffenden Werks zu geben. Selten oder gar nie wird ein (guter) Kunstkritiker ein Werturteil durch Ableitung aus einem allgemeinen Prinzip begründen, nach dem Schema: „Dieses Werk hat die Eigenschaft F. Jedes Werk, das die Eigenschaft F hat, ist schön. Also ist dieses Werk schön." Vielmehr wird ein Kunstkritiker typischerweise auf bestimmte Qualitäten des Werks hinweisen, hoffend, uns durch diese Lenkung unserer Aufmerksamkeit dazu zu bringen, dass wir selber bemerken, dass das betreffende Werk schön ist.

Dagegen geht es in der Philosophie typischerweise um allgemeine Prinzipien und ihre Begründung, nicht so sehr um spezielle Einzelfälle. Wenn die Aufgaben und Methoden von Kunstkritik und Philosophie miteinander vermischt werden, dann besteht die Gefahr, dass das Resultat entweder schlechte Philosophie oder schlechte Kunstkritik ist, im schlimmsten Fall beides. Das kann zum Beispiel so aussehen, dass ein Philosoph seine persönlichen ästhetischen Vorlieben zu ästhetischen Prinzipien verallgemeinert und dann diese Prinzipien zur Begründung von Werturteilen über bestimmte Kunstwerke heranzieht. Ein solches Verfahren ist natürlich weder von einem philosophischen noch von einem kunstkritischen Standpunkt befriedigend. Wer die ästhetischen Vorlieben dieses Philosophen nicht teilt, wird seine ästhetischen Prinzipien von vorne herein nicht plausibel finden; und wer die ästhetischen Prinzipien nicht plausibel findet, wird die konkreten ästhetischen Werturteile für schlecht begründet halten.

Ich bleibe daher dabei, dass philosophische Ästhetik allgemeine Ästhetik (im zweiten Sinn) ist. Das heißt: Es geht nicht um das Verteidigen konkreter ästhetischer Werturteile über einzelne Gegenstände, sondern, unter anderem, eher um Fragen die die Natur ästhetischer Werturteile betreffen, zum Beispiel: Was ist eigentlich die Bedeutung eines ästhetischen Werturteils? Was meinen wir genau damit, wenn wir zum Beispiel sagen, dass ein Gegenstand schön ist? Was ist der „logische Status" ästhetischer Werturteile? Mit anderen Worten: Sind ästhetische Werturteile Behauptungen über objektiv vorhandene Qualitäten, oder sind sie bloß Ausdruck der Befindlichkeit der Sprecherinnen, oder sind sie eher Empfehlungen, einen Gegenstand auf eine bestimmte Weise wahrzunehmen? Wenn ästhetische Werturteile Behauptungen sind, lassen sie sich begründen? Wenn ja, wie? Gibt es überhaupt ästhetische Eigenschaften als objektive Eigenschaften in den Dingen? Wenn ja, in welcher Beziehung stehen sie zu nicht-ästhetischen Eigenschaften? Wenn es ästhetische Eigenschaften gibt, welche Gegenstände sind die Träger dieser Eigenschaften?

Diese Fragen betreffen die Grundlagen der speziellen Ästhetik. Man könnte auch sagen: Eine Ästhetik, die sich mit solchen Fragen beschäftigt, hat eigentlich die spezielle Ästhetik zum Gegenstand. Denn es geht ja darum zu verstehen, was wir tun, wenn wir spezielle Ästhetik treiben, und wie wir es tun. Deshalb wird diese Art von allgemeiner Ästhetik manchmal auch als „Meta-Ästhetik" bezeichnet. Meta-Ästhetik ist eine Disziplin, die sich der Reflexion über die spezielle Ästhetik widmet. Ich bleibe aber bei dem kompakten und allgemein üblichen Terminus „Ästhetik" zur Bezeichnung dessen, wovon in diesem Band gehandelt wird.

Empirische Ästhetik

Philosophische Ästhetik ist also zu unterscheiden von spezieller Ästhetik bzw. speziellen Ästhetiken. Philosophische Ästhetik ist aber außerdem zu unterscheiden von *empirischer* Ästhetik. Unter einer empirischen Wissenschaft verstehe ich eine Wissenschaft, deren Fragen grundsätzlich durch Beobachtung und Experiment zu entscheiden sind. Zur empirischen Ästhetik gehören die *psychologische* Ästhetik und die *soziologische* Ästhetik. Zur psychologischen Ästhetik gehören zum Beispiel Untersuchungen darüber, mit welchen Gefühlen Menschen auf bestimmte ästhetisch relevante Merkmale reagieren. Zum Beispiel können Psychologen ihren Versuchspersonen bestimmte Farbkombinationen oder Zeichnungen vorlegen, und die Versuchspersonen sollen ihnen mitteilen, ob sie die vorgelegten Muster schön finden oder nicht. Ästhetik kann auch darin bestehen, dass man versucht herauszufinden, warum ein bestimmter Gegenstand die ästhetische Wirkung hat, die er hat: Was macht es zum Beispiel aus, dass eine bestimmte Tonfolge harmonisch oder disharmonisch, aufregend oder langweilig erlebt wird? Mit welchen formalen Mitteln werden die betreffenden ästhetischen Erlebnisse hervorgerufen? Man kann versuchen, dafür psychologische Gesetzmäßigkeiten zu finden. Derartiges gehört nicht zur philosophischen Ästhetik.

Zur soziologischen Ästhetik gehören zum Beispiel empirische Untersuchungen über die Beziehungen zwischen Kunst und Gesellschaft. Eine Soziologin kann etwa die Struktur und die Mechanismen des Kunstbetriebes untersuchen, oder es kann untersucht werden, welche Zusammenhänge bestehen zwischen Bildungsgrad, Beruf, Wohnort und ästhetischen Interessen und Vorlieben. Auch das sind keine Fragestellungen der philosophischen Ästhetik.

Philosophische Ästhetik und Erfahrung

In diesem Buch geht es, wie zu Anfang gesagt, ausschließlich um philosophische Ästhetik. Dass ich die philosophische Ästhetik ausdrücklich von empirischen Ästhetiken unterscheide, könnte Anlass zu einem Missverständnis geben. Dieses mögliche Missverständnis rührt daher, dass das (aus dem Griechischen stammende) Wort „Empirie" so viel wie „Erfahrung" bedeutet, weshalb die empirischen Wissenschaften oft auch als „Erfahrungswissenschaften" bezeichnet werden. Das könnte suggerieren, dass eine nicht-empirische Wissenschaft völlig losgelöst von jeder Erfahrung ist. Das aber ist keineswegs gemeint, wenn ich sage, dass die philosophische Ästhetik keine empirische Wissenschaft ist. Tatsächlich spielt Erfahrung (insbesondere ästhetische Erfahrung) in der philosophischen Ästhetik eine wichtige Rolle. Ohne ästhetische Erfahrung gäbe es wahrscheinlich keine philosophische Ästhetik, weil die ästhetische Erfahrung der vielleicht wichtigste Gegenstand der philosophischen Ästhetik ist. Ein Wesen, das keine ästhetischen Erlebnisse kennt, könnte mit philosophischer Ästhetik wahrscheinlich kaum mehr anfangen als ein von Geburt an Blinder mit einer Farbenlehre. Was Fragen der philosophischen Ästhetik spannend macht, ist die Tatsache, dass sie letztlich darauf abzielen, dass wir eine bestimmte Art von Erlebnissen besser verstehen – Erlebnisse, die unserem Leben eine ganz spezielle Qualität verleihen, egal, ob wir uns dessen bewusst sind oder nicht.

Aber die philosophische Ästhetik ist nicht empirisch in dem Sinn, dass ihre Fragen durch Beobachtung und Experiment zu entscheiden wären; und das unterscheidet sie zum Beispiel von der psychologischen Ästhetik und von der soziologischen Ästhetik.

Es wurde gesagt, dass die psychologische Ästhetik sich unter anderem damit beschäftigt, psychologische gesetzmäßige Zusammenhänge zwischen gewissen dargebotenen Mustern einerseits und ästhetischen Erlebnissen andererseits zu finden. In dieser Formulierung der Problemstellung kommt der Begriff des „ästhetischen Erlebnisses" vor. Das heißt, es wird vorausgesetzt, dass wir verstehen, was ein ästhetisches Erlebnis ist. In der psychologischen Ästhetik wird dieser Begriff verwendet, aber er wird nicht selber thematisiert. Anders in der philosophischen Ästhetik: Hier fragen wir uns, was eigentlich ein ästhetisches Erlebnis ist.

Es wurde auch gesagt, dass sich die soziologische Ästhetik unter anderem mit der Beziehung zwischen Kunst und Gesellschaft befasst. Diese Problemstellung setzt den Begriff der Kunst voraus, ohne dass der Kunstbegriff selber thematisiert wird. Wenn eine Soziologin untersuchen möchte, welche Rolle Kunst im Leben von Arbeiterinnen oder Studierenden oder Bauern spielt, dann muss sie entscheiden, welche Dinge zum Bereich der Kunst gehören und welche nicht. Davon werden ihre Untersuchungsergebnisse wesentlich abhängen. Wenn zum Beispiel die Frage ist: „Wie viel Zeit wendet die Person A im Monat für den Kunstgenuss auf?", dann muss man entschieden haben, ob etwa Fernsehserien wie *Die Schwarzwaldklinik* zur Kunst zu rechnen sind oder nicht, sofern eine zum Untersuchungsbereich gehörende Person solche Serien konsumiert.

In der philosophischen Ästhetik wird der Begriff der Kunst selbst thematisiert. Wir fragen uns, was Kunst ist, was also Gegenstände, die wir „Kunstwerke" nennen, von Gegenständen unterscheidet, die wir nicht zu den Kunstwerken zählen.

Die Methode der Begriffsanalyse

Diese Beispiele sollten klarer machen, was es bedeutet, dass die philosophische Ästhetik (wie die Philosophie überhaupt) keine empirische Wissenschaft ist. Ihre Methode ist nicht, jedenfalls nicht in erster Linie, Beobachtung und Experiment, sondern *Begriffsanalyse*. Keine empirische Untersuchung kann uns die Frage beantworten, was Kunst ist, oder was ein ästhetisches Erlebnis von nicht-ästhetischen Erlebnissen unterscheidet. Diese Fragen können wir nur durch Analyse der jeweiligen Begriffe klären; und das gilt für alle Fragen der philosophischen Ästhetik.

„Analyse" bedeutet so viel wie „Zerlegung". Zerlegen kann man nur etwas Komplexes, das heißt: etwas, an dem sich mehrere Teile unterscheiden lassen. Begriffe analysieren heißt also, Begriffe in ihre Bestandteile zu zerlegen.

Begriffe sind etwas Abstraktes. Wie kann man etwas Abstraktes zerlegen? – Begriffe sind die *Bedeutungen von (allgemeinen) Ausdrücken*. Zum Beispiel: Der Begriff der Kunst ist das, was das deutsche Wort „Kunst" (und auch das englische Wort „art", das italienische Wort „arte" etc.) bedeutet. Die Analyse eines Begriffs geht so vor sich, dass wir die Bedeutung eines Ausdrucks durch andere Ausdrücke angeben, deren Bedeutungen in der Bedeutung des ursprünglichen Ausdrucks „enthalten" sind. Eine Begriffsanalyse hat oft die Form einer Definition. Zum Beispiel: „Ein Kunstwerk ist ein Artefakt (also ein künstlich hergestellter Gegenstand), das keinerlei praktischen Nutzen hat." Analysiert wird hier der Begriff des Kunstwerks. Gemäß dieser Analyse enthält der Begriff des Kunstwerks zwei Bestandteile, nämlich einerseits die Bedeutung des Ausdrucks „Artefakt“ und andererseits die Bedeutung des Ausdrucks „ohne praktischen Nutzen“.

Definitionen in der Philosophie

An dieser Stelle möchte ich einige grundsätzliche Bemerkungen über Definitionen in der Philosophie machen, die zu einem besseren Verständnis der Methoden der philosophischen Ästhetik beitragen sollen. Es dürfte schon klar geworden sein, dass es in der philosophischen Ästhetik oft um die Suche nach Definitionen geht. In diesem Kapitel geht es um eine Definition von „Ästhetik“. In den folgenden Kapiteln werden wir unter anderem nach einer Definition der ästhetischen Erfahrung, der ästhetischen Einstellung und der Kunst suchen. Daher könnte es hilfreich sein, ganz allgemein zu erläutern, was eine Definition eigentlich ist, warum wir nach Definitionen suchen und, nicht zuletzt, welche Bedingungen eine Definition erfüllen muss, damit wir sie akzeptieren.

Philosophische Fragen haben sehr oft die Form „Was ist x?“. Das gilt auch für viele der Fragen der Ästhetik. Zum Beispiel: „Was ist Schönheit?“ „Was ist Kunst?“ „Was ist ästhetische Erfahrung?“ Fragen dieser Form können nicht immer durch Angabe von Beispielen beantwortet werden. Wer zum Beispiel die Frage „Was ist Kunst?“ dadurch zu beantworten versucht, dass er einige Kunstwerke aufzählt, hat nicht verstanden, worauf die Frage abzielt. Die Frage wäre nicht einmal durch Aufzählung *aller* Kunstwerke adäquat beantwortet. Philosophische Fragen der Form „Was ist x?“ verlangen oft eine Definition als Antwort. Das bedeutet freilich nicht, dass es nicht sinnvoll sein kann, nach Beispielen zu suchen. In der Tat kann etwa die Suche nach einer Definition des Kunstbegriffs damit beginnen, dass man Beispiele anführt für Gegenstände, die eindeutig Kunstwerke sind. Aber das ist nur der erste Schritt. Der nächste Schritt könnte etwa darin bestehen, dass man sich fragt, was alle diese Gegenstände gemeinsam haben. Damit kommt man einer Definition von „Kunst“ schon entscheidend näher.

Fragen, die nach einer Definition als Antwort verlangen, haben aber nicht immer die Form „Was ist x?“. Häufig haben sie auch die Form „Was heißt es zu sagen, dass ...?“. Zum Beispiel könnte man anstelle von „Was ist Schönheit?“ auch fragen: „Was heißt es zu sagen, dass ein Gegenstand schön ist?“ oder „Was heißt ‚x ist schön‘?“ Alle diese verschiedenen Formulierungen laufen auf dasselbe hinaus: Sie alle verlangen eine Definition als Antwort.

Entsprechend gibt es auch verschiedene sprachliche Ausdrucksformen für Definitionen. Hier sind einige Formen, die Definitionen annehmen können:

– „x ist y.“ Zum Beispiel: „Ästhetik ist die Theorie des Schönen.“

– „‚x ist F‘ heißt so viel wie ‚x ist G‘.“ Zum Beispiel: „‚x ist schön‘ heißt so viel wie ‚x ist angenehm für die Sinne‘.“

– „Zu sagen, dass x F ist, heißt so viel wie zu sagen, dass x G ist.“ Zum Beispiel: „Zu sagen, dass x ein Kunstwerk ist, heißt so viel wie zu sagen, dass x allgemein als Kunstwerk akzeptiert wird.“

– „x ist F genau dann, wenn p.“ Zum Beispiel: „x ist schön genau dann, wenn x angenehm für die Sinne ist.“

(Die angeführten Definitionen sollen hier nur als Beispiele dienen, nicht als Vorschläge, wie die betreffenden Begriffe tatsächlich zu definieren sind.)

Lexikalische Definitionen

Nun kann eine Definition in einer bloßen Beschreibung des faktischen Gebrauchs eines Wortes bestehen. So könnte man zum Beispiel die Frage „Was ist Kunst?" beantworten, indem man beschreibt, wie das Wort „Kunst" in unserer Sprache faktisch gebraucht wird. Definitionen dieser Art finden wir in Wörterbüchern und Lexika. Man nennt sie daher auch „lexikalische Definitionen". Eine lexikalische Definition von „Kunst" oder „Kunstwerk" würde zutage bringen, dass diese Wörter in zahlreichen verschiedenen Bedeutungen gebraucht werden. Eine solche Definition ist interessant für einen Lexikographen, aber unbefriedigend vom Standpunkt der Philosophie. Denn die Frage „Was ist Kunst?" zielt ja nicht darauf ab, was von den Leuten „Kunst" genannt wird, sondern darauf, was Kunst *ist*. Bei der Definition mancher Wörter fällt das zusammen (was die Leute „Tisch" *nennen, ist* im Allgemeinen auch ein Tisch); aber im Fall der Kunst liegen die Dinge komplizierter, unter anderem deshalb, weil die verschiedenen Kunstbedeutungen, die in Gebrauch sind, teilweise miteinander unverträglich sind, wie wir sehen werden.

Stipulative Definitionen

Eine andere Art der Definition besteht in einer bloßen, völlig willkürlichen Festsetzung. Solche Definitionen werden auch „stipulative Definitionen" genannt. (Das aus dem Lateinischen stammende Adjektiv „stipulativ" bedeutet so viel wie „auf Übereinkunft beruhend".) Stipulative Definitionen können durchaus sinnvoll sein, zum Beispiel dann, wenn ein neues Wort eingeführt wird zur Bezeichnung einer Sache, für die es bisher überhaupt keine Bezeichnung gab (etwa für eine neu entdeckte oder entstandene Krankheit). Aber als Antwort auf die Frage „Was ist Kunst?" oder „Was ist ein Kunstwerk?" hätte eine stipulative Definition keinen Wert. Man könnte sich vorstellen, dass eine autoritäre Kulturministerin auf die Idee kommt, der lästigen Vieldeutigkeit des Wortes „Kunst" ein Ende zu setzen durch irgendeine beliebige Festsetzung, zum Beispiel: „Kunst ist alles, was zwischen 1730 und 1825 hergestellt wurde; und nichts sonst ist Kunst." Die Wertlosigkeit eines solchen Verfahrens ist offenkundig. Selbst wenn jemand die Macht hätte, diesen Sprachgebrauch durchzusetzen, wäre damit nichts gewonnen – jedenfalls in keiner Weise mehr Klarheit darüber, was Kunst ist. Das aber ist unser Ziel: Wir wollen besser verstehen, was Kunst ist.

Wenn wir in der Philosophie nach Definitionen suchen, dann geht es normalerweise um Begriffe, die uns bereits mehr oder weniger vertraut sind. Mit anderen Worten: Wir haben bereits ein gewisses *Vorverständnis* von der Sache. Das gilt auch für Definitionen in der Ästhetik. Am Beispiel des Kunstbegriffs zeigt sich das unter anderem daran, dass wir in vielen Kontexten das Wort „Kunst" ohne große Probleme verwenden und verstehen können. Aber wenn wir zu reflektieren beginnen, dann bemerken wir Unsicherheiten, und es erwacht das Bedürfnis, die Sache zu klären. Das ist Aufgabe einer philosophischen Definition.

Explikationen

Für das philosophische Unternehmen der Definition des Kunstbegriffs bedeutet das: Die Definition darf nicht bloß den herrschenden Sprachgebrauch beschreiben; sie darf aber andererseits auch nicht den herrschenden Sprachgebrauch völlig ignorieren. Sie sollte so sein, dass sie den Kern des herrschenden Sprachgebrauchs unversehrt bestehen lässt, aber zugleich den Begriff weniger vage und vieldeutig macht. Die Definition, nach der wir suchen, ist also sozusagen ein Mittelding zwischen einer lexikalischen und einer stipulativen Definition. Ihre Funktion besteht darin, *einen bereits bekannten Begriff zu klären*. Solche Definitionen werden auch „explikative (= erklärende) Definitionen", oder kurz: „*Explikationen*" genannt.

Die meisten interessanten Definitionen in der Philosophie sind Explikationen. Das gilt auch für die Definitionen in der Ästhetik, also zum Beispiel für die Definitionen von Kunst, Schönheit und ästhetischer Erfahrung, aber auch für die Definition von Ästhetik selbst. Das heißt: Eine adäquate Definition der Ästhetik sollte so sein, dass sie alles (oder jedenfalls einen großen Teil dessen) einschließt, was bisher allgemein unter „Ästhetik" verstanden wurde. Eine Definition, die diese Bedingung nicht erfüllt, wäre zu *eng*. Zum Beispiel wäre eine Definition von „Ästhetik", der gemäß die Theorie der Kunst nicht mehr zur Ästhetik gehört, zweifellos zu eng. Andererseits sollte sie so sein, dass sie alles (oder zumindest einen großen Teil dessen) ausschließt, was bisher von den meisten kompetenten Sprechern *nicht* unter „Ästhetik" verstanden wurde. Eine Definition, die diese Bedingung nicht erfüllt, wäre zu *weit*. So wäre etwa eine Definition von „Ästhetik", der gemäß beispielsweise technische Chemie zur Ästhetik gehört, eindeutig zu weit.

Adäquatheitskriterien für Definitionen

Wir verfügen also über *Kriterien für die Adäquatheit von Definitionen*: Eine adäquate Definition darf weder zu eng noch zu weit sein. Aber diese Kriterien sind selber reichlich vage. Was für eine kompetente Person noch eindeutig zur Ästhetik gehört, mag für eine andere eindeutig nicht mehr zur Ästhetik gehören; was für den einen eindeutig ein Kunstwerk ist, ist für den anderen eindeutig keines. Daher können verschiedene Personen auch verschiedene Definitionen ein und desselben Begriffs für adäquat halten. Darüber hinaus ist Adäquatheit eine Angelegenheit von *Graden*. Das heißt: Wir können nicht einfach sagen: Eine Definition ist vollkommen adäquat oder vollkommen inadäquat. Von verschiedenen adäquaten Definitionen kann eine adäquater sein als die andere. Entscheiden wird man sich natürlich für diejenige, die man für die adäquateste hält. Aber Entscheidungen dieser Art beruhen oft auf komplizierten Abwägungsprozessen, in denen wir uns zum Teil auf unser individuelles Vorverständnis eines Begriffs stützen müssen.

Der Umgang mit konkurrierenden Definitionen

Mehrere der Diskussionen in diesem Buch illustrieren diesen Punkt sehr gut. Es soll hier nicht allzu viel davon vorweggenommen werden. Aber nehmen wir zum Beispiel an, es stünden zwei konkurrierende Definitionen von „Kunst" bzw. „Kunstwerk" zur Debatte: Keine von beiden ist vollkommen inadäquat. Das heißt: Beide decken im Großen und Ganzen das ab, was allgemein unter „Kunst" bzw. „Kunstwerk" verstanden wird, und beide schließen das meiste von demjenigen aus, was allgemein nicht als Kunst betrachtet wird. Metaphorisch gesprochen können wir sagen: Beide Definitionen decken sich mit dem Kern des alltäglichen (vortheoretischen) Kunstbegriffs und können daher Anspruch auf Adäquatheit erheben. Nehmen wir weiter an, die Definition D1 schließt manche Gegenstände ein, deren Kunststatus umstritten ist. Weiter angenommen, wir gelangen von D1 zu einer engeren Definition D2, indem wir durch Hinzufügung weiterer Bedingungen die betreffenden umstrittenen Gegenstände ausschließen können. Ist nun D2 adäquater als D1? – Nicht notwendigerweise. Denn es kann sein, dass wir die umstrittenen Gegenstände, die D1 einschließt, nur ausschließen können um den Preis des Ausschlusses anderer Gegenstände, die wir eigentlich nicht ausschließen wollen. Wie sollen wir dann entscheiden?

Man könnte sich der Entscheidung überhaupt enthalten, und sich damit begnügen, die verschiedenen Möglichkeiten aufzuzeigen. Das ist ein legitimer, wenn auch nicht gänzlich befriedigender Weg. Wenn man der Entscheidung aber nicht aus dem Weg gehen will, dann wird man jene Definition wählen, die am wenigsten vom individuellen vortheoretischen Verständnis abweicht. Das „vortheoretische Verständnis" ist das Verständnis von einer Sache, das wir haben, bevor wir angefangen haben, darüber systematisch nachzudenken. Anstatt von einem „vortheoretischen Verständnis" ist in der Philosophie auch oft von *„Intuitionen"* die Rede. Wir sagen zum Beispiel, dass eine Hypothese oder eine Konklusion „intuitiv plausibel" ist, wenn sie im Wesentlichen mit unserem vortheoretischen Verständnis übereinstimmt; und wir sagen, dass eine Annahme oder eine Konklusion *„kontraintuitiv"* ist, wenn sie mit unserem vortheoretischen Verständnis von einer Sache konfligiert. Um möglichen Missverständnissen vorzubeugen, sei darauf hingewiesen, dass der Ausdruck „Intuition" manchmal auch in einem anderen Sinn gebraucht wird, etwa im Sinn von „plötzlicher Einfall" oder „unbegründete Überzeugung". Das ist hier mit „Intuition" *nicht* gemeint. Die Intuitionen, von denen hier die Rede ist, kommen weder plötzlich noch sind sie unbegründet, wenngleich wir oft zunächst nur ein implizites Wissen von den Gründen haben. Das heißt: Es kann sein, dass wir erst nach längerem Nachdenken in der Lage sind, die Gründe anzugeben.

Warum Definitionen Erkenntniswert haben können

Wir können also sagen: Eine Philosophin wird sich für diejenige Definition von „Kunstwerk" entscheiden, die am ehesten ihren Intuitionen darüber, was ein Kunstwerk ist und was nicht, entspricht. Das wirft allerdings einen ernsten Verdacht auf, nämlich den, dass eine Definition letztlich nur ein Explizitmachen schon im vortheoretischen Zustand vorhandener Intuitionen ist. Wäre dem so, wäre der Erkenntnisgewinn in der Tat bescheiden. Er bestünde lediglich darin, dass man sich bewusst macht, wie man zum Beispiel das Wort „Kunst" schon immer verstanden hat. Wir würden damit in keiner Weise etwas darüber lernen, was Kunst ist. Aber tatsächlich besteht eine philosophische Begriffsexplikation nicht nur darin, vortheoretische Intuitionen explizit zu machen, und zwar aus zwei Gründen: *Erstens* kann sich niemand allein auf sein individuelles Verständnis, seine persönlichen Intuitionen stützen. Man muss auch das vortheoretische Verständnis anderer Personen berücksichtigen, insbesondere solcher Personen, die auf dem betreffenden Gebiet als besonders kompetent gelten. *Zweitens* ist das Suchen nach einer Definition ein Prozess, in dessen Verlauf sich Intuitionen *ändern* können. Es ist durchaus möglich, dass ein Philosoph am Beginn einer Suche nach einer Definition manches kontraintuitiv findet, was ihm später nicht mehr so erscheint, und dass er umgekehrt am Anfang manches intuitiv plausibel findet, was ihm später kontraintuitiv erscheint.

Definitionen sind Vorschläge

Wie gesagt, konkrete Beispiele für Probleme dieser Art kommen in diesem Buch in großer Fülle vor. Für den Augenblick können wir daraus einige allgemeine Lehren ziehen, die für ein tieferes Verständnis des Folgenden sehr wichtig sind: Explikative Definitionen sind nicht wahr oder falsch, sondern mehr oder weniger adäquat bzw. inadäquat. Man sollte sie daher nicht als

Behauptungen auffassen, sondern eher als Vorschläge. Wenn man, aufgrund neuer Überlegungen, eine Definition aufgibt und durch eine andere ersetzt, bedeutet das nicht, dass die alte Definition wertlos war. Auch eine Definition, die man aus guten Gründen nicht akzeptiert, kann wertvolle Einsichten enthalten.

Das Ziel einer Definition ist nicht (jedenfalls nicht in erster Linie) die Reglementierung des Sprachgebrauchs. Das heißt: Es geht nicht darum, anderen Leuten vorzuschreiben, wie sie das Wort „Ästhetik“ oder das Wort „Kunst“ oder andere Ausdrücke gebrauchen sollen. Wie wir unsere Wörter gebrauchen, ist letztlich eine Sache der Übereinkunft der Mitglieder einer Sprachgemeinschaft – obwohl man manchmal schon argumentieren kann, dass ein bestimmter Wortgebrauch zweckmäßiger ist als ein anderer. In erster Linie geht es aber darum, etwas über die Sache selber zu lernen. Ein wenig altmodisch ausgedrückt könnte man auch sagen: Es geht um das Wesen der Dinge. Definitionen sind Versuche, in möglichst präziser Weise zu formulieren, was das Wesen einer Sache ist.

Wenden wir uns noch einmal der vorgeschlagenen Definition von Ästhetik als Theorie der ästhetischen Eigenschaften, der ästhetischen Gegenstände und der ästhetischen Erfahrung zu. Wir können jetzt sehen, dass diese Definition die oben formulierten Adäquatheitskriterien gut erfüllt: Sie schließt große Bereiche dessen ein, was in der Tradition unter „Ästhetik“ verstanden wurde. Sie schließt darüber hinaus alle jene Gegenstände ein, von denen wir gesehen haben, dass sie von traditionellen Definitionen zu Unrecht ausgeschlossen wurden, zum Beispiel die ästhetische Eigenschaft der Hässlichkeit, ästhetische Gegenstände, die keine Kunstwerke sind und ästhetische Erlebnisse, die keine sinnlichen Wahrnehmungserlebnisse sind. Wir haben daher guten Grund zu der Annahme, dass die vorgeschlagene Definition *nicht zu eng* ist und damit zumindest *ein* Kriterium der Adäquatheit erfüllt. Wir haben aber auch guten Grund zu der Annahme, dass die vorgeschlagene Definition *nicht zu weit* ist und daher auch das zweite Kriterium der Adäquatheit erfüllt. Es ist intuitiv plausibel, dass zum Gegenstandsbereich der Ästhetik sowohl ästhetische Eigenschaften als auch ästhetische Gegenstände als auch ästhetische Erlebnisse gehören.

5. Zusammenfassung, Lektürehinweise, Fragen und Übungen

Zusammenfassung

Die philosophische Ästhetik ist die Theorie der ästhetischen Phänomene in ihrer Gesamtheit, oder kurz: des „Ästhetischen“. „Das Ästhetische“ hat drei Hauptaspekte, die eng zusammenhängen, nämlich: ästhetische Eigenschaften, ästhetische Gegenstände und ästhetische Erfahrung. Man kann die Ästhetik also definieren als Theorie der ästhetischen Eigenschaften, der ästhetischen Gegenstände und der ästhetischen Erfahrung. Die wesentliche Aufgabe der philosophischen Ästhetik ist die Klärung dieser drei Begriffe: ästhetisches Erlebnis, ästhetischer Gegenstand, ästhetische Eigenschaft.

Nach traditionellen Auffassungen ist die Ästhetik eine Theorie des Schönen und/oder eine Theorie der Kunst und/oder eine Theorie der Sinneswahrnehmung. Jede dieser traditionellen Auffassungen erweist sich jedoch bei näherer Betrachtung als inadäquat: Ästhetik als Theorie der sinnlichen Erkenntnis zu definieren ist einerseits zu weit (weil nicht jede sinnliche Erkenntnis ästhetisch ist) und andererseits zu eng (weil nicht jede ästhetische Erfahrung eine sinnliche Erfahrung ist). Ästhetik als Kunsttheorie zu definieren ist zu eng, weil nicht nur Kunstgegenstände Gegenstände der ästhetischen Erfahrung sein können. Ästhetik als Theorie des Schönen zu definieren ist ebenfalls zu eng, weil es zweifelhaft ist, ob jegliche Kunsterfahrung Erfahrung des Schönen ist – und auch weil Schönheit nicht die einzige ästhetische Qualität ist. Ästhetik als Theorie ästhetischer Qualitäten, ästhetischer Gegenstände und ästhetischer Erfahrung schließt die Theorie des Schönen und die Theorie der Kunst ein, und sie enthält auch Elemente einer Theorie der sinnlichen Erkenntnis. Aber die vorgeschlagene Definition ist einerseits umfassender als die traditionellen Definitionen, weil sie ästhetische Erfahrungen einschließt, die nicht Erfahrungen des Schönen sind; andererseits ist die vorgeschlagene Definition restriktiver, weil sie nicht-ästhetische Sinneswahrnehmung als nicht zum Untersuchungsgebiet der Ästhetik gehörend ausschließt. Es scheint daher adäquat, diese Definition von Ästhetik als Ausgangspunkt zu nehmen.

Lektürehinweise

Vielleicht die derzeit beste Einführung in die Ästhetik (wenn auch aus kunsttheoretischer Perspektive) ist [3]. Sie ist streckenweise nicht ganz leicht, aber dafür durchaus nicht nur für Anfänger mit Gewinn zu lesen. Ebenfalls sehr empfehlenswert sind [6] und [5]. (Letzteres Buch enthält auch einen ausführlichen historischen Teil.)

Ein nützliches Nachschlagewerk mit ausführlichen Artikeln sowohl zu Personen als auch zu Schlagwörtern der Ästhetik ist [4]. Erste Orientierung zu einzelnen Ästhetikern und Ästhetikerinnen samt weiterführenden Literaturhinweisen bietet auch [14].

Für Einführendes zur Frage nach den Aufgaben und Funktionen der Ästhetik siehe [9], [3] („Introduction"), [5] (Chapter 1, „Introductory Remarks", und Chapter 4, „Aesthetics Today"), [6] (Chapter 1, „Defining the Issues: An Overview"), [8], [11] („Einleitung"), [12], [13] (Kapitel 1.2, „Was ist der Gegenstand der Ästhetik?"), und [17] (Chapter I, „The Tasks of Aesthetics", und Chapter VIII, „The Scope of Aesthetics").

Zur Aufgabe der Kunstkritik siehe [10].

Für Ausschnitte aus Baumgartens *Aesthetica* siehe [19].

Fragen und Übungen

- Woher kommt und was bedeutet der Ausdruck „Ästhetik"?
- Welche traditionellen Definitionen von Ästhetik kennen Sie?
- Was spricht für und was gegen die Charakterisierung von Ästhetik als Theorie des Schönen?
- Was spricht für und was gegen die Charakterisierung von Ästhetik als Theorie der Kunst?
- Was spricht für und was gegen die Charakterisierung von Ästhetik als Theorie der sinnlichen Wahrnehmung?
- Wie lautet die Definition der Ästhetik, die in diesem Kapitel vorgeschlagen wurde?
- Welche Vorzüge hat diese Definition gegenüber den traditionellen Definitionen von Ästhetik?
- Halten Sie diese Definition für adäquat? Wenn ja, warum? Wenn nicht, warum nicht?
- Erläutern Sie den Gebrauch des Ausdrucks „Gegenstand" in diesem Buch!

- Was ist eine Explikation?
- Welche Funktion haben Definitionen in der Philosophie?
- Was verstehen wir unter „Intuitionen" und welche Rolle spielen Intuitionen für philosophisches Argumentieren?
- Was wird in diesem Buch unter einem „ästhetischen Gegenstand" verstanden?
- Was wird in diesem Buch unter einem „ästhetischen Erlebnis" verstanden?
- Was unterscheidet die philosophische Ästhetik von der Kunstkritik?
- Was unterscheidet die philosophische Ästhetik von empirischen Ästhetiken?

II. Das ästhetische Erlebnis und die ästhetische Einstellung

In diesem Kapitel wird der Begriff des ästhetischen Erlebnisses bzw. der ästhetischen Erfahrung analysiert. Die Grundfrage lautet: Worin besteht das Besondere ästhetischer Erlebnisse? Wodurch unterscheiden sich ästhetische von nicht-ästhetischen Erlebnissen? In diesem Zusammenhang wird der Begriff der ästhetischen Einstellung diskutiert. Insbesondere geht es dabei um die Frage, ob es so etwas wie eine genuine ästhetische Einstellung überhaupt gibt, und wenn ja, wodurch sie sich auszeichnet.

1. Die Bestandteile ästhetischer Erlebnisse

In der vorgeschlagenen Definition der Ästhetik wird auf ästhetische Erlebnisse Bezug genommen. Die Hauptfrage dieses Kapitels lautet: Was für eine Art von Erlebnis ist ein ästhetisches Erlebnis? Mit anderen Worten: Was unterscheidet ästhetische Erlebnisse von nicht-ästhetischen Erlebnissen? Was charakterisiert sie als ästhetische Erlebnisse?

Die Klassifikation psychischer Phänomene

An dieser Stelle ist es nützlich, einen kleinen Exkurs in die philosophische Psychologie zu unternehmen. Eine der Fragestellungen, mit denen sich die philosophische Psychologie beschäftigt, lautet: Was für Arten von psychischen Zuständen und Vorgängen (also Erlebnissen) können wir unterscheiden? Das ist die Frage nach einem Klassifikationsschema psychischer Phänomene.

Es sind natürlich verschiedene Klassifikationen psychischer Phänomene vorgeschlagen worden. Für unsere Zwecke schlage ich folgende Dreiteilung der psychischen Phänomene vor:

1. Vorstellungen;
2. Überzeugungen;
3. Emotionen.

Vorstellungen

Der Terminus „Vorstellung" ist hier nicht ganz im alltäglichen Sinne gebraucht und bedarf daher der Erläuterung: In der Alltagssprache denken wir bei Vorstellungen in erster Linie an Phantasievorstellungen. An Wahrnehmungen denken wir eher nicht. In diesem Kontext sind mit „Vorstellungen" aber sowohl Phantasievorstellungen als auch Sinnesempfindungen und Wahrnehmungserlebnisse gemeint. Wenn Sie also zum Beispiel einen Baum sehen, dann haben Sie, in dieser Terminologie, eine Baumvorstellung. Wenn Sie einen Ton hören, dann haben Sie eine bestimmte Tonvorstellung, und so fort. Aber wenn Sie keinen Baum sehen, sondern sich einen Baum nur vorstellen (in Ihrer Phantasie), dann haben Sie ebenfalls eine Baumvorstellung – eben eine Phantasievorstellung eines Baumes.

Auch der Ausdruck „Phantasievorstellung" wird hier in einem weiten Sinn gebraucht: Gemeint ist nicht nur die Vorstellung von „Phantasiegegenständen" (wie zum Beispiel Einhörnern oder Kentauren), sondern allgemein die Vorstellung von gerade nicht präsenten Gegenständen. Wenn Sie sich also zum Beispiel einen im Nebenzimmer befindlichen Gegenstand vorstellen, dann ist das auch eine Phantasievorstellung im hier intendierten Sinn des Wortes.

Die Termini „Überzeugungen" und „Emotionen" sind in ihren Alltagsbedeutungen zu verstehen: Überzeugungen sind etwas, das wahr oder falsch sein kann und das sich in Behauptungssätzen ausdrücken lässt. Emotionen sind nicht zu verwechseln mit Empfindungen (letztere sind sinnlicher Natur und gehören zu den Vorstellungen). Zu den Emotionen gehören einerseits Gefühle (zum Beispiel Liebe, Hass, Furcht), andererseits Erlebnisse des Wollens, Wünschens und Begehrens. So viel zur Terminologie.

Es ist keineswegs sicher, dass die vorgeschlagene Einteilung der psychischen Phänomene erschöpfend ist, aber für unsere Zwecke können wir mit ihr das Auslangen finden. Wir wollen also, um unnötige Komplikationen zu vermeiden, im Rahmen der folgenden Untersuchung annehmen, dass jedes Erlebnis entweder eine Vorstellung ist oder eine Überzeugung oder eine Emotion, oder eine Kombination aus diesen.

Wir können jetzt fragen: In welche dieser Kategorien fallen ästhetische Erlebnisse? Sind sie Vorstellungen oder Überzeugungen oder Emotionen? – Wie schon erwähnt, sind sich viele Ästhetiker zumindest in einem Punkt sicher, was die Natur der ästhetischen Erfahrung betrifft, nämlich: Sie glauben, dass ästhetische Erlebnisse in jedem Fall *Wahrnehmungserlebnisse* sind.

Wahrnehmungserlebnisse

Ich werde gleich erläutern, warum ich diese verbreitete Auffassung für falsch halte. Zunächst aber sollen wir versuchen zu klären, was es eigentlich bedeutet, dass ein ästhetisches Erlebnis ein Wahrnehmungserlebnis ist. Wir können sagen: Dass ein ästhetisches Erlebnis ein Wahrnehmungserlebnis ist, heißt, dass es das betreffende ästhetische Erlebnis nicht ohne (gleichzeitige) Sinneswahrnehmungen geben könnte und dass Art und Intensität des ästhetischen Erlebnisses von den betreffenden Sinneswahrnehmungen abhängig sind. Das bedeutet: Eine Veränderung der Sinneswahrnehmungen zieht eine Veränderung des ästhetischen Erlebnisses nach sich.

Zweifellos sind sehr viele (wahrscheinlich die meisten) ästhetischen Erlebnisse Wahrnehmungserlebnisse in diesem Sinn. Egal ob man ein ästhetisches Erlebnis beim Hören von Musik oder beim Betrachten einer Galerie oder beim Spazieren gehen durch einen Park hat – immer sind die jeweiligen Sinneswahrnehmungen wesentlich für die betreffenden ästhetischen Erlebnisse. Musik erleben heißt, Musik *hören*. Selbst wenn jemand sich Musik sehr gut *vorstellen* kann (etwa aus der Erinnerung oder beim Lesen einer Partitur), so ist es doch zumindest unwahrscheinlich (wenn nicht unmöglich), dass das ästhetische Erlebnis beim *Vorstellen* eines Musikstücks dem beim *Hören* desselben Musikstücks gleicht. Jedenfalls ist sicher, dass Veränderungen der Sinneswahrnehmungen beim Hören von Musik sehr leicht eine Veränderung der ästhetischen Erlebnisse nach sich ziehen. (Man denke zum Beispiel an Verzerrungen durch schlecht eingestellte Mikrofone.) Analoges gilt für das ästhetische Erleben von Bildern: Wird ein Bild übermalt, ist es sehr wahrscheinlich, dass unsere ästhetischen Erlebnisse beim Betrachten des übermalten Bildes andere sind als beim vorherigen Betrachten des nicht übermalten Bildes.

Nicht jedes ästhetische Erlebnis ist ein Wahrnehmungserlebnis

Dennoch trifft es nicht auf *alle* Fälle von ästhetischer Erfahrung zu, dass sie Wahrnehmungserlebnisse im explizierten Sinn sind. Man denke zum Beispiel an Literatur: Beim Lesen eines Romans oder eines Gedichtes (und zwar auch beim stillen Lesen!) kann man intensive ästhetische Erlebnisse haben. Nun hat man natürlich Sinneswahrnehmungen beim Lesen; man sieht die bedruckten Seiten. Aber diese Sinneswahrnehmungen sind normalerweise nicht direkt verantwortlich für die ästhetischen Erlebnisse, die man beim Lesen hat. Wenn man ein Gedicht schön findet, dann normalerweise nicht deshalb, weil man die Anordnung der Buchstaben schön findet. Ob wir einen Roman spannend finden oder nicht, ist von den Wahrnehmungserlebnissen, die wir beim Lesen haben, völlig unabhängig. Farbe und Größe des Drucks, Seitenumbruch und Format spielen höchstens insofern eine Rolle, als sie das Erfassen des Sinnes erleichtern oder erschweren können (etwa durch zu große oder zu kleine Schrift). Aus diesem Grund ist es grundsätzlich möglich, literarische Werke in andere Sprachen zu übersetzen. Jede Übersetzung bringt es mit sich, dass sich die sinnlichen Eigenschaften eines Romans mehr oder minder stark verändern. Dennoch kann eine Übersetzung genauso spannend oder langweilig, pointenreich oder langatmig sein wie das Original. Ist sie es nicht, dann liegt das nicht an der Verschiedenheit der lautlichen oder graphischen Qualitäten verschiedener Sprachen.

Natürlich *können* die sinnlichen Qualitäten der Sprache für die ästhetischen Qualitäten eines literarischen Werks eine wesentliche Rolle spielen, und sie tun es auch häufig – in manchen Gattungen mehr, in anderen weniger. In einem Gedicht sind die Klang- und Rhythmusqualitäten der Sprache normalerweise wichtiger als zum Beispiel in einem Roman. In Grenzfällen (ich denke vor allem an Beispiele jener Gattung der Lyrik, die auch „konkrete Poesie" genannt wird), können die lautlichen Qualitäten der Sprache unter Umständen allein verantwortlich für die ästhetischen Qualitäten des Werks sein. Doch im Standardfall sind für das ästhetische Erlebnis beim Lesen eines literarischen Werks offenbar die *Bedeutungen* der Sprachzeichen wesentlich. Bedeutungen sind aber nicht sinnlich wahrnehmbar. Daher ist das ästhetische Erlebnis, das durch das Rezipieren literarischer Werke ausgelöst wird, nicht (jedenfalls nicht vollständig) abhängig von sinnlich wahrnehmbaren Eigenschaften.

Darüber hinaus kann im Fall der Literatur die Sinneswahrnehmung sogar ganz entfallen. Man kann ein literarisches Werk auswendig lernen und still memorieren; und es ist nicht grundsätzlich ausgeschlossen, dass die ästhetischen Erlebnisse dabei denjenigen gleichen, die man beim Lesen oder Hören des betreffenden Werks hat. Es ist also nicht der Fall, dass ästhetische Erlebnisse notwendigerweise Wahrnehmungserlebnisse sind.

Aber auch wenn nicht *alle* ästhetischen Erlebnisse Wahrnehmungserlebnisse sind, so können wir doch festhalten, dass sehr *viele* (wahrscheinlich die meisten, vielleicht auch alle „typischen") ästhetischen Erlebnisse Wahrnehmungserlebnisse sind. Egal, ob Sie an Musik denken oder an Malerei oder an Film – oder auch an die Betrachtung von Naturschönheiten: Immer ist die sinnliche Wahrnehmung ein wesentliches Element des ästhetischen Erlebnisses. Bemerkenswert ist zudem der folgende Umstand: Es scheint, dass selbst jene ästhetischen Erlebnisse, die keine Wahrnehmungserlebnisse sind, doch eine *Vorstellungskomponente* enthalten, nur dass in diesen Fällen die Vorstellungen *Phantasievorstellungen* sind anstelle von Wahrnehmungen. Jedenfalls gilt das für eine große Zahl dieser ästhetischen Erlebnisse, wenn nicht sogar für alle. Egal ob man still ein Gedicht oder einen Roman liest oder sich an eine früher gehörte Melodie erinnert: Phantasievorstellungen tragen maßgeblich zur ästhetischen Erfahrung bei.

Wir wollen im Folgenden annehmen, dass tatsächlich jedes ästhetische Erlebnis eine Vorstellungskomponente beinhaltet. Darüber hinaus richten wir im Folgenden, der Einfachheit halber, unsere Aufmerksamkeit ausschließlich auf jene ästhetischen Erlebnisse, die Wahrnehmungserlebnisse sind. Das können wir ohne Schaden tun, so lange wir nicht vergessen, dass damit nicht alle ästhetischen Erlebnisse erfasst sind. Wir können festhalten: Die meisten ästhetischen Erlebnisse sind Wahrnehmungserlebnisse. Andererseits ist aber klar, dass nicht jedes Wahrnehmungserlebnis ein ästhetisches Erlebnis ist. Das bedeutet, dass zur Wahrnehmung noch etwas anderes hinzukommen muss, damit wir ein ästhetisches Erlebnis haben. Ästhetische Erlebnisse sind also offenbar komplexe psychische Phänomene. Die Frage ist: Worin besteht die zusätzliche Komponente?

Ästhetische Gefühle

Die Standardantwort auf diese Frage lautet, dass die zusätzliche Komponente eine *Emotion* ist, genauer: ein *Gefühl.* Wir können die resultierende Auffassung wie folgt zusammenfassen: *Ein ästhetisches Erlebnis besteht aus einem Wahrnehmungserlebnis und einem Gefühl.* Mit anderen Worten: Ein ästhetisches Erlebnis enthält immer auch eine emotionale Komponente. Wenn man ein ästhetisches Erlebnis hat, hat man ein Gefühl. Ich nenne diese Art von Gefühl ein *„ästhetisches Gefühl"*. Wir können mindestens zwei verschiedene ästhetische Gefühle unterscheiden: ein positives (wir können es „Gefallen" nennen) und ein negatives (das können wir „Missfallen" nennen). Daher können wir von ästhetischen Gefühlen in der Mehrzahl sprechen. Wenn wir einen Gegenstand betrachten und bemerken, dass er schön ist, dann *gefällt* uns der Gegenstand. Dieses Gefallen ist ein Gefühl, und es ist wesentlicher Bestandteil des ästhetischen Erlebnisses. Das heißt: Wenn das Gefühl fehlt, liegt kein ästhetisches Erlebnis vor. Umgekehrt, wenn wir einen Gegenstand hässlich finden, missfällt uns der Gegenstand; das Missfallen ist ein negatives Gefühl und ebenfalls wesentlicher Bestandteil des betreffenden ästhetischen Erlebnisses.

Die Psychologie der Emotionen wirft viele Fragen auf, die hier nicht beantwortet werden können. Eine Frage ist zum Beispiel, ob ästhetische Emotionen eine besondere Qualität haben, die sie eben zu *ästhetischen* Emotionen macht. Ich will diese Frage ein wenig erläutern: Gefallen und Missfallen (in einem weiten Sinn) gibt es offenbar nicht nur auf dem Gebiet der Ästhetik, sondern beispielsweise auch auf dem Gebiet der Moral. Es gefällt uns, wenn ein Kind seine Süßigkeiten mit anderen teilt. Es missfällt uns, wenn jemand gewohnheitsmäßig um geringfügiger persönlicher Vorteile willen unaufrichtig ist. Dieses Gefallen und Missfallen hat offenbar nichts mit ästhetischen Qualitäten zu tun, sondern mit moralischen Qualitäten von Handlungen und charakterlichen Dispositionen. Dass wir hier wie dort von „Gefallen" bzw. „Missfallen" sprechen, ist aber sicher kein Zufall: Die betreffenden Gefühle haben offenbar zumindest Ähnlichkeit miteinander. Die Frage ist nun: Gibt es überhaupt irgendeinen qualitativen Unterschied zwischen einem ästhetischen und einem moralischen Gefallen und Missfallen? Oder ist das Gefallen und Missfallen (also die reine emotionale Komponente des Gesamterlebnisses) qualitativ stets gleich, und der Unterschied im Gesamterlebnis kommt allein daher, dass die Eigenschaften, denen das Gefallen und Missfallen gilt, jeweils verschieden sind (nämlich in einem Fall ästhetische, im anderen moralische)?

Eine damit zusammenhängende Frage ist die folgende: Entsprechen verschiedenen ästhetischen Qualitäten jeweils verschiedene ästhetische Gefühle? Gibt es zum Beispiel ein Anmutsgefühl, ein davon verschiedenes Erhabenheitsgefühl, ein von beiden verschiedenes Harmoniegefühl, und so fort? Oder ist das, was ein Anmutserlebnis von einem Erhabenheitserlebnis unterscheidet, nicht ein qualitativer Unterschied im Gefühl, sondern nur ein Unterschied in der jeweils bemerkten ästhetischen Eigenschaft? In letzterem Fall wäre das jeweils involvierte Gefühl nur als ein Gefallen zu beschreiben (eventuell als ein ästhetisches Gefallen); das Gefallen beim Anblick eines erhabenen Gegenstandes würde sich qualitativ nicht unterscheiden vom Gefallen beim Anblick eines anmutigen Gegenstandes.

Ästhetische Gefühle sind abhängig von anderen Bewusstseinsinhalten

Wie gesagt, hier können diese Fragen nur aufgeworfen, aber nicht beantwortet werden. Eines scheint aber klar zu sein: *Das ästhetische Gefühl ist nicht unabhängig von den übrigen Inhalten unseres Bewusstseins* in dem betreffenden Moment. Das Gefühl könnte zum Beispiel abhängig sein davon, was ich gerade wahrnehme, genauer: Es könnte abhängig sein von den sinnlich wahrnehmbaren Eigenschaften des wahrgenommenen Gegenstandes. In diesem Fall ist das ästhetische Erlebnis ein Wahrnehmungserlebnis. Wenn Sie zum Beispiel ein Bild als schön erleben aufgrund seiner Farben, dann ist das ästhetische Gefühl, das Sie empfinden, abhängig von Ihren Farbempfindungen. Wir können nun also sagen:

> Ein ästhetisches Erlebnis ist ein Wahrnehmungserlebnis genau dann, wenn Art und Intensität des ästhetischen Gefühls abhängen von sinnlich wahrnehmbaren Eigenschaften eines wahrgenommenen Gegenstandes.

Das ästhetische Gefühl könnte aber auch abhängig sein von *Phantasievorstellungen* im Bewusstsein des Subjekts.

2. Die subjektive und die objektive Erklärung der ästhetischen Erfahrung

Wir können also festhalten: Ästhetische Erlebnisse beinhalten eine Vorstellungs-(Wahrnehmungs-)Komponente und eine Gefühlskomponente. Aber es ist klar, dass nicht jedes Vorstellungs- und Gefühlserlebnis ein ästhetisches Erlebnis ist. Der Anblick von schmutzigem Geschirr in der Spüle in Kombination mit dem Gefühl des Ärgers über die Mitbewohnerin, die schon wieder nicht abgewaschen hat, ist kein ästhetisches Erlebnis, ebenso wenig wie das Gefühl von Beklemmung in einer kleinen Aufzugskabine zusammen mit drei anderen Personen. Die Feststellung, dass ästhetische Erlebnisse Vorstellungen und Gefühle beinhalten, beantwortet also noch nicht unsere Frage, wodurch sich ästhetische Erlebnisse gegenüber nicht-ästhetischen Erlebnissen auszeichnen.

Ästhetische Erfahrung als Erfassen ästhetischer Eigenschaften

Im vorigen Kapitel wurde ein erster Versuch unternommen, den Begriff des ästhetischen Erlebnisses zu explizieren. Dabei wurde gesagt, dass ein ästhetisches Erlebnis das Erfassen einer ästhetischen Eigenschaft einschließt. Schönheit ist eine ästhetische Eigenschaft. Wer die Schönheit eines Gegenstandes erfasst, der macht eine ästhetische Erfahrung. Gemäß dieser Explikation unterscheiden sich ästhetische Erlebnisse von nicht-ästhetischen Erlebnissen durch ihre *Gegenstände* – in diesem Fall: durch die *Eigenschaften*, die an einem Objekt (sei es Ding oder Ereignis) bemerkt werden. Mit anderen Worten: Gemäß dieser Explikation ist der Unterschied zwischen ästhetischen und nicht-ästhetischen Erlebnissen von der Seite des *Objekts* her zu erklären.

Ästhetische Erfahrung als Rezeption in ästhetischer Einstellung

In der traditionellen Ästhetik gibt es jedoch noch eine andere sehr einflussreiche Erklärung, nämlich: Ästhetische Erfahrung besteht darin, *etwas in ästhetischer Einstellung zu rezipieren.*

„Rezipieren" bedeutet so viel wie „aufnehmen", „sich aneignen" (in Bezug auf geistige Güter). Subjekte, die sich Kunstwerke in diesem Sinn „aneignen" (betrachtend, hörend, lesend oder auf andere Weise), nenne ich auch „Rezipienten". Ich gebrauche hier diese etwas künstlichen Termini, um dem oben ausführlich erörterten Umstand Rechnung zu tragen, dass nicht jedes ästhetische Erlebnis ein Wahrnehmungserlebnis ist. Andernfalls könne ich statt von „Rezeption" auch einfach von „Wahrnehmung" sprechen. Man kann aber nicht gut sagen: „Ich nehme den Fußballbericht in der Tageszeitung in ästhetischer (bzw. nicht-ästhetischer) Einstellung wahr." Oder besser: Man kann das sagen, aber dann bezieht man sich auf das äußere Erscheinungsbild (die Schrifttype, den Seitenumbruch) und nicht auf dasjenige, für dessen Erfassen das Verstehen des Textes Voraussetzung ist. Will man sich auf Letzteres beziehen, dann könnte man das so ausdrücken: „Ich *rezipiere* den Fußballbericht in ästhetischer Einstellung." Eine Leserin, die ausschließlich an sachlicher Information interessiert ist (wer hat wann auf das Tor geschossen und mit welchem Erfolg, wer hat wen gefoult, wie wurden die Schiedsrichterentscheidungen aufgenommen, und so fort), wird den Bericht wahrscheinlich in nicht-ästhetischer Einstellung lesen. In ästhetischer Einstellung achtet man zum Beispiel darauf, ob der Autor treffende Adjektive und originelle Metaphern verwendet, ob seine Schilderung fesselnd und lebendig ist oder langatmig und trocken, ob er bewusst Versatzstücke aus dem volkstümlichen Fußballplatzjargon einfließen lässt, um den Text aufzulockern, und Ähnliches.

Doch wie gesagt ist die ästhetische Erfahrung tatsächlich sehr oft eine sinnliche Wahrnehmung, und meist ist in der Ästhetik primär oder ausschließlich von sinnlichen Wahrnehmungserlebnissen die Rede, wenn es um ästhetische Erfahrung geht, also etwa vom *Betrachten* einer Landschaft oder eines Gemäldes, vom *Hören* eines Musikstücks, und so fort. Wenn man ausschließlich solche Fälle im Auge hat, kann man die obige These auch so formulieren:

Ästhetische Erfahrung besteht darin, *etwas in ästhetischer Einstellung wahrzunehmen.*

Die Einstellung ist nicht eine Eigenschaft des wahrgenommenen Objekts, sondern eher eine Eigenschaft des *wahrnehmenden Subjekts.* Wir können also sagen: Gemäß dieser Explikation ist der Unterschied zwischen ästhetischen und nicht-ästhetischen Erlebnissen von der Seite des *Subjekts* her zu erklären.

Die objektive und die subjektive Seite der ästhetischen Erfahrung

Wir können daher von einer objektiven und einer subjektiven Explikation des Begriffs der ästhetischen Erfahrung sprechen. Freilich schließen sich die beiden nicht notwendigerweise aus. Das heißt: Es ist grundsätzlich möglich, die objektive und die subjektive Komponente in einer einzigen (nicht in sich widersprüchlichen) Theorie der ästhetischen Erfahrung zu vereinen. Solch eine Theorie könnte die folgenden Thesen enthalten:

1. Es gibt (genuin) ästhetische Eigenschaften von Gegenständen.
2. Ästhetische Eigenschaften können nur in einer (genuin) ästhetischen Einstellung erfasst werden.
3. Ästhetische Erfahrung besteht im Erfassen ästhetischer Eigenschaften.

Aus diesen drei Thesen folgt:

4. Ästhetische Erfahrung ist nur in ästhetischer Einstellung möglich.

Genuin ästhetische Eigenschaften

Zur Erklärung des Beiworts „genuin" (es könnte mit „echt" übersetzt werden) in den obigen Thesen: Ich nenne eine Eigenschaft „genuin ästhetisch", wenn es sich nicht um eine versteckte nicht-ästhetische Eigenschaft handelt. Offenbar werden ästhetische Prädikate (wie zum Beispiel „schön") zumindest gelegentlich zur Zuschreibung von Eigenschaften gebraucht, die keine ästhetischen Eigenschaften sind. Es gibt Gesprächskontexte, in denen das Wort „schön" nicht ästhetisch gemeint ist, etwa wenn eine Marktfrau „ein schönes Suppenhuhn" anpreist oder eine Lehrerin „eine schöne Seminararbeit" lobt. Ein Suppenhuhn ist „schön", wenn es jene Qualitäten hat, die es für die Herstellung einer wohlschmeckenden und nahrhaften Suppe geeignet machen, aber diese Qualitäten sind gewiss keine ästhetischen Qualitäten. Ebenso wird „schön" in „eine schöne Seminararbeit" wahrscheinlich ungefähr im Sinn von „gut strukturiert, wohlüberlegt, selbständig" und Ähnliches zu verstehen sein – doch nichts von dem zuletzt Erwähnten ist eine ästhetische Eigenschaft.

In den genannten Fällen ist es ziemlich offenkundig, dass das Wort „schön" nicht zur Zuschreibung einer genuin ästhetischen Eigenschaft gebraucht wird. Man kann in diesen Kontexten das (scheinbar) ästhetische Prädikat „schön" ohne Sinnänderung ersetzen durch andere, eindeutig nicht-ästhetische Prädikate. In vielen Fällen ist das aber keineswegs offenkundig. Zum Beispiel scheint es, dass in dem Ausdruck „ein schöner Mensch" das Wort „schön" tatsächlich zur Zuschreibung einer genuin ästhetischen Eigenschaft gebraucht wird – nämlich zur Zuschreibung von Schönheit. Die These, dass es genuin ästhetische Eigenschaften gibt, könnte man auch so formulieren: In manchen Kontexten lassen sich ästhetische Prädikate nicht ohne Sinnänderung durch lauter nicht-ästhetische Prädikate ersetzen. Mit anderen Worten: Wenn wir einen Gegenstand mit Hilfe eines ästhetischen Prädikats (zum Beispiel „schön") beschreiben, dann sagen wir damit etwas über den Gegenstand, das wir ohne ästhetische Prädikate nicht sagen könnten. (Mehr dazu im nächsten Kapitel!)

Die genuin ästhetische Einstellung

Ich nenne eine *Einstellung* „genuin ästhetisch" genau dann, wenn das Vorhandensein einer solchen Einstellung sowohl eine notwendige als auch eine hinreichende Bedingung für das Vorhandensein eines ästhetischen Erlebnisses ist. Dass eine Einstellung eine notwendige Bedingung für die ästhetische Erfahrung ist, bedeutet: Es gibt keine ästhetische Erfahrung ohne diese Einstellung. Dass eine Einstellung eine hinreichende Bedingung für ästhetische Erfahrung ist, bedeutet: Immer dann, wenn die Einstellung vorhanden ist, gibt es eine ästhetische Erfahrung. Ich spreche vom „Vorhandensein" einer ästhetischen Einstellung hier nur dann, wenn diese Einstellung in einem Erlebnis tatsächlich manifestiert ist, also nicht nur als bloße Disposition existiert. Eine genuin ästhetische Einstellung erfüllt also die folgenden beiden Bedingungen: 1. Wann immer eine Person ein ästhetisches (Wahrnehmungs-)Erlebnis hat, nimmt sie in ästhetischer Einstellung wahr. 2. Wann immer eine Person in ästhetischer Einstellung wahrnimmt, hat sie ein ästhetisches (Wahrnehmungs-)Erlebnis. Mit anderen Worten: Die ästhetische Einstellung muss ein Merkmal *jedes* ästhetischen Erlebnisses sein und sie darf *ausschließlich* ein Merkmal ästhetischer Erlebnisse sein.

Gibt es ästhetische Eigenschaften und eine ästhetische Einstellung?

Die oben grob skizzierte Theorie macht zwei wesentliche Existenzannahmen: Erstens wird angenommen, dass es genuin ästhetische Eigenschaften gibt. Zweitens wird angenommen, dass es eine genuin ästhetische Einstellung gibt. Aber nicht alle Theorien ästhetischer Erfahrung machen diese beiden Existenzannahmen. Es gibt ästhetische Theorien, in denen geleugnet wird, dass es genuin ästhetische Eigenschaften gibt. Solche Theorien werden im nächsten Kapitel dargestellt und diskutiert. Es gibt aber auch ästhetische Theorien, in denen geleugnet wird, dass es eine genuin ästhetische Einstellung gibt. Nur eines leugnet (meines Wissens) niemand, der sich ernsthaft mit Ästhetik beschäftigt: nämlich, dass es genuin ästhetische Erlebnisse gibt. Dass es genuin ästhetische Erlebnisse gibt, bedeutet, dass die ästhetischen Erlebnisse tatsächlich eine eigene, von allen übrigen Erlebnissen deutlich unterschiedene und unterscheidbare Klasse sind. Dass die Annahme der Existenz ästhetischer Erlebnisse in der Ästhetik so wenig umstritten ist, mag seinen Grund nicht zuletzt darin haben, dass persönliche ästhetische Erfahrungen oftmals der Auslöser oder das Motiv für eine Beschäftigung mit der Theorie des Ästhetischen sind. Wir können daher die Existenz ästhetischer Erlebnisse als ein *empirisches Datum* (also als etwas in der Erfahrung Gegebenes) betrachten.

Wenn im Folgenden von ästhetischen Eigenschaften, einer ästhetischen Einstellung und ästhetischen Erlebnissen die Rede ist, sind stets genuin ästhetische Eigenschaften, eine genuin ästhetische Einstellung und genuin ästhetische Erlebnisse gemeint.

Um das Charakteristische ästhetischer Erlebnisse zu erklären, ist es nicht nötig, sowohl ästhetische Eigenschaften als auch eine ästhetische Einstellung anzunehmen. Jedenfalls ist es nicht von vorne herein ausgemacht, dass beide Annahmen erforderlich sind. Es könnte Theorien ästhetischer Erfahrung geben, die mit jeweils *einer* dieser beiden Annahmen auskommen. Eine Theorie der ästhetischen Eigenschaften könnte die folgenden beiden Thesen enthalten:

1. Es gibt genuin ästhetische Eigenschaften.
2. Ästhetische Erfahrung besteht im Erfassen ästhetischer Eigenschaften.

Aus diesen beiden Thesen folgt nicht logisch, dass für das Erfassen ästhetischer Eigenschaften irgendeine besondere Einstellung erforderlich ist. Wie es zum Erfassen der ästhetischen Eigenschaften kommt, ist eine weiterführende Frage, die auf verschiedene Weisen beantwortet werden kann. Eine Erklärung dafür *kann* die Annahme einer ästhetischen Einstellung beinhalten, aber sie *muss* es nicht.

Dagegen könnte eine Theorie der ästhetischen Einstellung die folgenden beiden Thesen enthalten:

1. Es gibt eine genuin ästhetische Einstellung.

2. Ästhetische Erfahrung besteht im Erfassen beliebiger Gegenstände mit beliebigen Eigenschaften in ästhetischer Einstellung.

Jeder Gegenstand kann in ästhetischer Einstellung betrachtet werden

Die zweite These macht die Annahme genuin ästhetischer Eigenschaften für die Erklärung der Besonderheit ästhetischer Erlebnisse überflüssig. Hier wird gesagt, dass wir grundsätzlich jeden Gegenstand (gleichgültig, wie er beschaffen ist) in ästhetischer Einstellung wahrnehmen können und dass jedes solche Wahrnehmungserlebnis ein ästhetisches Erlebnis ist.

Damit ist freilich *nicht* geleugnet, dass manche Gegenstände sich für eine Betrachtung in ästhetischer Einstellung besonders *anbieten*, dass in manchen Fällen die Betrachtung in ästhetischer Einstellung *lohnender* ist als in anderen. Die meisten Menschen denken vermutlich bei ästhetischen Erlebnissen zunächst einmal an (im weitesten Sinn) angenehme Erlebnisse, an Erlebnisse von Schönheit, Harmonie, Eleganz und Ähnliches. Aber das ist nur die eine Seite der Medaille. In ästhetischer Einstellung kann man auch eine Straße als trist wahrnehmen, eine Hausfassade als schäbig, einen Platz als kahl, die Gestaltung eines Schaufensters als einfallslos, menschliche Körper (einschließlich des eigenen) als unproportioniert, die Farbgestaltung des Innenraums von Straßenbahnen als grell, und so fort. Sich ständig in ästhetischer Einstellung durch den Alltag zu bewegen, ist also keineswegs notwendigerweise ein Weg zu mehr Glück und Zufriedenheit im Leben; es könnte sogar das Gegenteil der Fall sein. Es gibt also zweifellos Gegenstände, bei denen eine Betrachtung in ästhetischer Einstellung eine besondere Befriedigung verschaffen kann und andere Gegenstände, bei denen das nicht oder nur in geringerem Maß der Fall ist, oder bei denen die ästhetische Betrachtung sogar Auslöser von mehr oder minder heftigen Unlustgefühlen sein kann. Aber das ändert nichts daran, dass jeder Gegenstand in ästhetischer Einstellung betrachtet werden kann.

Fassen wir zusammen: Es wurden zwei verschiedene Charakterisierungen des ästhetischen Erlebnisses in den Grundzügen dargestellt, zunächst eine objektivistische (von den Gegenständen und ihren Eigenschaften her), dann eine subjektivistische (von den Rezipienten und ihrer Einstellung her). Ob eine von diesen der anderen vorzuziehen ist, und wenn ja, welche, ist bisher völlig offen. Wir haben uns diesbezüglich bisher nicht nur nicht festgelegt, sondern noch nicht einmal begonnen, Vorzüge und Nachteile beider Optionen herauszuarbeiten. Genau das soll im Folgenden geschehen. Wir beginnen mit einer Diskussion der Theorie der ästhetischen Einstellung. Dieser Diskussion ist der Rest von Kapitel II gewidmet.

3. Interesselosigkeit und psychische Distanz

Die Theorie der ästhetischen Einstellung ist auf den ersten Blick nicht unplausibel. Für sie spricht zunächst folgende Beobachtung: Es kommt nicht selten vor, dass ein und derselbe Gegenstand ein und derselben Person in einer Situation ästhetisch reizvoll erscheint und in einer anderen Situation nicht – und dabei können die äußeren Wahrnehmungsbedingungen (also zum Beispiel die Beleuchtung) die gleichen sein. Anscheinend liegt es zumindest *auch* an unserer Einstellung, ob die Wahrnehmung eines Gegenstandes ein ästhetisches Erlebnis ist oder nicht. Die Einstellung wiederum wird oft durch unsere in einem bestimmten Kontext gerade vorherrschenden Interessen wesentlich beeinflusst. Zum Beispiel können sich grundsätzlich auch Erwachsene über frisch gefallenen Schnee freuen – einfach deshalb, weil selbst eine ansonsten trostlose Straße ästhetisch reizvoll sein kann, wenn sie tief verschneit ist. Bei Hausmeisterinnen und Autofahrern hält sich die Freude allerdings meist in Grenzen. Das liegt offenbar daran, dass diese Personengruppen aus nahe liegenden Gründen eine Tendenz haben, Schneefall nicht in ästhetischer, sondern eher in praktischer Einstellung zu betrachten. Das erklärt die unterschiedlichen Reaktionen. Wer Schnee in ästhetischer Einstellung betrachtet, hat ein ästhetisches Erlebnis dabei. Wer Schnee ausschließlich in praktischer Einstellung betrachtet, nämlich als Ursache für allerlei Ungemach, hat kein ästhetisches Erlebnis dabei.

Interesseloses Wohlgefallen

In der philosophischen Ästhetik wurde immer wieder versucht, über das Besondere der ästhetischen Einstellung Klarheit zu gewinnen. Berühmt ist die von Immanuel Kant stammende Charakterisierung der ästhetischen Einstellung als *interesseloses Wohlgefallen*. Die Auffassung, dass die ästhetische Einstellung durch eine bestimmte Art der *Interesselosigkeit* gekennzeichnet ist, wurde und wird von vielen geteilt.

Mit „Interesselosigkeit" ist hier freilich auf keinen Fall das gemeint, was wir oft mit der Bemerkung „Das interessiert mich nicht" ausdrücken. Wir sagen im Alltag, dass uns eine Sache nicht interessiert, wenn wir kundtun wollen, dass wir nicht bereit sind, uns damit zu beschäftigen, also Zeit und Aufmerksamkeit darauf zu verwenden. In diesem Sinn ist die ästhetische Erfahrung definitiv nicht „interesselos". Wenn wir uns in einer ästhetischen Einstellung auf eine Sache richten, dann sind wir natürlich bereit, uns mit der Sache irgendwie zu beschäftigen und der Sache ein gewisses Maß an Zeit und Aufmerksamkeit zu widmen. Es gilt sogar: Je aufmerksamer und konzentrierter wir uns der Sache widmen, desto besser vom ästhetischen Standpunkt, das heißt: desto intensiver kann die ästhetische Erfahrung werden. Interesse im Sinne von Bereitschaft, einer Sache Aufmerksamkeit zu widmen, ist also keineswegs ein Hindernis für eine ästhetische Einstellung, sondern sogar eine unabdingbare Voraussetzung dafür.

Mit der Interesselosigkeit der ästhetischen Einstellung ist vielmehr Folgendes gemeint: Die Sache interessiert uns *um ihrer selbst willen*. Mit anderen Worten: Die Sache interessiert uns nicht als Mittel für irgendwelche Zwecke, zur Erreichung irgendwelcher Ziele, zur Befriedigung irgendwelcher Bedürfnisse. Man nennt diese Aufmerksamkeit für eine Sache um ihrer selbst willen auch oft *„Kontemplation"* oder „kontemplative Einstellung". Diese kontemplative Einstellung wird oft durch eine *Abwesenheit des Wollens und Begehrens* charakterisiert. Mit anderen Worten: Wenn wir einen Gegenstand in ästhetischer Einstellung betrachten, dann haben wir keine Wünsche und Begierden in Bezug auf diesen Gegenstand. Wünsche und Begierden würden die Kontemplation nur stören. Die Auffassung, die Kant und viele andere vertreten, lautet: Alle sozusagen „externen" Interessen an einem Gegenstand (also alle Interessen, die nicht dem Gegenstand um seiner selbst willen gelten) machen es unmöglich, den Gegenstand in ästhetischer Einstellung zu betrachten oder erschweren eine solche Betrachtungsweise zumindest wesentlich.

Psychische Distanz

Oft wird auch gesagt, dass die ästhetische Einstellung zu einer Sache eine *psychische Distanz* zu der Sache erfordert. Auch der Zustand der psychischen Distanz zeichnet sich durch Abwesenheit von Wollen und Begehren aus, aber nicht nur das: Psychische Distanz ist wohl als Abwesenheit von Emotionen jeder Art zu charakterisieren.

Halten wir also den Grundgedanken der traditionellen Konzeption der ästhetischen Einstellung in zwei kurzen Thesen fest:

> Ein Subjekt S rezipiert einen Gegenstand G in ästhetischer Einstellung genau dann, wenn S kein Interesse an G hat (das heißt: wenn S kein Wollen und Begehren in Bezug auf G hat).

> Ein Subjekt S rezipiert einen Gegenstand G in ästhetischer Einstellung genau dann, wenn S G im Zustand der psychischen Distanz rezipiert (das heißt: wenn S keine Emotionen in Bezug auf G hat).

Zweifellos ist das eine sehr grobe Darstellung der traditionellen Konzeption. Aber selbst in dieser stark verkürzten Darstellung ist diese Auffassung zunächst nicht unplausibel. Es ist leicht, Beispiele dafür zu finden, wie Interessen und Emotionen ein ästhetisches Erlebnis verhindern können. Hier sind einige solcher Beispiele:

Interessen als Störfaktor ästhetischen Erlebens

Man kann ein Gewitter oder einen Sturm von einem sicheren Ort aus als beeindruckendes Naturschauspiel genießen. In diesem Fall betrachtet man das Naturereignis in ästhetischer Einstellung. Wenn man aber bei einer Wanderung im Hochgebirge von einem Gewitter überrascht wird, dann wird man kaum in der Lage sein, das Gewitter in ästhetischer Einstellung zu betrachten. Denn in diesem Fall befindet man sich in einer unmittelbar lebensbedrohlichen Situation und wird danach trachten, sich so schnell wie möglich einen sicheren Unterstand zu suchen, wobei eine kontemplative Einstellung eher hinderlich wäre.

Eine Kostümbildnerin kann ein altes Gemälde betrachten, weil sie ein berufsbedingtes Interesse an den Details der Kleider und Einrichtungsgegenstände hat. Eine solche Betrachtung ist keine Betrachtung in ästhetischer Einstellung. Ein Restaurator kann dasselbe Bild betrachten mit dem Interesse, inwieweit es beschädigt ist und welche Schritte für die Restaurierung unternommen werden müssten. Auch das ist keine ästhetische Einstellung, denn es steht ein außerästhetisches Interesse im Vordergrund.

Die Illustrationen in einem alten Pflanzenbuch können in ästhetischer Einstellung betrachtet werden, also wie Gemälde, oder mit dem praktischen Interesse, sie zur Bestimmung von Pflanzen zu verwenden.

Eine alte, schon etwas verfallene, Holzbrücke kann, in ästhetischer Einstellung betrachtet, sehr malerisch aussehen. Wenn Sie aber auf dieser Brücke einen reißenden Wildbach überqueren müssen, werden Sie für das malerische Aussehen wahrscheinlich kein Auge mehr haben, sondern sich eher fragen, wie stabil und sicher die Brücke noch ist.

Emotionen als Störfaktor ästhetischen Erlebens

Das waren einige Beispiele dafür, wie außerästhetische Interessen die ästhetische Einstellung stören und damit eine ästhetische Erfahrung verhindern oder zumindest beeinträchtigen können. Manchmal ist der Störfaktor nicht ein außerästhetisches Interesse im engeren Sinn, sondern eher ein Mangel an psychischer Distanz. Wenn Sie zum Beispiel einen Roman lesen oder einen Film anschauen, und Sie interessieren sich nur für das Schicksal der Figuren und lassen sich völlig von ihren Gefühlen für die Figuren überwältigen, dann kann das die ästhetische Erfahrung beeinträchtigen oder sogar ganz verhindern. Wenn einer Person im Kino die Tränen kommen, dann könnte das ein Hinweis darauf sein, dass Sie das Werk nicht in ästhetischer Einstellung rezipiert hat. Wenn man gefühlsmäßig zu sehr involviert ist, dann ist man tendenziell nicht mehr in der Lage, die ästhetischen Qualitäten eines Werks zu bemerken und zu würdigen. Solche Gefühle müssen nicht nur Rührung oder Mitleid sein; es kann auch Empörung oder Wut über dargestellte Ungerechtigkeiten sein, oder auch *Angst*. Wenn man einen Thriller oder einen Horrorfilm anschaut und es wird die Angst dabei übermächtig, dann ist man nicht mehr in der Lage, die ästhetischen Qualitäten des Films zu beachten. Das kann man nur, so lange man ein Mindestmaß an psychischer Distanz zu dem Gesehenen hat.

Es ist auch plausibel, dass Wünsche und Begierden die ästhetische Einstellung stören. Man kann ein schönes Haus in einer ästhetischen Einstellung betrachten; aber wenn dann der Wunsch entsteht, das Haus zu besitzen oder wenigstens darin zu wohnen, dann ist das der Kontemplation sicher abträglich, und zwar umso mehr, je stärker diese Wünsche werden. Einer der Gründe dafür scheint darin zu bestehen, dass man sich nicht mehr mit voller Aufmerksamkeit der Sache selber widmen kann. Man fängt vielleicht an, darüber nachzudenken, wie man das Objekt der Begierde erlangen könnte; und wenn die Chancen schlecht stehen, bedauert man sich vielleicht selber oder wird zornig. Das alles führt einen weg vom Objekt der Betrachtung; es stört die ästhetische Einstellung.

Kurz: Es gibt viele Beispiele, die es plausibel machen, die ästhetische Einstellung als eine Art der „Interesselosigkeit", einen Zustand der psychischen Distanz und Kontemplation zu charakterisieren.

Manche haben aus diesen und ähnlichen Charakterisierungen der ästhetischen Einstellung radikale Konsequenzen in Bezug auf die Aufgaben und Methoden der Kunst gezogen. Zum Beispiel diese: *Kunst soll absolut zweckfrei sein.* Oder diese: *Kunst soll keine Emotionen auslösen.* Oder diese: *Kunstwerke sollen möglichst auf nichts außerhalb ihrer selbst verweisen; sie sollen nichts darstellen,* vor allen Dingen nichts, was uns in irgendeiner Weise berührt und betrifft.

4. Einwände gegen die Theorie der Interesselosigkeit und der psychischen Distanz

Man muss jedoch nicht diese Kunstauffassung akzeptieren, um die Theorie der psychischen Distanz akzeptieren zu können. Wir können auch dargestellte Dinge und Ereignisse und ausgedrückte Gefühle kontemplativ und mit einer gewissen psychischen Distanz wahrnehmen. In der Tat kann man argumentieren, dass wir das normalerweise tun. Das zeigt sich unter anderem darin, dass wir als Kunstrezipientinnen fast nie „die Haltung verlieren" oder „aus der Rolle fallen" – ganz egal, was uns an Inhalten dargeboten wird. Im Kino und im Theater bleiben wir ruhig in unseren Sesseln sitzen, während wir Dinge zu sehen und zu hören bekommen, die wir im realen Leben kaum ertragen würden. Das spricht für die Theorie der psychischen Distanz.

Nicht-kontemplative Formen des ästhetischen Erlebens

Aber es gibt auch Einwände. Sicher, wenn wir in einem Museum Gemälde und Skulpturen betrachten, dann tun wir das für gewöhnlich in einer kontemplativen Einstellung. Aber wie ist das, wenn wir ein Rock- oder Jazzkonzert besuchen? Kann man den typischen psychischen Zustand des Publikums eines Rockkonzerts als „Kontemplation" bezeichnen? Das scheint nicht der Fall zu sein. Es ist doch eher so, dass eine kühle, distanzierte Einstellung in diesem Fall die ästhetische Erfahrung wesentlich beeinträchtigt. In bestimmten Traditionen des Jazz und Blues wird eine aktive Teilnahme des Publikums geradezu erwartet. Das Publikum soll auf die Musik reagieren und die Musiker reagieren wiederum auf das Publikum. Eine kontemplative, psychisch distanzierte Einstellung des Publikums wäre sowohl für das Publikum als auch für die Musiker äußerst frustrierend. Das Publikum soll sich, wie man sagt, von der Musik *mitreißen* lassen; das heißt: die psychische Distanz zwischen Produzenten, Werk und Publikum soll möglichst *überwunden* werden. Kontemplation im üblichen Sinn scheint also kein Wesensmerkmal der ästhetischen Erfahrung zu sein.

Ist interesseloses Wohlgefallen überhaupt möglich?

Es gibt aber auch grundsätzlichere Einwände gegen die Theorie des interesselosen Wohlgefallens und die Theorie der psychischen Distanz. Obwohl oft zwischen dem Zustand des interesselosen Wohlgefallens und dem Zustand der psychischen Distanz nicht unterschieden wird, kann man doch den Begriff des interesselosen Wohlgefallens und den Begriff der psychischen Distanz getrennt untersuchen. Das soll im Folgenden geschehen. Wir beginnen mit dem Begriff des interesselosen Wohlgefallens. Es drängt sich folgende Frage auf: Kann es so etwas wie ein interesseloses Wohlgefallen überhaupt geben? Wie kann ein Wohlgefallen jemals interesselos sein? Ist so etwas nicht aus psychologischen Gründen unmöglich? Oder ist es vielleicht sogar ein Widerspruch in sich, von einem interesselosen Wohlgefallen zu reden? Kann man anders, als an etwas, das einem gefällt, ein Interesse zu haben?

Wie bereits erwähnt wird Interesselosigkeit oft charakterisiert als ein Zustand, in dem man keine Wünsche und Begierden hat. Insbesondere ist es einem gleichgültig, ob der Gegenstand, den man im Zustand interesselosen

Wohlgefallens wahrnimmt, existiert oder nicht existiert. Aber wenn uns ein Gegenstand gefällt, haben wir dann nicht notwendigerweise den Wunsch, dass der Gegenstand existiert? Und umgekehrt: Wenn uns ein Gegenstand missfällt, haben wir dann nicht auch notwendigerweise Wünsche in Bezug auf diesen Gegenstand, zum Beispiel den Wunsch, dass der Gegenstand nicht existieren soll, oder zumindest, dass er aus unserer Umgebung verschwinden soll?

Wohlgefallen bringt Interesse mit sich

Stellen Sie sich zum Beispiel vor, Sie befinden sich in einem Restaurant, in dem Musik gespielt wird. Nehmen wir an, es handelt sich um Musik, die Sie mögen und Sie haben außerdem auch gerade im Moment Freude daran, diese Musik zu hören. Haben Sie dann nicht den Wunsch, dass die Musik weitergespielt werden soll? Wäre es Ihnen da gleichgültig, wenn die Musik aufhören würde (weil zum Beispiel das Radio abgeschaltet wird oder der CD-Player gerade den Geist aufgibt)? – Das scheint kaum denkbar zu sein. Analog im umgekehrten Fall: Angenommen, es wird eine Musik gespielt, die Sie überhaupt nicht mögen, die Sie geradezu als Belästigung empfinden. Haben Sie dann nicht zwangsläufig den Wunsch, dass diese Musik aufhören möge? – Es sieht ganz so aus. So oder so haben Sie ein Interesse an dem betreffenden Gegenstand (in diesem Fall einer Musik). Und es scheint, dass ein derartiges Interesse zwangsläufig sowohl bei jedem Wohlgefallen als auch jedem Missfallen vorliegen muss. Wirkliche Interesselosigkeit kann offenbar nur dann vorliegen, wenn uns Dinge in keiner Weise berühren, wenn uns etwas weder gefällt noch missfällt. Wenn das stimmt, dann ist ein interesseloses Wohlgefallen ein Zustand, den niemand jemals haben kann. Interesselosigkeit und Wohlgefallen scheinen sich gegenseitig auszuschließen. Mit anderen Worten: Interesseloses Wohlgefallen ist unmöglich. So weit ein Einwand gegen die Charakterisierung des ästhetischen Erlebnisses als ein interesseloses Wohlgefallen.

Das Interesse ist ein Interesse an der Existenz des Gegenstandes

Eine mögliche Entgegnung auf diesen Einwand lautet, dass man in Fällen wie dem eben geschilderten nicht wirklich ein Interesse an der Existenz des betreffenden *Gegenstandes* hat, sondern nur ein Interesse an der *Vorstellung* des Gegenstandes. Diese Entgegnung ist aber aus folgendem Grund wenig überzeugend: In den meisten Fällen ist die Existenz eines Gegenstandes eine notwendige Bedingung dafür, dass wir von dem Gegenstand eine lebendige und detailreiche Vorstellung haben können. (Die Phantasievorstellung eines Musikstücks, also Musik, die man nicht hört, sondern die nur „im Kopf" ist, dürfte wohl auch bei einer Musikliebhaberin mit außerordentlich starker Vorstellungskraft viel weniger intensive ästhetische Freuden hervorrufen als das *Hören* desselben Musikstücks.) Wenn man aber ein Interesse an einer lebendigen und detailreichen Vorstellung eines Gegenstandes hat und wenn die Existenz des Gegenstandes eine notwendige Bedingung dafür ist, dass man eine solche Vorstellung haben kann, dann hat man wohl auch ein Interesse an der Existenz des Gegenstandes selbst.

Im Folgenden formuliere ich den obigen Einwand noch einmal, und zwar in einer etwas strenger strukturierten Form:

1. Wenn S G in ästhetischer Einstellung wahrnimmt, dann gilt: entweder G gefällt S, oder G missfällt S.

2. Wenn G S gefällt, dann hat S ein Interesse in Bezug auf G.
3. Wenn G S missfällt, dann hat S ein Interesse in Bezug auf G.
4. Also: Wenn S G in ästhetischer Einstellung wahrnimmt, dann hat S ein Interesse in Bezug auf G. (1,2,3)

Zur Erläuterung: Die Sätze 1. – 3. sind die *Prämissen* dieses Arguments. Das sind jene Sätze, die man als gegeben annimmt. Der Satz 4. ist die *Konklusion* des Arguments. Bei einem folgerichtigen Argument muss die Konklusion aus den angeführten Prämissen logisch folgen. Das bedeutet: Wenn die Prämissen wahr sind, dann ist auch die Konklusion wahr. Die Zahlenangaben in der Klammer nach einem Satz (hier nach der Konklusion) geben an, aus welchen der Prämissen ein Satz gefolgert wurde.

Wenn ein Argument so formuliert wird, dass Prämissen und Konklusion säuberlich getrennt und untereinander geschrieben werden, dann tritt die Struktur des Arguments eindeutig und klar zutage. Es ist auf den ersten Blick ersichtlich, aus welchen Prämissen die Konklusion abgeleitet wird. Das hat praktische Vorteile, die entscheidend für den Erkenntnisfortschritt sein können: Es wird dadurch wesentlich leichter, das Argument zu beurteilen, es nachzuvollziehen und entweder seine Beweiskraft einzusehen oder zu erkennen, wo eventuell vorhandene Schwächen liegen. Denn erstens ist es auf diese Weise leichter festzustellen, ob die Konklusion tatsächlich aus den angeführten Prämissen folgt; und zweitens kann man systematisch, eine nach der anderen, die Prämissen einer kritischen Prüfung unterziehen, falls das Argument folgerichtig ist und die Konklusion trotzdem zweifelhaft erscheint. Das alles ist nicht immer ganz so einfach, wenn Argumente nur in gewöhnlichem Prosastil formuliert sind. Ich werde daher im Folgenden öfters wichtige Argumente auch in der strenger strukturierten Form anschreiben.

Ist emotionslose ästhetische Erfahrung möglich?

Wenden wir uns nun dem Begriff der psychischen Distanz zu: Psychische Distanz wurde weiter oben bereits charakterisiert als Abwesenheit von Emotionen. Erinnern wir uns aber an Kants Charakterisierung des ästhetischen Erlebnisses als ein (interesseloses) *Wohlgefallen.* Wenn man die Interesselosigkeit einmal beiseite lässt, ist das nicht unplausibel. Man könnte nur ergänzend hinzufügen: Es könnte auch *Missfallen* sein. Nun haben wir aber weiter oben festgestellt, dass Gefallen und Missfallen Emotionen sind, genauer gesagt: *emotionale Reaktionen auf Vorstellungen.* Wenn jedes ästhetische Erlebnis ein Gefallen oder ein Missfallen enthält, dann enthält demnach jedes ästhetische Erlebnis Emotionen als Komponente. Das stimmt mit unserem bereits weiter oben gewonnenen Ergebnis überein. Nun wurde aber der Zustand der psychischen Distanz als Abwesenheit von Emotionen charakterisiert. Wenn psychische Distanz die Abwesenheit von Emotionen ist, und wenn jedes ästhetische Erlebnis mit ästhetischen Emotionen verbunden ist, dann kann man im Zustand der psychischen Distanz keine ästhetischen Erlebnisse haben. Das ist ein Einwand gegen die Theorie der psychischen Distanz. Das Folgende ist eine übersichtliche Formulierung desselben:

1. Wenn S ein Gefühl in Bezug auf G hat, dann hat S keine psychische Distanz zu G.

2. Wenn S G in ästhetischer Einstellung wahrnimmt, dann gilt: entweder G gefällt S, oder G missfällt S.
3. Wenn G S gefällt, dann hat S ein Gefühl in Bezug auf G.
4. Wenn G S missfällt, dann hat S ein Gefühl in Bezug auf G.
5. Also: Wenn S G in ästhetischer Einstellung wahrnimmt, dann hat S ein Gefühl in Bezug auf G. (2,3,4)
6. Also: Wenn S G in ästhetischer Einstellung wahrnimmt, dann hat S keine psychische Distanz zu G. (1,5)

So weit also diese beiden Einwände gegen die Theorie des interesselosen Wohlgefallens und die Theorie der psychischen Distanz. Beide Einwände sind sehr stark. Wenn die psychologischen Annahmen, die als Prämissen in diesen Argumenten stecken, richtig sind, dann ist erstens interesseloses Wohlgefallen unmöglich und zweitens kann ein ästhetisches Erlebnis niemals psychisch distanziert sein.

5. Modifikationen der Interesselosigkeit und der psychischen Distanz – und noch mehr Einwände

Wir wollen die Theorie des interesselosen Wohlgefallens und die Theorie der psychischen Distanz dennoch nicht kampflos aufgeben. Im Folgenden soll versucht werden, diese Theorien so zu modifizieren, dass sie gegen die vorgebrachten Einwände immun sind. Möglicherweise kann man so einen Kern dieser Theorien retten, der tatsächlich Licht auf das Wesen der ästhetischen Erfahrung wirft.

Interesse an einem Gegenstand um seiner selbst willen

Hier ist eine Entgegnung auf den ersten Einwand, also den Einwand gegen die Theorie des interesselosen Wohlgefallens: Die Rede vom „interesselosen Wohlgefallen" ist nicht so gemeint, dass *überhaupt kein* Interesse vorhanden sein darf. Es ist richtig, dass wir immer dann, wenn uns ein Gegenstand gefällt oder auch missfällt zwangsläufig ein bestimmtes Interesse an dem Gegenstand haben. Das soll auch gar nicht geleugnet werden. Entscheidend ist aber, dass dieses Interesse dem Gegenstand *um seiner selbst willen* gilt. Interesse an einem Gegenstand um seiner selbst willen ist Bestandteil jeder ästhetischen Erfahrung. Hinderlich für die ästhetische Erfahrung ist aber jedes Interesse, das dem betreffenden Gegenstand *nicht um seiner selbst willen* entgegengebracht wird.

Sie können zum Beispiel aufziehende Regenwolken in ästhetischer Einstellung betrachten. In dieser Einstellung können Ihnen die Wolken entweder gefallen oder missfallen, und insofern haben Sie ein Interesse an ihnen. In diesem Fall interessieren Sie sich für die Wolken um ihrer selbst willen. Mit anderen Worten: Sie haben kein externes Interesse an ihnen. Hier sind ein paar Beispiele für das, was unter „externen Interessen" verstanden werden soll: Sie wünschen sich Regen, weil Sie sonst Ihren Garten bewässern müssten. Sie leiden unter der Hitze, und ein bisschen Abkühlung würde Ihnen gut tun. Sie wollen eine Radtour unternehmen. Sie sind unterwegs und haben keinen Schirm dabei, und außerdem fürchten Sie, Ihre neuen Schuhe zu ruinieren. In allen diesen Situationen haben Sie auch ein Interesse an den Wolken, aber Sie interessieren sich nicht um ihrer selbst willen für sie, sondern aufgrund gewisser Auswirkungen, die sie haben könnten. Und genau diese externen Interessen sind ein Hindernis für die ästhetische Erfahrung.

Es wurde zwar schon zu Beginn dieses Kapitels festgehalten, dass die „ästhetische Interesselosigkeit" in Wahrheit ein Interesse an einer Sache um der Sache selbst willen ist. Jetzt aber denken wir diesen Gedanken konsequent zu Ende, und das bedeutet: Wir sehen ein, dass die ästhetische Einstellung *nicht*, wie in der Tradition oft behauptet wird, durch Abwesenheit von Wollen und Begehren gekennzeichnet ist. Wenn wir einen Gegenstand in ästhetischer Einstellung betrachten, kann uns nicht gleichgültig sein, ob der Gegenstand existiert oder nicht. Allerdings, so lautet die neue These, ist die ästhetische Einstellung charakterisiert durch Abwesenheit bestimmter Arten von Wollen und Begehren; Wollen und Begehren, dass sich auf externe Zwecke richtet, hat, nach der jetzt zur Diskussion stehenden Auffassung, keinen Platz in der ästhetischen Erfahrung.

Abwesenheit externer Interessen

So weit also eine mögliche Entgegnung auf den Einwand, dass es ein interesseloses Wohlgefallen gar nicht geben kann. Beachten Sie, dass in dieser Entgegnung der Einwand hundertprozentig akzeptiert wird. Das heißt: Es wird zugegeben, dass die ästhetische Einstellung kein Zustand der Interesselosigkeit sein kann. Es wird aber eine verfeinerte Theorie der Interesselosigkeit angeboten, in der verschiedene Arten von Interesselosigkeit unterschieden werden. Die ästhetische Einstellung, so lautet die modifizierte These, ist ein Zustand, der durch die *Abwesenheit externer Interessen* gekennzeichnet ist. Wir können also sagen:

Ein Subjekt S rezipiert einen Gegenstand G in ästhetischer Einstellung genau dann, wenn S kein externes Interesse an G hat (das heißt: wenn alles Wollen und Begehren in Bezug auf G nur G um seiner selbst willen gilt).

Dieser Versuch, wenigstens einen Kern der Theorie des interesselosen Wohlgefallens zu retten, hat etwas für sich: Es ist richtig, dass es *eine* Sache ist, an einem Gegenstand um seiner selbst willen Interesse zu haben, und eine *andere*, sich für einen Gegenstand aus irgendwelchen externen Gründen zu interessieren. Darüber hinaus ist es richtig, dass das erste eine notwendige Komponente jeder ästhetischen Erfahrung ist, das zweite aber nicht.

Dennoch hält auch diese modifizierte Version der Theorie des interesselosen Wohlgefallens einer kritischen Betrachtung nicht stand. Denn zumindest manchmal kommen beide Arten von Interesse *zusammen* vor. Mit anderen Worten: Sie können an einem Gegenstand um seiner selbst willen interessiert sein und *zugleich auch* aus externen Gründen. Sie können zum Beispiel aus irgendwelchen Gründen ein Interesse daran haben, dass es wieder einmal regnet, und Sie können sich *deshalb* über aufziehende Regenwolken freuen; aber das hindert Sie nicht grundsätzlich daran, an den Wolkenformationen zugleich ein *ästhetisches* Vergnügen zu haben. Diese verschiedenen Interessen könnten sogar in Konflikt miteinander liegen: Sie haben vielleicht ästhetisches Vergnügen daran, die Wolken zu beobachten, obwohl es Ihnen zugleich leid tut um Ihren Radausflug. Der springende Punkt ist: Wir können

Gegenstände ästhetisch erleben, an denen wir *nicht nur* um ihrer selbst willen interessiert sind. Die ästhetische Einstellung (und damit die ästhetische Erfahrung) kann also nicht durch die Abwesenheit externer Interessen charakterisiert werden.

Ästhetische versus nicht-ästhetische Emotionen

Versuchen wir nun, die Theorie der psychischen Distanz so zu modifizieren, dass sie gegen obigen Einwand immun ist. Man könnte auf diesen Einwand Folgendes antworten: Es muss zugegeben werden, dass man in der ästhetischen Einstellung nicht völlig distanziert sein kann, denn es muss ja zumindest ein Gefallen oder ein Missfallen vorliegen; und das sind schon Emotionen. Aber die Emotionen, die ein Subjekt in Bezug auf einen Gegenstand hat, können verschiedener Art sein. Wir können „ästhetische Emotionen" von „nicht-ästhetischen Emotionen" unterscheiden. Dann können wir sagen: Die psychische Distanz, die eine Voraussetzung für eine ästhetische Erfahrung ist, muss man als Abwesenheit von nicht-ästhetischen Emotionen verstehen.

Das klingt ein wenig zirkulär, aber das muss es nicht sein. Zirkulär wäre es nur dann, wenn man den Begriff der ästhetischen Emotion mit Hilfe des Begriffs der ästhetischen Einstellung oder der ästhetischen Erfahrung erklärt. Aber das muss man ja nicht tun. Man könnte zum Beispiel einfach annehmen, dass es ein ästhetisches Gefallen und ein ästhetisches Missfallen (als qualitativ eigenartige Gefühle) gibt. Oder man könnte sagen, dass ästhetische Emotionen jene Gefühle sind, die durch ästhetische Eigenschaften hervorgerufen werden.

Abwesenheit von nicht-ästhetischen Emotionen

Auch diese Entgegnung läuft also darauf hinaus, die ursprüngliche Theorie zu verfeinern. In der verfeinerten Form werden verschiedene Arten von Emotionen unterschieden, nämlich ästhetische und nicht-ästhetische. Dementsprechend wird die für das ästhetische Erleben erforderliche psychische Distanz charakterisiert als die Abwesenheit von nicht-ästhetischen Emotionen.

> Ein Subjekt S rezipiert einen Gegenstand G in ästhetischer Einstellung genau dann, wenn S ausschließlich ästhetische Emotionen in Bezug auf G hat.

Diese Position ist nicht völlig unplausibel. Wenn man zum Beispiel einen Roman in ästhetischer Einstellung lesen möchte, dann kann man davon absehen, welche politischen oder religiösen oder sonstigen Überzeugungen der Autor mit diesem Roman mitteilt. Um das an einem Beispiel zu illustrieren: Einer der meistdiskutierten Schriftsteller der letzten Jahre ist der Franzose Michel Houellebecq. Dieser Mann gilt als schriftstellerisch sehr begabt; aber das ist nicht der hauptsächliche Grund für seine Berühmtheit. Der hauptsächliche Grund für seine Berühmtheit ist vielmehr, dass es ihm sehr gut gelingt, nicht-ästhetische Emotionen zu wecken. In einem seiner Bücher (dem Roman *Plattform*) geht es um Sextourismus. Manche werfen ihm vor, dass er darin den Sextourismus verteidigt. Es ist klar, dass der Verdacht einer solchen Ideologie Emotionen weckt. Das ist ein klarer Fall von nicht-ästhetischen Emotionen. Das zeigt sich auch darin, dass viele Kritikerinnen und Kritiker in ihrem Urteil über diesen Schriftsteller und seine Bücher sehr deutlich die schriftstellerischen Qualitäten des Werks von den inhaltlichen trennen.

Auf der anderen Seite werden manche Bücher und Filme von vielen Menschen geschätzt, weil die Rezipientinnen sich mit der „Aussage" dieser Werke sehr gut identifizieren können und/oder weil sie als „politisch korrekt" bzw. „fortschrittlich" und/oder „gesellschaftlich relevant" eingeschätzt werden, kurz: weil sie die Rezipienten in einer angenehmen Weise emotional berühren – selbst dann, wenn diese Werke in ästhetischer Hinsicht allenfalls mittelmäßig oder sogar schlichtweg misslungen sind.

Ästhetische und außerästhetische Gefühle können zusammen vorkommen

An dem Versuch, die Theorie der psychischen Distanz gegen den obigen Einwand zu verteidigen, ist also richtig, dass man ästhetische von nicht-ästhetischen Emotionen unterscheiden kann. Dennoch scheitert auch dieser Versuch an der Realität ästhetischer Erfahrungen. Denn ästhetische und nicht-ästhetische Emotionen können gleichzeitig und in Bezug auf denselben Gegenstand vorkommen. Man kann zum Beispiel die Filme des finnischen Autors und Regisseurs Aki Kaurismäki *sowohl* wegen ihrer formalen Qualitäten *als auch* wegen der in ihnen ausgedrückten Sympathie für benachteiligte Menschen mögen. Das eine schließt das andere nicht aus. Das bedeutet: Ästhetische Erfahrung ist nicht notwendigerweise frei von nicht-ästhetischen Emotionen.

Kehren wir nun noch einmal zurück zum interesselosen Wohlgefallen. Es wurde als Kennzeichen der ästhetischen Einstellung vorgeschlagen, dass man einem Gegenstand um seiner selbst willen Interesse entgegenbringt. Wir haben jedoch gesehen, dass ästhetische Erfahrung auch andere Arten von Interesse enthalten kann. Wir könnten jetzt im Lichte dieser Einsicht einen neuen Versuch zur Charakterisierung der ästhetischen Einstellung starten. Nämlich:

> Ein Subjekt S nimmt einen Gegenstand G in ästhetischer Einstellung wahr genau dann, wenn S dem Gegenstand G *auch* um seiner selbst willen Interesse entgegenbringt.

Beziehungsweise:

> Ein Subjekt S nimmt einen Gegenstand G in ästhetischer Einstellung wahr genau dann, wenn S *auch* ästhetische Emotionen in Bezug auf G hat.

Das heißt: Wir verlangen jetzt nicht mehr, dass eine Person in ästhetischer Einstellung frei von externen Interessen sein muss. Wir geben also die Forderung nach Interesselosigkeit vollkommen auf. Wir verlangen stattdessen, dass eine ganz besondere Art von Interesse vorliegen muss, nämlich ein Interesse an einem Gegenstand um seiner selbst willen.

Das ist eine Antwort auf die Gegenbeispiele gegen die Theorie des interesselosen Wohlgefallens. Sie können also Regenwolken durchaus in ästhetischer Einstellung wahrnehmen, obwohl Sie ein praktisches Interesse an ihnen haben – solange Sie nicht *ausschließlich* ein praktisches Interesse an ihnen haben.

Nicht jedes Interesse an einer Sache um ihrer selbst willen ist ästhetisch

Allerdings gibt es hier einen Einwand von der anderen Seite: Wir widmen uns nicht nur Kunstwerken und anderen schönen Dingen um ihrer selbst willen. Man denke zum Beispiel an die Philosophie. Zwar kann man argumentieren, dass die Beschäftigung mit Philosophie einen gewissen lebenspraktischen Nutzen hat, weil durch sie bestimmte intellektuelle Fähigkeiten trainiert werden, die auch bei der Bewältigung lebenspraktischer Probleme angewendet werden können. Aber letztlich ist das wohl nur für sehr wenige Leute, die sich mit Philosophie beschäftigen, das primäre Motiv. Das beste Motiv, sich mit Philosophie zu beschäftigen, ist die Philosophie selber. Man widmet sich der Philosophie um ihrer selbst willen. Dennoch ist die Beschäftigung mit Philosophie im Normalfall nicht mit einer ästhetischen Einstellung verbunden. Wer einen Aufsatz über eine philosophische Frage liest, tut das normalerweise nicht in ästhetischer Einstellung. Eine ästhetische Einstellung wäre in diesem Fall wahrscheinlich eher hinderlich als nützlich.

Leute, die sich ein Fußballspiel oder ein Schirennen anschauen, tun das üblicherweise auch um der Sache selber willen. Aber diese Hingabe an die Sache scheint nichts mit einer ästhetischen Einstellung zu tun zu haben. (Natürlich *kann* man ein Fußballspiel auch in ästhetischer Einstellung betrachten; aber das dürfte kaum die gewöhnliche Einstellung des durchschnittlichen Fußballzusehers sein.)

Kurz: Offenbar gibt es Dinge, denen man um ihrer selbst willen Aufmerksamkeit schenkt, ohne sie in ästhetischer Einstellung zu betrachten. Also kann man nicht sagen, dass wir uns immer dann in ästhetischer Einstellung befinden, wenn wir einem Gegenstand um seiner selbst willen Aufmerksamkeit widmen. Die Aufmerksamkeit um der Sache selbst willen ist demnach höchstens eine notwendige Bedingung für eine ästhetische Einstellung, aber sicher keine hinreichende.

Angesichts der Schwierigkeiten, genauer zu bestimmen, was die Merkmale der ästhetischen Einstellung sind, könnte man den Verdacht hegen, dass es in Wirklichkeit so etwas wie eine spezielle ästhetische Einstellung gar nicht gibt.

Man muss deshalb natürlich nicht leugnen, dass ästhetische Erfahrung eine gewisse Einstellung voraussetzt (zum Beispiel Aufmerksamkeit um der Sache selbst willen). Aber wie wir gesehen haben ist nicht jedes Erlebnis, das man in dieser Einstellung hat, ein ästhetisches Erlebnis. Wenn es keine spezifische ästhetische Einstellung gibt, dann kann die ästhetische Erfahrung auch nicht allein durch eine spezielle Einstellung charakterisiert werden. Ich komme daher auf die zweite vorgeschlagene Charakterisierung der ästhetischen Erfahrung zurück. Diese lautet, so haben wir gesagt: Ästhetische Erfahrung besteht im *Erfassen ästhetischer Eigenschaften.* Das führt uns zum ersten Thema des nächsten Kapitels, nämlich zum Begriff der ästhetischen Eigenschaften.

6. Zusammenfassung, Lektürehinweise, Fragen und Übungen

Zusammenfassung

Die meisten ästhetischen Erlebnisse bestehen aus einem Wahrnehmungserlebnis und einem Gefühl, typischerweise einem Gefühl des Gefallens oder Missfallens. Ästhetische Gefühle sind abhängig von anderen psychischen Phänomenen (insbesondere von Vorstellungen) und deren Inhalten.

Es gibt grundsätzlich zwei Strategien, den Unterschied zwischen ästhetischen und nicht-ästhetischen Erlebnissen zu erklären: entweder von der *Objektseite* her (als Unterschied der wahrgenommenen Objekte bzw. deren Eigenschaften) oder von der *Subjektseite* her (als Unterschied in der *Einstellung* des wahrnehmenden Subjekts). Gemäß letzterer Strategie zeichnen sich ästhetische Erlebnisse durch eine besondere ästhetische Einstellung aus.

Die ästhetische Einstellung wird oft als ein „interesseloses Wohlgefallen" oder als ein Zustand der „psychischen Distanz" charakterisiert. Interesseloses Wohlgefallen bzw. psychische Distanz werden wiederum traditionsgemäß als Abwesenheit von Emotionen verstanden. Ein interesseloses Wohlgefallen ist jedoch unmöglich, weil jedes Gefallen unausweichlich ein Interesse und damit ein Wollen in Bezug auf die Existenz des betreffenden Gegenstandes mit sich bringt. Ebenso unmöglich ist ein ästhetisches Erlebnis ohne Gefühle, weil ästhetische Erlebnisse wesentlich gefühlshaft sind. Diesen Einwänden kann man begegnen, indem man das ästhetische Erlebnis als Abwesenheit von *außerästhetischen Interessen* bzw. *außerästhetischen Gefühlen* charakterisiert. Aber auch diese Charakterisierungen sind nicht adäquat, denn ästhetische Erlebnisse können beides einschließen: ästhetische *und* außerästhetische Gefühle, ästhetische *und* außerästhetische Interessen.

Eine notwendige Bedingung für ein ästhetisches Erlebnis scheint es zu sein, dass man dem betrachteten Gegenstand zumindest *auch* um seiner selbst willen Interesse entgegenbringt. Allerdings wird diese Bedingung auch von manchen nicht-ästhetischen Erlebnissen erfüllt. Das Scheitern aller dieser Versuche, das ästhetische Erlebnis durch eine besondere ästhetische Einstellung zu charakterisieren, legt den Verdacht nahe, dass es eine genuine ästhetische Einstellung nicht gibt.

Lektürehinweise

Zur Einteilung der psychischen Phänomene vergleiche [26] und [45].

Die klassische Version der Theorie der Interesselosigkeit bzw. der psychischen Distanz findet sich bei Kant in [40]. Neuere Vertreter ähnlicher Theorien sind Edward Bullough (siehe den berühmten Aufsatz [27]), Marshall Cohen (siehe [28]), Sheila Dawson (siehe [31]), sowie Jerome Stolnitz (siehe [52] und [53]).

Eine kritische Haltung gegenüber der Theorie der ästhetischen Einstellung findet sich in [3] (Chapter 4, „Art and Aesthetic Experience"), [5] (Chapter 5, „The Aesthetic: Attitude and Object"), und [6] (Chapter 3, „Viewer Centered Aesthetic Issues"). Berühmt für seine Kritik an der ästhetischen Einstellung ist George Dickie in [34].

Kutschera in [11] (Kapitel 2.1, „Ästhetische Erfahrung") bezieht sich zwar auf Kant, vertritt aber letztlich eine objektive Erklärung der ästhetischen Erfahrung.

Fragen und Übungen

- Welche Kategorien psychischer Phänomene kann man unterscheiden und unter welche davon fallen ästhetische Erlebnisse?
- Welche Rolle spielt die sinnliche Wahrnehmung für die ästhetische Erfahrung? Sind ästhetische Erlebnisse stets und notwendigerweise Wahrnehmungserlebnisse?

- Welche Beziehung besteht zwischen ästhetischen Gefühlen und anderen psychischen Phänomenen bzw. deren Inhalten?
- Es gibt grundsätzlich zwei Strategien zur Abgrenzung von ästhetischen gegenüber nicht-ästhetischen Erlebnissen. Welche sind das, und welche Existenzannahmen sind mit ihnen jeweils verbunden?
- Durch welche Thesen lässt sich eine Theorie der ästhetischen Eigenschaften charakterisieren?
- Durch welche Thesen lässt sich eine Theorie der ästhetischen Einstellung charakterisieren?
- Falls es eine genuin ästhetische Einstellung gibt, wie wäre sie zu charakterisieren?
- Was versteht man in der traditionellen Ästhetik unter einem „interesselosen Wohlgefallen" und unter „psychischer Distanz"?
- Geben Sie einige Beispiele für Situationen, welche die Theorie des interesselosen Wohlgefallens bzw. der psychischen Distanz plausibel erscheinen lassen!
- Ist die ästhetische Einstellung stets kontemplativ?
- Ist ein interesseloses Wohlgefallen grundsätzlich möglich?
- Ist es grundsätzlich möglich, im Zustand psychischer Distanz ein ästhetisches Erlebnis zu haben?
- Wie könnte man die Theorie des interesselosen Wohlgefallens vor dem Einwand der Widersprüchlichkeit retten?
- Kann ästhetische Erfahrung durch die Abwesenheit externer Interessen charakterisiert werden?
- Wie könnte man die Theorie der psychischen Distanz vor dem Einwand retten, dass ästhetische Erlebnisse stets Emotionen beinhalten?
- Kann ästhetische Erfahrung durch die Abwesenheit nicht-ästhetischer Emotionen charakterisiert werden?
- Kann man die ästhetische Erfahrung durch ein Interesse an einer Sache *auch* um der Sache selbst willen charakterisieren?
- Keine der vorgeschlagenen (allesamt von einer besonderen Einstellung ausgehenden) Charakterisierungen der ästhetischen Erfahrung sind adäquat. Welche Vermutung wird durch dieses Scheitern nahe gelegt?

III. Ästhetische Eigenschaften, ästhetische Werturteile und ästhetische Gegenstände

In diesem Kapitel geht es um das Wesen ästhetischer Eigenschaften, die Bedeutung ästhetischer Wertprädikate und ästhetischer Werturteile sowie die Natur ästhetischer Gegenstände. Insbesondere sollen die folgenden eng miteinander zusammenhängenden Fragen geklärt werden: Gibt es ästhetische Eigenschaften (wie zum Beispiel Schönheit) als von den Rezipientinnen unabhängige Eigenschaften der Dinge? Was meinen wir eigentlich, wenn wir zum Beispiel sagen, dass etwas schön ist? Sind ästhetische Gegenstände Gebilde, die wir uns selber schaffen und die nur „in unseren Köpfen" existieren oder sind sie Bestandteile einer unabhängig von uns existierenden Realität?

1. Ästhetische Eigenschaften und ästhetische Prädikate

Ein ästhetisches Erlebnis hat man, wenn man an einem Gegenstand ästhetische Eigenschaften erfasst bzw. bemerkt. Was sind aber eigentlich ästhetische Eigenschaften?

Der Universalienstreit

Um möglichen Missverständnissen vorzubauen, halte ich fest, dass ich in diesem Kapitel keinen Standpunkt im Universalienstreit verteidigen will. Im Universalienstreit geht es, grob gesagt, um die Frage, ob es Eigenschaften (als Gegenstände besonderer Art) überhaupt gibt, und wenn ja, welche Art von Gegenständen sie sind (etwa ob sie in Raum und Zeit oder außerhalb von Raum und Zeit existieren, ob sie abhängig oder unabhängig von Einzeldingen sind, und anderes mehr).

Nach einer Auffassung sind Eigenschaften Gegenstände, die außerhalb von Raum und Zeit existieren, die nicht sinnlich wahrnehmbar sind, aber mit dem Verstand erfasst werden können. Diese Auffassung wird oft „Platonismus" genannt, nach ihrem berühmtesten Vertreter, Platon. Nach dieser Auffassung ist das „Haben" einer Eigenschaft eine besondere Beziehung zwischen dem Ding, das die Eigenschaft hat, und der Eigenschaft selbst, die von dem Ding verschieden ist und von diesem unabhängig existiert. Diese Beziehung wird auch „Exemplifikation" genannt. Nach dieser Auffassung gilt beispielsweise, dass eine rote Rose die Eigenschaft der Röte exemplifiziert und dass ein kluger Mensch die Eigenschaft der Klugheit exemplifiziert.

Die platonistische Auffassung war und ist durch die ganze Geschichte der Philosophie hindurch sehr umstritten, vor allem deshalb, weil sowohl die Natur der (platonistisch interpretierten) Eigenschaften als auch (und vielleicht noch mehr) die Beziehung der Exemplifikation in manchen Hinsichten problematisch ist.

Aber der Universalienstreit spielt im Zusammenhang dieses Kapitels keine Rolle, und darum soll er hier auch nicht diskutiert werden. Wenn ich im Folgenden von Eigenschaften spreche, so lasse ich bewusst offen, ob diese platonistisch oder in irgendeiner anderen Weise zu interpretieren sind. Im Folgenden geht es nicht um die Natur von Eigenschaften im Allgemeinen, sondern um die Natur ästhetischer Eigenschaften.

Was also sind ästhetische Eigenschaften? – Man hat ein ästhetisches Erlebnis zum Beispiel dann, wenn man etwas als schön oder als hässlich empfindet. Wenn man in den Schriften der Ästhetiker nach Beispielen für ästhetische Eigenschaften sucht, wird man bei fast allen an vorderster Stelle auf die Schönheit stoßen. Schönheit ist *das* Paradebeispiel für eine ästhetische Eigenschaft. Wir müssen aber auch das negative Gegenstück der Schönheit, also die Hässlichkeit, zu den ästhetischen Eigenschaften rechnen. Gewiss sind aber Schönheit und Hässlichkeit nicht die einzigen ästhetischen Eigenschaften.

Eigenschaften, Qualitäten, Prädikate

Ich werde im Folgenden von ästhetischen *Eigenschaften*, ästhetischen *Qualitäten* und ästhetischen *Prädikaten* sprechen. Die Ausdrücke „Eigenschaft" und „Qualität" verwende ich als Synonyme. Als „Prädikate" bezeichne ich jene *sprachlichen Ausdrücke*, die wir verwenden, um Gegenständen Eigenschaften zu- oder abzusprechen. In manchen Kontexten ist es besser, von Qualitäten zu sprechen, in anderen ist die Prädikaten-Redeweise bequemer. Ich werde zwischen der Eigenschafts-Redeweise und der Prädikaten-Redeweise zwanglos hin- und herwechseln, je nachdem, in welcher Redeweise eine bestimmte These oder ein bestimmtes Argument konziser und besser fasslich zu formulieren ist.

Wir können also sagen: „Schön" und „hässlich" sind eindeutige Beispiele für ästhetische Prädikate. Aber es gibt zweifellos noch viele andere. Hier sind einige Beispiele: „einheitlich", „ausgewogen", „leblos", „heiter", „düster", „dynamisch", „mächtig", „ätherisch", „brillant", „hölzern", „elegant", „weich", „glänzend", „lebendig", „zart", „rührend", „oberflächlich", „sentimental", „tragisch", „langweilig", „kraftlos", „komisch", „pointenreich", „spannungsgeladen", „schwungvoll", „zerrissen", „stimmig", „kontrastreich", „kitschig", „nuanciert".

Doch bleiben wir zunächst beim klassischen Beispiel einer ästhetischen Eigenschaft, der Schönheit. Eine erste Schwierigkeit besteht darin, dass der Begriff des Schönen selbst unklar und vieldeutig ist. In einer Bedeutung heißt „schön" so viel wie „angenehm für die Sinne". Aber es ist zweifelhaft, ob dieser Gebrauch des Adjektivs „schön" für die Ästhetik adäquat ist. Denn es gibt viele Qualitäten, die eine Sache angenehm für die Sinne machen, die aber allem Anschein nach nicht ästhetisch relevant sind. Ein Stück Schokolade ist zum Beispiel aufgrund seiner Süße angenehm für den Geschmackssinn; eine Massage ist angenehm für den Tastsinn; ein warmes Bad ist ebenfalls angenehm für die Sinne, und so fort. Im alltäglichen Sprachgebrauch nennen wir derlei Dinge manchmal „schön" („ein schönes Bier", „ein schönes Bad", „eine schöne Wärmflasche"), aber es scheint, dass dieser Gebrauch des Adjektivs „schön" vom *ästhetischen* Gebrauch verschieden ist.

Andererseits gibt es Dinge, die in einem ästhetischen Sinn schön sind, ohne angenehm für die Sinne zu sein. Ein Gedicht kann zum Beispiel in einem ästhetischen Sinn sehr schön sein, auch wenn es nicht außergewöhnlich angenehm für die Sinne ist. Natürlich kann ein Gedicht *auch* angenehm für die Sinne sein, nämlich durch seine Klangqualitäten, wenn es laut gelesen wird. Aber die Schönheit der meisten schönen Gedichte kommt zumindest nicht *ausschließlich* daher, dass ihre Klangqualitäten angenehm für die Sinne sind. Ja, es kann sogar Dinge geben, die in einem gewissen Grad unangenehm für die Sinne sind und die trotzdem schön sind. Musik, die eine gewisse Lautstärke überschreitet, ist nicht mehr angenehm für die Sinne normal hörender Menschen; aber eine solche Musik kann trotzdem schön sein.

Wir können also festhalten, dass es keineswegs klar ist, was wir meinen, wenn wir sagen, dass etwas schön oder hässlich ist. Doch wie schon erwähnt sind Schönheit und Hässlichkeit auf keinen Fall die einzigen ästhetischen Eigenschaften, die es gibt. Welche ästhetischen Eigenschaften, außer Schönheit und Hässlichkeit, gibt es noch? – Die oben gegebene kleine Auswahl ästhetischer Prädikate kann vielleicht einen ersten Eindruck von der Vielfalt ästhetischer Eigenschaften vermitteln, aber nicht mehr als das. Leider verfügen wir über keine sehr genaue Sprache für ästhetische Eigenschaften, und es ist schwierig, ästhetische Eigenschaften zu klassifizieren. Manche haben es dennoch versucht. Das Folgende ist ein solcher Versuch einer Klassifikation ästhetischer Eigenschaften:

Eine Klassifikation ästhetischer Eigenschaften

(a) „Reine ästhetische Wertqualitäten", zum Beispiel: schön, hässlich, erhaben, lächerlich.

(b) „Gefühlsqualitäten", zum Beispiel: traurig, fröhlich, zornig, melancholisch.

(c) „Formale Qualitäten", zum Beispiel: ausgewogen, harmonisch, streng komponiert.

(d) „Verhaltensqualitäten", zum Beispiel: kühn, träge, sprunghaft.

(e) „Evokationsqualitäten", zum Beispiel: langweilig, unterhaltsam, rührend, aufwühlend, spannend.

(f) „Repräsentationale Qualitäten", zum Beispiel: realistisch, wirklichkeitsgetreu, verfremdet.

(g) „Wahrnehmungsqualitäten zweiter Ordnung", zum Beispiel: lebhaft, intensiv, gedämpft, trübe (als Qualitäten von Farben und Tönen).

(h) „Historische Qualitäten", zum Beispiel: originell, bahnbrechend, konservativ.

Mehrdeutige Prädikate

Diese Liste ist sicherlich nicht einmal annähernd vollständig, und es ist alles andere als klar, ob die Einteilung, so wie sie ist, korrekt ist. Aber zweifellos enthält sie einige wichtige Arten ästhetischer Qualitäten. Die Liste sollte außerdem dafür sensibilisieren, dass wir zur Bezeichnung ästhetischer Qualitäten oft Wörter verwenden, die in anderen Kontexten eine nicht-ästhetische Bedeutung haben. Letzteres gilt insbesondere für jene Wörter, die Gefühlsqualitäten bezeichnen („traurig", „melancholisch"), aber auch für Wörter zur Bezeichnung von Wahrnehmungsqualitäten zweiter Ordnung („lebhaft", „gedämpft"). Auch die Wörter „realistisch" und „wirklichkeitsgetreu" werden nicht nur zur Bezeichnung ästhetischer Qualitäten gebraucht. In manchen Fällen wäre es vielleicht angemessener, vom „ästhetischen Gebrauch eines Prädikats" zu sprechen anstatt von einem „ästhetischen Prädikat" (man denke zum Beispiel an Prädikate wie „kraftlos", „schwungvoll", „kühn"). Andere Prädikate werden ausschließlich oder zumindest überwiegend als ästhetische Prädikate gebraucht. Zu diesen zählen natürlich „schön" und

„hässlich“, aber auch zum Beispiel „harmonisch“, „anmutig“ und „pointenreich“. Wir wollen am Terminus „ästhetisches Prädikat“ festhalten, allerdings eingedenk der Tatsache, dass viele ästhetische Prädikate nicht nur als ästhetische Prädikate gebraucht werden.

Werteigenschaften

Noch etwas fällt an obiger Liste ästhetischer Prädikate auf: Sehr viele der angeführten ästhetischen Eigenschaften enthalten eine *wertende* Komponente. Das bedeutet: Einem Gegenstand eine dieser Eigenschaften zuzusprechen heißt nicht nur, den Gegenstand nüchtern und neutral zu *beschreiben*, sondern es heißt auch, ein *Werturteil* abzugeben – sei es ein positives oder ein negatives. Auch wenn die Schönheit in der Kunstkritik möglicherweise nicht mehr den Stellenwert hat, den sie in der Vergangenheit hatte (und dem Prädikat „schön“ bedeutungsverwandte Attribute wie „hübsch“ im Kontext einer Kunstkritik unter Umständen sogar eine *negative* Konnotation haben können), so ist ein Urteil der Art „Das ist schön“ doch im Allgemeinen ein *positives Werturteil*. Analoges gilt für Erhabenheit, Harmonie, Spannung, Originalität und viele andere. Viele, wahrscheinlich die meisten ästhetischen Eigenschaften sind Werteigenschaften. Das sollten wir im Auge behalten, denn Werteigenschaften sind in philosophischer Hinsicht besonders interessant, wie sich noch zeigen wird.

2. Ästhetische Eigenschaften als fundierte Eigenschaften

Natürliche und nicht-natürliche Eigenschaften

Es ist also nicht leicht, den Bereich der ästhetischen Eigenschaften scharf gegenüber dem Bereich der nicht-ästhetischen Eigenschaften abzugrenzen und eine vollständige Liste von Arten ästhetischer Eigenschaften anzuführen. Ästhetische Eigenschaften sind aber noch aus einem anderen Grund in einem philosophischen Sinn problematisch, und zwar hinsichtlich ihrer Beziehung zu anderen, nicht-ästhetischen Eigenschaften. Häufig ist in diesem Zusammenhang auch von „natürlichen“ und „nicht-natürlichen“ Eigenschaften die Rede. „Natürlich“ heißt in diesem Kontext nicht „naturbelassen“ oder Ähnliches. Das Wort „natürlich“ ist hier vielmehr abgeleitet von „Naturwissenschaften“, wobei dabei wiederum in erster Linie an die Physik und die Chemie zu denken ist. Stellen Sie sich eine vollständige physikalisch-chemische Beschreibung irgendeines Gegenstandes vor, zum Beispiel eines Tisches. Dann haben Sie die natürlichen Eigenschaften dieses Gegenstandes aufgeführt. Dazu gehören zum Beispiel seine Größe, seine Form, seine Farbe, sein Gewicht, seine chemischen Bausteine. Aber Prädikate wie „zweckmäßig“ oder „formschön“ haben in einer rein physikalischen Beschreibung keinen Platz. Zweckmäßigkeit und Schönheit sind keine natürlichen Eigenschaften. Ästhetische Eigenschaften sind also eine spezielle Art von nicht-natürlichen Eigenschaften. Die Farbe und Form eines Bildes, die Lautstärke und die Klangfarben einer Aufführung eines Musikwerks gehören nicht zu den ästhetischen Eigenschaften – obwohl sie, wie wir gleich sehen werden, relevant für die ästhetischen Eigenschaften eines Gegenstandes sein können.

Ästhetische Eigenschaften sind abhängige Eigenschaften

Es ist offensichtlich, dass ästhetische Eigenschaften mit nicht-ästhetischen Eigenschaften irgendwie zusammenhängen. Ästhetische Eigenschaften sind *nicht unabhängig* von nicht-ästhetischen Eigenschaften. Ob ein Gegenstand eine bestimmte ästhetische Eigenschaft hat oder nicht, hängt also davon ab, welche nicht-ästhetischen Eigenschaften der Gegenstand hat. Wenn man an einem schönen Gegenstand nach und nach die nicht-ästhetischen Eigenschaften verändert, dann ist es sehr wahrscheinlich, dass an irgendeinem Punkt der Gegenstand aufhört, schön zu sein. Das Umgekehrte ist natürlich ebenso möglich: Ein nicht-schöner Gegenstand kann durch Veränderung seiner nicht-ästhetischen Qualitäten ein schöner Gegenstand werden.

Wir sprechen ästhetische Eigenschaften den Gegenständen zu, genau so, wie wir auch andere Eigenschaften den Gegenständen zusprechen. Von Yves Kleins monochromen Bildern können wir sagen, dass sie blau sind, wir können von ihnen aber auch sagen, dass sie schön sind – oder auch, dass sie langweilig sind. Es hat aber mit den ästhetischen Qualitäten etwas Besonderes auf sich. Angenommen, zwei Leute stehen vor einem der monochromen Bilder von Yves Klein. Wir nehmen an, dass für beide dieselben Wahrnehmungsbedingungen gelten, also: beide sind normalsichtig, keiner steht unter Drogen, keiner trägt eine getönte Brille, und so fort. Wir können also mit Fug und Recht sagen, dass die beiden denselben Gegenstand auf dieselbe Weise wahrnehmen. Es ist in diesem Fall zu erwarten, dass die beiden sich einig darüber sind, dass das Gemälde vor ihnen blau ist. In Bezug auf die Farbqualität herrscht also Übereinstimmung. Doch in Bezug auf die ästhetischen Qualitäten desselben Gemäldes muss in diesem Fall nicht Übereinstimmung herrschen. Es kann sein, dass der eine Betrachter das Gemälde schön findet und nicht langweilig, während der andere es nur langweilig findet und nicht schön. Daran zeigt sich, dass ästhetische Qualitäten – wie Schönheit oder Langweiligkeit – keine reinen sinnlichen Wahrnehmungsqualitäten sein können.

Die Frage nach der Existenz ästhetischer Eigenschaften

Eine mögliche Erklärung dafür wäre, dass die Dinge selber weder schön noch hässlich noch aufregend oder langweilig sind, sondern dass nur wir sie so erleben. Nach dieser Erklärung gibt es in Wirklichkeit gar keine ästhetischen Eigenschaften. Es gibt nur „gewöhnliche" Eigenschaften (zum Beispiel Farb- und Formeigenschaften) und es gibt uns, die wir auf diese Eigenschaften manchmal mit ästhetischen Erlebnissen reagieren. Nach einer anderen Auffassung gibt es ästhetische Eigenschaften, aber sie sind besondere Eigenschaften. Die Frage ist also: *Gibt es so etwas wie ästhetische Eigenschaften, und wenn ja, was unterscheidet sie von anderen Eigenschaften,* wie zum Beispiel von Farbeigenschaften oder Klangeigenschaften?

Man kann zu dieser Problematik einen Zugang finden durch folgendes Gedankenexperiment: Man versuche sich vorzustellen, die Welt sei ganz genau so, wie sie ist – nur dass es keine ästhetischen Eigenschaften gäbe. Man versuche sich also vorzustellen, dass die Dinge so aussehen, wie sie jetzt aussehen, aber sie wären weder schön noch hässlich, weder anmutig noch plump, weder erhaben noch lächerlich. Ich nenne eine Welt ohne ästhetische Eigenschaften im Folgenden kurz „eine nicht-ästhetische Welt".

Ästhetischer Realismus und ästhetischer Anti-Realismus

Die Frage ist nun: Ist eine nicht-ästhetische Welt überhaupt möglich? Wenn ja, unterscheidet sich die nicht-ästhetische Welt von unserer wirklichen Welt, und wenn ja, in welcher Weise? Es gibt in Bezug auf diese Fragen verschiedene Positionen. Ganz grob lassen sich zwei Positionen unterscheiden, nämlich *ästhetischer Anti-Realismus* und *ästhetischer Realismus.* Ästhetischer Anti-Realismus ist die Auffassung, dass es ästhetische Eigenschaften nicht gibt. Ästhetischer Realismus ist das Gegenteil, also die Auffassung, dass es ästhetische Eigenschaften gibt.

Nach der anti-realistischen Auffassung ist eine nicht-ästhetische Welt nicht nur möglich, sondern auch ganz leicht vorzustellen, und zwar deshalb, weil sie identisch ist mit unserer wirklichen Welt. Die nicht-ästhetische Welt unterscheidet sich demnach von unserer in keiner Weise, weil ästhetische Eigenschaften auch in unserer Welt nicht existieren. Gemäß der anti-realistischen Auffassung befinden wir uns im Irrtum, wenn wir glauben, dass Gegenstände zusätzlich zu ihren nicht-ästhetischen Eigenschaften auch noch ästhetische Eigenschaften haben.

Im Gegensatz dazu behaupten Anhänger des ästhetischen Realismus, dass es ästhetische Eigenschaften gibt. Es gibt natürlich verschiedene Spielarten des Realismus (wie es auch verschiedene Spielarten des Anti-Realismus gibt). Es ist eine Spielart des Realismus denkbar, wonach ästhetische Eigenschaften ganz unabhängig von den natürlichen Eigenschaften sind. Demnach wäre es etwa für die Schönheit eines Gemäldes ganz gleichgültig, welche Farben es hat, wie es komponiert ist, und so fort.

Diese Auffassung ist jedoch so unplausibel, dass ich sie völlig außer Acht lasse. Wenn ich im Folgenden von ästhetischem Realismus spreche, dann meine ich ausschließlich jene Auffassung, wonach es ästhetische Eigenschaften zwar gibt, diese aber *abhängig* sind von gewissen nicht-ästhetischen Eigenschaften. Nach dieser Auffassung kann es keine nicht-ästhetische Welt geben, die in Bezug auf alle nicht-ästhetischen Eigenschaften einer ästhetischen Welt gleicht. Denn es gibt ein Abhängigkeitsverhältnis zwischen ästhetischen und nicht-ästhetischen Eigenschaften. Wenn ein Gegenstand bestimmte nicht-ästhetische Eigenschaften hat, dann hat er notwendigerweise auch gewisse ästhetische Eigenschaften.

Supervenienz

Für diese Art von Abhängigkeitsverhältnis gibt es in der zeitgenössischen Philosophie den Terminus *„Supervenienz"*. Supervenienz kann wie folgt definiert werden:

> Eine Eigenschaft A *superveniert* auf Eigenschaften B, C, D genau dann, wenn notwendigerweise gilt: Wenn ein Gegenstand B, C, D hat, dann hat der Gegenstand A.

Wir können also sagen: *Ästhetische Eigenschaften supervenieren* auf anderen Eigenschaften, und zwar (zumindest unter anderem auch) *auf nicht-ästhetischen Eigenschaften.* Das heißt: Gegenstände mit denselben nicht-ästhetischen Eigenschaften haben notwendigerweise dieselben ästhetischen Eigenschaften. Oder, anders herum ausgedrückt: Gegenstände mit verschiedenen ästhetischen Eigenschaften haben notwendigerweise verschiedene nicht-ästhetische Eigenschaften. Zu beachten ist aber, dass Gegenstände mit denselben ästhetischen Eigenschaften nicht notwendigerweise dieselben nicht-ästhetischen Eigenschaften haben.

Fundiert-Sein

In einer etwas älteren Terminologie lässt sich dasselbe so ausdrücken: *Ästhetische Eigenschaften sind fundiert durch nicht-ästhetische Eigenschaften.* Fundiert-Sein ist genau dasselbe wie Supervenieren.

Ästhetischer Realismus ist also die Auffassung, dass es ästhetische Eigenschaften gibt und dass diese auf natürlichen Eigenschaften supervenieren bzw. durch natürliche Eigenschaften fundiert sind. Wir können die ästhetischen Eigenschaften demgemäß *„supervenierende"* oder *„fundierte"* Eigenschaften nennen, die natürlichen Eigenschaften *„subvenierende"* oder *„fundierende"*.

Es gibt also einen ganz engen Zusammenhang zwischen ästhetischen und nicht-ästhetischen Eigenschaften: Angenommen, es gibt ästhetische Eigenschaften; dann ist es unmöglich, dass die Dinge alle ihre nicht-ästhetischen Eigenschaften behalten und ihre ästhetischen Eigenschaften verlieren. Mit anderen Worten: Es kann keine „Zwillingswelt" geben, die genau so ist wie unsere, nur dass die Dinge in ihr keine ästhetischen Eigenschaften haben oder dass sie andere ästhetische Eigenschaften haben als in unserer Welt. Das ist durch die Supervenienz-These ausgeschlossen.

Mehrstufige Fundierungs-Hierarchien

Die Eigenschaften eines Gegenstandes können eine komplexe hierarchische Struktur aufweisen. Zum Beispiel könnte die Schönheit eines Gegenstandes fundiert sein durch Anmut und Harmonie. In diesem Fall würde gelten: Wenn ein Gegenstand anmutig und harmonisch ist, dann ist er auch schön. Anmut und Harmonie sind ihrerseits aber wieder durch andere Eigenschaften fundiert. Nach der Auffassung, die hier vorgestellt wird, müssen an der Basis dieser Hierarchie nicht-ästhetische Eigenschaften sein. Im Falle eines Musikwerkes zum Beispiel sind das wahrscheinlich sehr komplexe Klangstruktur-Eigenschaften.

Die Fundierungsrelation ist eine *einseitige* Abhängigkeitsbeziehung

Nehmen wir an, ein bestimmtes Musikstück M habe eine bestimmte Klangstruktur K, und M sei, aufgrund von K, harmonisch. Mit anderen Worten: Die Klangstruktur-Eigenschaften von M fundieren die ästhetische Qualität der Harmonie. Dann gilt: Jeder Gegenstand, der die Klangstruktur K hat, ist harmonisch. Daraus folgt jedoch *nicht*: Jeder Gegenstand, der harmonisch ist, hat die Klangstruktur K. Die Fundierungsrelation ist also eine Abhängigkeitsrelation, die nur in eine Richtung geht.

Dieser Punkt ist leicht klar zu machen: Es gibt viele harmonische Musikstücke mit ganz verschiedenen Klangstrukturen. Außerdem kann nicht nur Musik harmonisch sein, sondern zum Beispiel auch eine Gartenanlage, eine Art, sich zu bewegen, oder ein Gebäude. Diese Gegenstände weisen überhaupt keine Klangstrukturen auf. Es kann also nicht der Fall sein, dass die Eigenschaft der Harmonie nur durch diese eine bestimmte Klangstruktur K fundiert sein kann. Harmonie ist eine ästhetische Eigenschaft, die durch viele verschiedene Eigenschaften fundiert sein kann.

Nun könnte man die Frage aufwerfen, ob zum Beispiel eine harmonische Musik, eine harmonische Bewegung und eine harmonische Gartenanlage nicht doch irgendetwas gemeinsam haben, und zwar in ihren Basis-Eigenschaften, also in denjenigen Eigenschaften, welche die Harmonie dieser Gegenstände fundieren. In Frage kommen vor allem Beziehungen zwischen den Teilen der Gegenstände, also zum Beispiel Beziehungen zwischen Tönen, Beziehungen zwischen Linien, Flächen, Räumen, Farben, und so weiter. Theoretiker haben immer wieder versucht, solche gemeinsame Basis-Eigenschaften zu finden.

Wir wollen es hier offen lassen, inwieweit diese Versuche erfolgreich gewesen sind. Es soll uns genügen, festzustellen, dass die Supervenienz-These nicht impliziert, dass es solche gemeinsame Basis-Eigenschaften geben muss. Es gilt: *Alle Gegenstände, die eine ästhetische Eigenschaft Ä haben, haben irgendwelche fundierenden nicht-ästhetischen Eigenschaften.* Daraus folgt aber *nicht*: Es gibt eine fundierende Eigenschaft oder eine Menge von fundierenden Eigenschaften $A_1 - A_n$, so dass gilt: Alle Gegenstände, die eine bestimmte ästhetische Eigenschaft Ä haben, haben die fundierenden nicht-ästhetischen Eigenschaften $A_1 - A_n$.

Zum Beispiel wäre es möglich, dass die Harmonie eine ästhetische Eigenschaft ist, die fundiert ist durch bestimmte strukturelle Eigenschaften (das heißt Beziehungen zwischen den Teilen bzw. Elementen eines Gegenstandes). Aber daraus folgt nicht, dass alle harmonischen Gegenstände dieselben strukturellen Eigenschaften haben. Es ist zwar nicht ausgeschlossen, dass das so ist; aber es ist auch nicht notwendig.

3. Ästhetischer Realismus versus ästhetischer Anti-Realismus

Die folgende Diskussion dreht sich um die Frage, ob der ästhetische Realismus oder der ästhetische Anti-Realismus die besseren Argumente auf seiner Seite hat. Übrigens gibt es eine ganz analoge Diskussion auf dem Gebiet der Ethik. Was im Folgenden über ästhetische Wertprädikate und ästhetische Werturteile gesagt wird, gilt im Prinzip auch für ethische Wertprädikate und ethische Werturteile.

Vertreter des ästhetischen Anti-Realismus bestreiten, wie gesagt, dass ein Gegenstand zum Beispiel die Eigenschaft der Schönheit haben kann. Sie sagen, dass der von uns „schön" genannte Gegenstand in Wirklichkeit ausschließlich nicht-ästhetische Eigenschaften hat.

Mangel an intersubjektiver Übereinstimmung

Ein wichtiges Argument für den ästhetischen Anti-Realismus ist das Folgende: Es kommt häufig vor, dass zwei Leute sich in Bezug auf die nicht-ästhetischen Eigenschaften eines Gegenstandes ganz einig sind, nicht aber in Bezug auf die ästhetischen Eigenschaften desselben Gegenstandes. Es gibt also eine beträchtliche Uneinigkeit in Bezug auf ästhetische Urteile, ganz besonders in Bezug auf ästhetische Werturteile. Es wurde schon darauf aufmerksam gemacht, dass sehr viele ästhetische Prädikate Wertprädikate sind. „Schön" ist eindeutig ein Wertprädikat, aber auch zum Beispiel „anmutig", „erhaben", „lächerlich", „langweilig", „harmonisch", „kühn". Mit solchen Prädikaten gibt man nicht nur eine nüchterne Beschreibung eines Gegenstandes, sondern darüber hinaus auch noch eine Bewertung. Der Streit um die Existenz ästhetischer Eigenschaften ist in erster Linie, wenn auch nicht ausschließlich, ein Streit um die Existenz ästhetischer *Werteigenschaften*.

Ästhetische Anti-Realistinnen bestreiten, dass den ästhetischen Wertprädikaten ästhetische Werteigenschaften entsprechen. Angenommen, wir könnten eine Skulptur hinsichtlich ihrer natürlichen Eigenschaften vollständig beschreiben, wir würden also alle ihre natürlichen Eigenschaften angeben. Dann hätten wir, gemäß dem ästhetischen Anti-Realismus, eine vollständige Beschreibung der Skulptur gegeben.

Ästhetische Urteile

Die Frage, ob es ästhetische Eigenschaften gibt, hängt eng zusammen mit der Frage nach der Bedeutung ästhetischer Urteile. Ein ästhetisches Urteil ist ein Urteil, das ein ästhetisches Prädikat enthält, also zum Beispiel:

„Dieses Bild ist schön."
„Dieser Film ist langweilig."
„Diese Musik ist fröhlich."
„Diese Landschaft ist melancholisch."

Das Wahrmacherargument

Ich möchte jetzt ein Argument *für* die Annahme von ästhetischen Eigenschaften, insbesondere für die Annahme von ästhetischen Werteigenschaften präsentieren, also ein Argument gegen den ästhetischen Anti-Realismus. Das Argument lautet:

1. Es gibt genuine ästhetische Werturteile, die wahr sind.
2. Genuine ästhetische Werturteile können nur wahr sein, wenn es ästhetische Werteigenschaften gibt.
3. Also gibt es ästhetische Werteigenschaften. (1,2)

Ein „genuines ästhetisches Werturteil" ist ein Urteil, das ausdrückt, dass ein Gegenstand (oder mehrere Gegenstände) eine oder mehrere ästhetische Eigenschaften haben oder nicht haben. Mit anderen Worten: Genuine ästhetische Werturteile sind Urteile, mit denen Gegenständen ästhetische Werteigenschaften zu- oder abgesprochen werden. Es ist zu beachten, dass die Existenz genuiner ästhetischer Werturteile nicht die Existenz ästhetischer Werteigenschaften impliziert. (Siehe dazu weiter unten in diesem Kapitel Abschnitt 5, „Die Irrtumstheorie".)

Wenn im Folgenden von „ästhetischen Werturteilen" die Rede ist, dann sind stets genuine ästhetische Werturteile gemeint. Weiter unten in diesem Kapitel wird noch von *anscheinenden ästhetischen Werturteilen* die Rede sein. Ein anscheinendes ästhetisches Werturteil ist eine Äußerung, die *anscheinend* ausdrückt, dass ein oder mehrere Gegenstände eine oder mehrere ästhetische Eigenschaften haben bzw. nicht haben, wobei die Beifügung „anscheinend" darauf hinweisen soll, dass der Schein trügen könnte, das heißt: Es könnte sein, dass solche Urteile in Wahrheit etwas anderes ausdrücken. Es wird darüber diskutiert werden, ob es anscheinende ästhetische Werturteile gibt, die keine genuinen ästhetischen Werturteile sind, oder ob womöglich sogar *kein* anscheinendes ästhetisches Werturteil ein genuines ästhetisches Werturteil ist.

Ich beziehe mich auf das obige Argument im Folgenden als *„das Wahrmacherargument"*. Denn die zentrale Prämisse (Prämisse 2) besagt, dass es ästhetische Werteigenschaften geben muss, wenn es wahre ästhetische Werturteile gibt. Ästhetische Werteigenschaften sind also die „Wahrmacher" ästhetischer Werturteile, sie sind dasjenige, was ein ästhetisches Urteil wahr macht.

Die Korrespondenztheorie der Wahrheit

Dieser Prämisse liegt die so genannte *„Korrespondenztheorie der Wahrheit"* zugrunde. Diese besagt, dass die Wahrheit eines Urteils in einer Art von *Übereinstimmung* des Urteils mit der Wirklichkeit besteht. Wenn also ein Urteil wahr ist, dann muss es irgendetwas in der Welt geben, das dieses Urteil wahr macht.

Das Wahrmacherargument ist sozusagen eine Verallgemeinerung sehr vieler möglicher Argumente für die Existenz von ästhetischen Werteigenschaften. Jedes beliebige ästhetische Werturteil könnte als Ausgangsprämisse eines solchen Argumentes dienen. Zum Beispiel:

1. Dieses Bild ist schön.
2. Wenn dieses Bild schön ist, dann gibt es die Eigenschaft der Schönheit.
3. Also gibt es die Eigenschaft der Schönheit. (1,2)
4. Die Eigenschaft der Schönheit ist eine ästhetische Werteigenschaft.
5. Also gibt es ästhetische Werteigenschaften. (3,4)

Oder:

1. Der Film *8 Frauen* (Frankreich 2002, Regie: François Ozon) ist inkohärent.
2. Wenn der Film *8 Frauen* inkohärent ist, dann gibt es die Eigenschaft der Inkohärenz.
3. Also gibt es die Eigenschaft der Inkohärenz. (1,2)
4. Die Eigenschaft der Inkohärenz ist eine ästhetische Werteigenschaft.
5. Also gibt es ästhetische Werteigenschaften. (3,4)

Ästhetische Kohärenz

Dass ein Werk kohärent ist, bedeutet, dass die Teile bzw. Elemente des Werks aufeinander bezogen sind und irgendwie zueinander passen, im Idealfall sich in ihrer Wirkung gegenseitig verstärken oder durch ihre Zusammenstellung neue, interessante Qualitäten ergeben. Dass ein Werk inkohärent ist, bedeutet also, dass Teile bzw. Elemente des Werks ohne erkennbaren Bezug zueinander sind bzw. nicht zusammenpassen, kein in sich geschlossenes Ganzes ergeben.

Es ist ein altes ästhetisches Prinzip, dass ein gutes Kunstwerk eine gewisse innere Geschlossenheit aufweisen muss. Dieses „irgendwie zueinander passen" ist freilich insofern problematisch, als es sehr schwierig (vielleicht sogar unmöglich) ist, allgemein verbindliche Kriterien dafür zu finden, wann etwas zu etwas anderem passt. Nichtsdestotrotz hat fast jeder Mensch einen mehr oder weniger stark ausgeprägten Sinn dafür, ob zum Beispiel Farben oder Formen zusammenpassen oder nicht. Ein Werk kann zum Beispiel starke Kontraste enthalten, und die kontrastierenden Elemente können dennoch in einem ästhetischen Sinn „zueinander passen", das heißt: sie können eine Einheit bilden, in einer sinnvollen Weise zusammenhängen. Man sagt zum Beispiel von einem Film oder einem Roman manchmal, dass er „in sich stimmig" ist. Damit ist gemeint, dass die Elemente des Films oder Romans, vor allem die inhaltlichen, aber auch die formalen Elemente, in einem bestimmten Sinn eine Einheit bilden. Die erste Prämisse des Arguments ist ein kritisches Werturteil, welches ausdrückt, dass der Film *8 Frauen* diese Bedingung nicht erfüllt. Ich formuliere jetzt eine These: Dieses ästhetische Werturteil ist wahr genau dann, wenn der Film *8 Frauen* die ästhetische Eigenschaft der Inkohärenz hat. Daraus folgt: Wenn der Film *8 Frauen* inkohärent ist, dann gibt es die Eigenschaft der Inkohärenz. Wenn Inkohärenz eine ästhetische Werteigenschaft ist, dann gibt es also ästhetische Werteigenschaften.

Anti-realistische Positionen zum Wahrmacherargument

Ästhetische Anti-Realistinnen müssen eine oder auch beide der beiden Prämissen des Wahrmacherarguments ablehnen. Der übliche Weg ist, die erste Prämisse zurückzuweisen: Es wird also bestritten, dass es wahre ästhetische Werturteile gibt. Ästhetische Anti-Realistinnen könnten aber auch die zweite Prämisse ablehnen. Das heißt: Sie könnten bestreiten, dass die Wahrheit eines ästhetischen Werturteils die Existenz von Werteigenschaften voraussetzt. Demgemäß könnten ästhetische Werturteile wahr sein auch dann, wenn es keine ästhetischen Werteigenschaften gäbe. Der Satz „Der Film *8 Frauen* ist inkohärent" könnte, nach dieser Auffassung, unter Umständen auch dann wahr sein, wenn der Film *8 Frauen* nicht die Eigenschaft der Inkohärenz hat, oder kurz: wenn dieser Film nicht inkohärent ist. Diese Auffassung ist nur vor dem Hintergrund einer speziellen Theorie der Beziehung zwischen der Wahrheit von Sätzen und der Realität zu verstehen. Diese Theorie weicht von der Standardauffassung (der Korrespondenztheorie) wesentlich ab. Wir können sie hier nicht diskutieren, weil sie von Fragen der Ästhetik im engeren Sinn zu weit weg führen würde, nämlich hin zu schwierigen und grundsätzlichen wahrheitstheoretischen Fragen, deren Erörterung sehr viel Platz beanspruchen würde. Darum wird im Folgenden diese Möglichkeit, also die Zurückweisung der zweiten Prämisse des Wahrmacherarguments, einfach ignoriert werden. Es wird also als gegeben vorausgesetzt, dass, wenn ein genuines ästhetisches Werturteil wahr ist, es auch eine ästhetische Werteigenschaft geben muss.

Diskutiert werden im Folgenden aber jene anti-realistischen Positionen, welche die erste Prämisse des Wahrmacherarguments ablehnen, jene Prämisse also, die besagt, dass es wahre ästhetische Werturteile gibt. Diese Prämisse besteht eigentlich aus zwei verschiedenen Thesen, nämlich: 1. Es gibt ästhetische Werturteile. 2. Manche von diesen ästhetischen Werturteilen sind wahr. Demgemäß kann diese Prämisse auch aus zwei verschiedenen Gründen abgelehnt werden. Ästhetische Anti-Realisten können von vorne herein die Existenz ästhetischer Werturteile bestreiten; in diesem Fall stellt sich die Frage nach Wahrheit oder Falschheit gar nicht mehr. Ästhetische Anti-Realisten können aber auch die Existenz ästhetischer Werturteile zugestehen, zugleich aber leugnen, dass ästhetische Werturteile jemals wahr sind. Beides läuft darauf hinaus, die erste Prämisse des Wahrmacherargumentes zurückzuweisen. Dennoch handelt es sich um zwei verschiedene anti-realistische Positionen, nämlich:

1. Es gibt in Wirklichkeit gar keine ästhetischen Werturteile.
2. Es gibt ästhetische Werturteile, aber sie sind stets falsch.

Es ist klar, dass die Argumente für diese beiden Positionen jeweils verschieden ausfallen müssen. Mit diesen Argumenten wollen wir uns im Folgenden beschäftigen.

Die meisten ästhetischen Anti-Realisten, die bestreiten, dass es wahre ästhetische Werturteile gibt, sind Anhänger der ersten der beiden eben genannten Positionen: Sie leugnen schon die bloße Existenz genuiner ästhetischer Werturteile, so dass sich die Frage nach Wahrheit oder Falschheit erst gar nicht mehr stellt. Eine Minderheit vertritt die zweite der genannten Auffassungen, wonach es zwar ästhetische Werturteile gibt, diese aber allesamt falsch sind. Wir wollen uns zuerst der Mehrheitsauffassung zuwenden.

4. Nonkognitivismus – Subjektivismus – Naturalismus

Interpretation anscheinender ästhetischer Werturteile

Wie kann man bestreiten, dass es ästhetische Werturteile gibt? Es wurden doch anscheinend gerade eben einige Beispiele für ästhetische Werturteile präsentiert („Dieses Bild ist schön"; „Diese Musik ist fröhlich"; „Dieser Film ist inkohärent"). Selbstverständlich sind sich ästhetische Anti-Realisten der Tatsache bewusst, dass Leute Sätze wie „Dieses Bild ist schön" oder „Dieser Film ist inkohärent" äußern. Wenn sie trotzdem leugnen, dass es ästhetische Werturteile gibt, dann müssen sie also bestreiten, dass solche Sätze genuine ästhetische Werturteile sind. Das heißt: Sie müssen diese Sätze in einer speziellen Weise interpretieren, nämlich so, dass sie im Lichte der gegebenen Interpretation keine ästhetischen Werturteile sind. Mit anderen Worten: Aus anti-realistischer Sicht handelt es sich dabei um Sätze, die nur *aussehen* wie ästhetische Werturteile, aber in Wirklichkeit keine sind, das heißt: dass mit diesen Sätzen nicht wirklich Gegenständen ästhetische Wertqualitäten zu- oder abgesprochen werden.

Betrachten wir zum Beispiel noch einmal den Satz „Dieses Bild ist schön". (Wir stellen uns natürlich einen passenden Äußerungskontext vor.) Es ist bestimmt nicht sehr weit hergeholt, diesen Satz so zu interpretieren, dass damit ausgedrückt wird, dass ein bestimmter Gegenstand (ein Bild) eine bestimmte ästhetische Wertqualität (nämlich Schönheit) hat. Im Gegenteil scheint das eine sehr nahe liegende und natürliche Interpretation zu sein. Doch nach der anti-realistischen Auffassung, die wir gerade besprechen, ist diese Interpretation falsch. Der Satz „Dieses Bild ist schön" ist nach dieser Auffassung kein genuines ästhetisches Werturteil, und das bedeutet: Mit diesem Satz wird *nicht* ausgedrückt, dass ein Gegenstand (ein Bild) eine bestimmte ästhetische Wertqualität (Schönheit) hat.

Das wirft die folgende Frage auf: Wenn dieser Satz kein ästhetisches Werturteil ausdrückt, was drückt er dann aus? Verschiedene Anti-Realisten haben auf diese Frage verschiedene Antworten gegeben. Nach diesen Antworten können wir zunächst drei Arten von Anti-Realismus unterscheiden:

1. *Nonkognitivismus;*
2. *Subjektivismus;*
3. *Naturalismus.*

Im Folgenden sollen diese drei Arten von Anti-Realismus dargestellt und diskutiert werden.

Nonkognitivismus

Wir beginnen mit dem Nonkognitivismus: Die Bezeichnungen „Kognitivismus" bzw. „Nonkognitivismus" leiten sich von dem Wort „Kognition" her, das seinerseits vom lateinischen „cognitio" („Erkennen") abgeleitet ist. Allgemein ist damit die Gesamtheit der Vorgänge gemeint, die – im weitesten Sinn – auf die Gewinnung von Erkenntnis abzielen, was natürlich Wahrnehmung einschließt. In diesem Sinn könnte man den ästhetischen Nonkognitivismus charakterisieren als die Auffassung, wonach anscheinende ästhetische Werturteile (also Urteile, die aussehen wie ästhetische Werturteile, aber in Wirklichkeit möglicherweise keine ästhetischen Werturteile sind) letztlich nicht Ausdruck eines Erkennens sind. Nach nonkognitivistischer Auffassung sind die Urteile, die wir für Werturteile halten, in Wirklichkeit nicht nur keine

Werturteile, sondern überhaupt keine Urteile. Unter einem „Urteil" wollen wir einen Satz verstehen, der ausdrückt, dass das-und-das der Fall ist, zum Beispiel, dass es der Fall ist, dass irgendein Gegenstand eine bestimmte Eigenschaft hat oder auch nicht hat. Wenn wir den Satz „Dieses Bild ist schön" *kognitivistisch* interpretieren, dann handelt es sich dabei um ein Urteil, genauer: um ein Urteil, das ausdrückt, dass ein Gegenstand (ein bestimmtes Bild) die Eigenschaft der Schönheit hat. Wie jedes Urteil, so kann auch dieses wahr oder falsch sein. Nach nonkognitivistischer Interpretation hingegen drückt der Satz „Dieses Bild ist schön" nicht aus, dass irgendetwas so-und-so ist. Vielmehr drückt dieser Satz lediglich eine *Werthaltung* aus sowie eventuell eine Aufforderung an die Adressatin der Äußerung, in Bezug auf den gemeinten Gegenstand die gleiche Werthaltung zu haben. In diesem Fall handelt es sich um eine positive Werthaltung, andere anscheinende Werturteile (wie zum Beispiel „Dieser Film ist inkohärent") drücken negative Werthaltungen aus.

Der Nonkognitivismus macht auf einen wichtigen Punkt aufmerksam, nämlich: Man kann Werthaltungen ausdrücken, ohne Werturteile zu äußern. Denken Sie an die möglichen Reaktionen des Publikums am Ende einer Theatervorstellung: Wenn es den Leuten gefallen hat, dann spenden sie Applaus und rufen „Bravo!". Wenn es ihnen nicht gefallen hat, rufen sie „Buh!". Auf diese Weise drücken die Leute ihre Werthaltungen gegenüber dem Stück, der Inszenierung oder den Schauspielern aus. Aber Ausrufe wie „Bravo!" oder „Buh!" sind keine *Urteile*. Urteile zeichnen sich dadurch aus, dass sie wahr oder falsch sind. Von einem „Bravo!" oder einem „Buh!" können wir aber nicht sagen, dass es wahr oder falsch ist. Wir können eventuell sagen, dass es gerechtfertigt ist oder nicht gerechtfertigt, angebracht oder nicht angebracht, und Ähnliches. Aber von Wahrheit oder Falschheit können wir in diesem Zusammenhang nicht sinnvoll sprechen.

Nach nonkognitivistischer Auffassung haben vermeintliche Werturteile einen ähnlichen Status wie „Bravos" und „Buhs". Wir drücken damit aus, dass ein Gegenstand uns gefällt oder missfällt; vielleicht drücken wir damit auch aus, dass wir gerne möchten, dass andere unser Gefallen oder Missfallen in Bezug auf den betreffenden Gegenstand teilen. Wir erheben aber jedenfalls nicht den Anspruch, irgendetwas geäußert zu haben, das wahr sein könnte. Nach nonkognitivistischer Auffassung gibt es keine genuinen ästhetischen Werturteile, weil anscheinende ästhetische Werturteile generell nicht einmal den Status von Urteilen haben – geschweige denn von *Wert*urteilen. Anscheinende ästhetische Werturteile sind also nach dieser Auffassung nur scheinbar Urteile.

Einwände gegen den Nonkognitivismus

Diese Auffassung ist sehr unplausibel. Zwar ist es wohl richtig, dass wir mit Werturteilen unsere Werteinstellungen immer auch ausdrücken. Es mag auch gelegentlich vorkommen, dass der Ausruf „Das ist schön!" nichts anderes als eine spontane Kundgebung momentaner Begeisterung ist, ohne Anspruch auf Wahrheit; aber normalerweise sollen Werturteile nicht nur reiner Ausdruck einer Emotion sein. Normalerweise wollen wir mit Werturteilen etwas ausdrücken, das wahr oder falsch sein kann. Das zeigt sich unter anderem darin, dass wir über Wertfragen manchmal *diskutieren* und dass wir versuchen, unsere Werturteile zu *begründen*. Man versucht, den jeweiligen Gegner zu *widerlegen*, ihn durch Argumente von der eigenen Position zu *überzeugen*. Diese Praxis macht nur dann Sinn, wenn wir Urteile der Art „x ist schön" mit Wahrheitsanspruch äußern und auch in diesem Sinn verstehen.

Es könnte mich zum Beispiel jemand fragen, warum ich den Film *8 Frauen* als inkohärent beurteile. Mit dieser Frage würde man von mir eine *Begründung* meines Werturteils verlangen. Ich würde in diesem Fall eine Begründung geben. Zum Beispiel könnte ich darauf hinweisen, dass die Gesangs- und Tanzeinlagen in diesem Film in keiner Weise durch die Handlung motiviert sind, dass die handelnden Figuren sehr klischeehaft dargestellt sind und dass ihre Reaktionen und Handlungsweisen zum Teil psychologisch kaum nachvollziehbar sind. Natürlich muss das nicht das Ende der Debatte sein. Meine Antwort besteht ja wiederum aus Urteilen, und man könnte auch für diese Urteile wieder eine Begründung verlangen, und bis zu einem bestimmten Punkt könnte ich auch diese Urteile wieder begründen.

Es spielt im gegenwärtigen Kontext keine Rolle, ob diese Begründungen überzeugend sind oder nicht. Allein die Tatsache, dass eine Person bereit ist, ihre Äußerung zu begründen, beweist, dass es sich um ein echtes Urteil handelt. Wenn ich erkläre, warum ich den Film *8 Frauen* inkohärent finde, dann gebe ich eine Begründung für ein Urteil. Ich tue das mit dem Ziel, meine Leser oder Zuhörerinnen davon zu überzeugen, dass ich Recht habe, dass mein Urteil also wahr ist.

Werturteile sind demnach zumindest in manchen Fällen echte Urteile (das heißt Äußerungen, die wahr oder falsch sein können). Das ist eine Schwierigkeit für den Nonkognitivismus. Nonkognitivisten können versuchen, das Problem durch den Hinweis zu lösen, dass viele Werturteile auch eine deskriptive Komponente enthalten. So sagt uns etwa das Werturteil „Diese Komposition ist originell", dass etwas an dieser Komposition gegenüber allen bisher existierenden Kompositionen neuartig ist. „Neuartig" ist aber ein rein deskriptives Prädikat. Nonkognitivisten können weiter argumentieren, dass man innerhalb eines Werturteils den deskriptiven vom wertenden Bestandteil unterscheiden muss und dass der Eindruck der Wahrheitswertfähigkeit von Werturteilen ausschließlich der deskriptiven Komponente zu verdanken ist. Aber selbst wenn diese Analyse für viele Fälle zutreffend wäre, so ist sie doch nicht anzuwenden auf „reine Werturteile" wie „Dies ist schön" oder „Dies ist gut". Da wir auch für solche Werturteile Wahrheitsanspruch erheben, ist der Nonkognitivismus als allgemeine Theorie der Werturteile zurückzuweisen.

Subjektivismus

Wir wenden uns nun einer anderen Form des Anti-Realismus zu, nämlich dem Subjektivismus: Eine ästhetische Subjektivistin gibt grundsätzlich zu, dass die anscheinenden ästhetischen Werturteile tatsächlich Urteile sind. Aber sie bestreitet, dass mit ihnen ausgedrückt wird, dass irgendein Gegenstand eine ästhetische Werteigenschaft hat. Nach der subjektivistischen Auffassung ist zum Beispiel das Urteil „Dieses Bild ist schön" gar kein Urteil über ein Bild, jedenfalls nicht ausschließlich über das Bild. Das Urteil „Dieses Bild ist schön" drückt, nach subjektivistischer Auffassung, ungefähr dasselbe aus wie „Dieses Bild gefällt mir".

Intrinsische und extrinsische Eigenschaften

Das Urteil „Dieses Bild gefällt mir" ist in erster Linie ein Urteil *über die Sprecherin*, die dieses Urteil äußert. Es wird mit diesem Urteil nicht dem Bild eine Eigenschaft zugeschrieben, jedenfalls nicht eine *intrinsische* Eigenschaft. Eine Eigenschaft E wird „intrinsisch" genannt, wenn ein Gegenstand, der E bekommt oder verliert, sich (in sich) verändert. Nicht alle Eigenschaften erfüllen diese Bedingung. Stellen wir uns zum Beispiel ein Schwesternpaar vor, Anna und Barbara, so dass zu einem bestimmten Zeitpunkt t_1 gilt: Anna ist größer als Barbara. Anna hat also zu t_1 die Eigenschaft, größer als Barbara zu sein. Diese Eigenschaft ist aber keine intrinsische Eigenschaft von Anna. Es kann nämlich sein, dass Anna diese Eigenschaft verliert, ohne dass sich an ihrer Größe etwas ändert – einfach dadurch, dass Barbara entsprechend wächst. In diesem Fall gibt es einen Zeitpunkt t_2, zu dem gilt: Anna ist *nicht* größer als Barbara. Anna hat also eine Eigenschaft verloren, ohne sich selbst zu verändern. Eigenschaften, die ein Gegenstand bekommen oder verlieren kann, ohne sich selbst zu verändern, werden auch „*extrinsische* Eigenschaften" genannt.

Extrinsische Eigenschaften sind auch die Eigenschaft, jemandem zu gefallen, und die Eigenschaft, jemanden zu langweilen. Ein Gegenstand kann einer bestimmten Person zu einem Zeitpunkt t_1 gefallen und zu einem späteren Zeitpunkt t_2 nicht mehr gefallen (oder auch umgekehrt), ohne dass der Gegenstand sich selbst verändert haben müsste.

„Werturteile" als Urteile über Gefühlsdispositionen?

In realistischer Interpretation wird mit dem Satz „Dieses Bild ist schön" einem Gegenstand eine intrinsische Eigenschaft zugesprochen. Nach subjektivistischer Interpretation hingegen kann man diesen Satz nicht als das nehmen, was er zu sein scheint – nämlich ein Satz, mit dem einem Bild, und nur einem Bild, eine Eigenschaft zugesprochen wird. Vielmehr drückt dieser Satz, in etwas irreführender Weise, das aus, was klar und eindeutig mit dem Satz „Dieses Bild gefällt mir" ausgedrückt wird. Letzterer Satz kann natürlich wahr oder falsch sein, aber ob er wahr oder falsch ist, das hängt nicht primär vom Bild ab, sondern von der Sprecherin. Denn mit diesem Satz schreibt die Sprecherin sich selbst eine Eigenschaft zu. Sie sagt von sich selbst, dass das Bild ihr gefällt. Das ist ein Urteil über die Sprecherin, genauer: über ihre ästhetischen Gefühle bzw. ästhetischen Gefühlsdispositionen.

Analog drückt das Urteil „Dieser Film ist langweilig" nach subjektivistischer Auffassung ungefähr dasselbe aus wie das Urteil „Dieser Film langweilt mich". Und so für jedes anscheinende ästhetische Werturteil. Jedes anscheinende ästhetische Werturteil ist nach dieser Auffassung ein Urteil über die Gefühle bzw. Gefühlsdispositionen der urteilenden Person.

Zwar haben subjektivistisch interpretierte „Werturteile" immerhin den Status von Urteilen, das heißt: Sie können wahr oder falsch sein. Ästhetische Subjektivisten anerkennen also, dass anscheinende ästhetische Wertprädikate ausdrücken, dass Gegenstände bestimmte Eigenschaften haben oder nicht haben. Das unterscheidet den Subjektivismus vom Nonkognitivismus. Dennoch sind nach subjektivistischer Auffassung anscheinende ästhetische Werturteile keine genuinen Werturteile, und zwar deshalb, weil die Eigenschaften, die mit ihnen zu- oder abgesprochen werden, keine genuinen ästhetischen Eigenschaften sind. Langweilig-zu-Sein ist eine genuine ästhetische Eigenschaft, aber Jemanden-zu-Langweilen nicht. Wenn wir über Prädikate statt über Eigenschaften sprechen wollen, können wir sagen: Das Prädikat

„ist langweilig" ist zweifellos ein Wertprädikat, aber das Prädikat „langweilt" ist keines. Analoges gilt für „ist schön" und „gefällt".

Wenn ich zum Beispiel sage, dass vielen Menschen die Architektur des österreichischen Künstlers Friedensreich Hundertwasser gefällt, so habe ich damit keineswegs ein Werturteil geäußert. Es ist kein Widerspruch, Folgendes zu sagen: „Vielen Menschen gefällt die Architektur von Friedensreich Hundertwasser, aber diese Architektur ist nicht schön, sondern nur kitschig." Ebenso ist es kein Widerspruch zu sagen: „Eric Rohmers amüsante und pointenreiche Komödie langweilte das Kinopublikum." Was amüsant und pointenreich ist, kann gewiss nicht langweilig sein, aber es kann dennoch ein Publikum langweilen, das – aus welchen Gründen auch immer – für den speziellen Witz des betreffenden Werks nicht sensibel genug ist. Wer an actionreiche Hollywood-Massenware gewöhnt ist, muss möglicherweise erst lernen, feinen Witz, differenzierte psychologische Charakterisierung der Figuren und bewussten Verzicht auf ein Übermaß an dramatischer äußerer Handlung zu erkennen und zu schätzen.

Einwände gegen den Subjektivismus

„Kitschig", „amüsant" und „pointenreich" sind freilich ästhetische Wertprädikate, und ästhetische Subjektivisten müssen natürlich leugnen, dass diese Wertprädikate zur Zuschreibung ästhetischer Eigenschaften gebraucht werden. Ästhetische Subjektivisten müssen alle ästhetischen Wertprädikate als versteckte relationale Prädikate (also Prädikate, die eine Beziehung ausdrücken) interpretieren. Das scheint bei manchen recht einfach zu sein, bei anderen ist es schwieriger. Für das Urteil „Dieser Film ist amüsant" bietet sich die subjektivistische Interpretation „Dieser Film hat mich amüsiert" an. Aber wie sollen wir „Diese Kirche ist kitschig" oder „Dieser Dialog ist pointenreich" subjektivistisch interpretieren?

Darüber hinaus wirft die subjektivistische Interpretation sogar in den auf den ersten Blick plausiblen Fällen Probleme auf. Zum Beispiel sind die Urteile „Dieser Film ist amüsant" und „Dieser Film hat mich amüsiert" keineswegs bedeutungsgleich. Eine Kritikerin könnte einen Film aufrichtig als amüsant beurteilen auch dann, wenn sie selbst sich während der Vorführung des Films nicht amüsiert hat (weil sie vielleicht von Kopfschmerzen oder privaten Sorgen geplagt war). Der springende Punkt ist: Einer hinreichend geschulten Person ist es möglich zu erkennen, dass ein Dialog oder ein Film amüsant ist, auch wenn sie selbst sich dabei nicht amüsiert. Das ist ein Einwand gegen den ästhetischen Subjektivismus. Wenn es möglich ist, dass ein und dasselbe Subjekt etwas als amüsant anerkennt, ohne jedoch selber amüsiert zu sein, dann kann ein Urteil der Art „x ist amüsant" nicht mit „x amüsiert mich" gleichbedeutend sein.

Es rettet den Subjektivismus auch nicht, die Paraphrasierung „x amüsiert *mich*" durch „x amüsiert *jemanden*" zu ersetzen. Denn es ist denkbar, dass ein Film im Augenblick niemanden amüsiert (vielleicht noch nie jemanden amüsiert hat) und dennoch amüsant ist.

Darüber hinaus trifft den ästhetischen Subjektivismus ein Einwand, der bereits gegen den Nonkognitivismus vorgebracht wurde: Es ist eine Tatsache, dass es über ästhetische Urteile Diskussionen gibt. Wenn es Diskussionen gibt, muss es auch Meinungsverschiedenheiten geben. Worüber sollte man sonst diskutieren? Aber im Lichte der subjektivistischen Position sind echte ästhetische Meinungsverschiedenheiten unmöglich. Wenn „Dieses Bild ist schön" gleichbedeutend wäre mit „Dieses Bild gefällt mir", dann könnte es in Bezug auf diese Frage keine Meinungsverschiedenheiten geben. Denn die beiden Sätze „Der Person A gefällt der Gegenstand x" und „Der Person B gefällt der Gegenstand x nicht" widersprechen sich ja nicht. Wenn eine Person sagt, dass ihr ein Gegenstand gefällt, dann drückt sie aus, dass der Gegenstand ihrem Geschmack entspricht. Doch, wie ein bekanntes Sprichwort sagt: Über Geschmack lässt sich nicht streiten. Über ästhetische Werturteile lässt sich aber sehr wohl streiten.

Wir können also festhalten: Zwar ist es richtig, dass wir *manchmal* Urteile der Art „Dieses Bild ist schön" und „Dieses Bild gefällt mir" austauschbar verwenden; aber das ist nicht immer der Fall. Darum ist die subjektivistische Theorie zurückzuweisen.

Naturalismus

Wenden wir uns nun jener Art von ästhetischem Anti-Realismus zu, die ich „Naturalismus" genannt habe. Nach der naturalistischen Auffassung ist ein anscheinendes ästhetisches Werturteil erstens ein wirkliches Urteil (also etwas, das wahr oder falsch sein kann) und zweitens nicht ein Urteil über die Gefühle der urteilenden Person. Eine Naturalistin würde also zugeben, dass das Urteil „Der Film *8 Frauen* ist inkohärent" ein Urteil über den Film *8 Frauen* ist, und zwar ein Urteil, mit dem diesem Film eine intrinsische Eigenschaft zugesprochen wird. Aber eine Naturalistin würde bestreiten, dass die Eigenschaft, die ich hier zuspreche, eine ästhetische Werteigenschaft ist. Nach naturalistischer Auffassung stehen die ästhetischen Wertprädikate – entgegen dem äußeren Anschein – nicht für ästhetische Werteigenschaften, sondern für natürliche Eigenschaften. Das Prädikat „ist inkohärent" zum Beispiel steht also nach dieser Auffassung für eine – wahrscheinlich sehr komplexe – natürliche Eigenschaft. Dasselbe gilt für das Prädikat „ist schön", das Prädikat „ist langweilig", und so fort, für jedes ästhetische Prädikat.

Ästhetische Naturalisten sind also darauf festgelegt, dass jedes ästhetische Prädikat, sofern es überhaupt irgendeinen Sinn hat, grundsätzlich ersetzbar ist durch ein natürliches Prädikat. Mit anderen Worten: Jedes ästhetische Urteil ist nach dieser Auffassung übersetzbar in ein Urteil, in dem ausschließlich natürliche Prädikate vorkommen.

Einwände gegen den Naturalismus

Aber diese Übersetzbarkeitshypothese ist sehr problematisch. Denn durch welches natürliche Prädikat soll man zum Beispiel das Prädikat „ist schön" ersetzen? Wie lautet die korrekte Übersetzung von „Dieses Bild ist schön"?

Weiter oben war bereits von „fundierenden" und „supervenierenden" Eigenschaften die Rede. Man könnte nun auf den Gedanken kommen, dass man nur die fundierenden Eigenschaften des „schön" genannten Bildes angeben müsste, um das gesuchte natürliche Prädikat zu finden.

Das Problem dabei ist aber, dass wir derzeit davon ausgehen müssen, dass nicht alle schönen Gegenstände dieselben fundierenden Eigenschaften haben. Ein Bild von Mark Rothko hat sehr wahrscheinlich ganz andere fundierende Eigenschaften als die Klaviersonate Nr. 21 von Franz Schubert. Trotzdem sind beide schön. Die naturalistische Theorie scheint also zu der Annahme zu zwingen, dass ästhetische Prädikate extrem mehrdeutig sind, nämlich so mehrdeutig, dass sie nahezu in jedem Kontext eine eigene Bedeutung haben.

Aber das ist sehr unplausibel. Wenn das wahr wäre, dann würden wir ästhetische Prädikate gar nicht verstehen können, wenn wir nicht wüssten, welche natürlichen Eigenschaften der Gegenstand hat, dem sie zugesprochen werden. Aber wenn uns jemand erzählt, er oder sie habe gestern einen schönen Film gesehen, scheinen wir das sehr gut zu verstehen, auch wenn wir nur sehr wenig über die natürlichen Eigenschaften des Films wissen.

Halten wir also fest: Eine der Thesen des ästhetischen Realismus lautet, dass es genuine ästhetische Werturteile gibt. Diese These wird verneint vom Nonkognitivismus, vom Subjektivismus und vom Naturalismus. Aber weder der Nonkognitivismus noch der Subjektivismus noch der Naturalismus sind plausibel. Das Resultat lautet also, dass es doch genuine ästhetische Werturteile gibt. Wir sprechen zumindest manchmal Gegenständen ästhetische Eigenschaften zu.

5. Die Irrtumstheorie

Im Vorigen wurde der erste Teil der ersten Prämisse des Wahrmacherarguments zugunsten des ästhetischen Realismus verteidigt. Diese Prämisse lautet, wie erinnerlich:

1. Es gibt genuine ästhetische Werturteile, die wahr sind.

Sind alle Werturteile falsch?

Die Einwände gegen den Nonkognitivismus, den Subjektivismus und den Naturalismus dienten der Verteidigung der These, dass es genuine ästhetische Werturteile gibt. Die Prämisse ist damit aber noch nicht vollständig verteidigt. Denn eine ästhetische Anti-Realistin kann ja durchaus zugeben, dass es genuine ästhetische Werturteile gibt. Denn es könnte ja sein, dass *alle* unsere ästhetischen Werturteile falsch sind, und zwar deswegen, weil es keine ästhetischen Werteigenschaften gibt. Es wäre also falsch, dass Yves Kleins blaue Bilder schön sind, aber es wäre ebenso falsch, dass sie langweilig sind oder hässlich oder spannend. Das ist die so genannte *„Irrtumstheorie"* der ästhetischen Urteile. Nach dieser Theorie kann es grundsätzlich keine wahren ästhetischen Urteile geben.

Die Irrtumstheorie widerspricht dem gewöhnlichen Alltagsverständnis von ästhetischen Werturteilen. Vergleichen wir das ästhetische Werturteil „Dieses Bild ist schön" mit dem nicht-ästhetischen Urteil „Dieses Bild ist blau": Kaum jemand wird bestreiten wollen, dass das zweite Urteil wahr sein kann. Warum sollte dann das Urteil „Dieses Bild ist schön" nicht wahr sein können? Dafür müssen auf jeden Fall Argumente vorgebracht werden. Es ist hier also an den Vertretern der Irrtumstheorie, ihre Position mit Argumenten zu untermauern. Die Gegenposition hat unmittelbare Plausibilität auf ihrer Seite.

Es gibt eigentlich nur eine Argumentationsstrategie zur Verteidigung der Irrtumstheorie: Genuine ästhetische Werturteile müssen falsch sein, weil es keine ästhetischen Wertqualitäten gibt. Hier dient als Prämisse die These, dass es keine ästhetischen Wertqualitäten gibt. Gerade diese These ist aber Gegenstand der Debatte zwischen den Vertretern der Irrtumstheorie und den

Anhängern des ästhetischen Realismus. Daher müssen die Irrtumstheoretiker Argumente gegen die Existenz ästhetischer Wertqualitäten vorbringen. Ästhetische Anti-Realisten aller Art haben im Wesentlichen drei Argumente gegen die Existenz ästhetischer Werteigenschaften:

Argumente gegen die Annahme der Existenz von Werteigenschaften

1. Das „Seltsamkeitsargument": Ästhetische Werteigenschaften sind so „seltsam". Mit anderen Worten: Die Natur ästhetischer Werteigenschaften ist sehr schwer zu verstehen, ihre Annahme wirft viele schwierige Fragen auf.

2. Das „Nicht-Übereinstimmungsargument": Es gibt in Bezug auf ästhetische Werteigenschaften viel weniger intersubjektive Übereinstimmung als in Bezug auf natürliche Eigenschaften.

3. Das „Erkenntnisargument": Wir verfügen über keine Erkenntnismittel für ästhetische Werteigenschaften.

Zunächst können wir feststellen: Keines dieser Argumente ist zwingend. Aus keiner der angeführten Behauptungen folgt logisch, dass es ästhetische Werteigenschaften nicht gibt. Am Schwächsten ist sicher das Seltsamkeitsargument. Dass eine theoretische Annahme mit großer Erklärungskraft schwierige Fragen nach sich zieht, sollte uns grundsätzlich nicht davon abhalten, diese Annahme zu akzeptieren.

Das Nicht-Übereinstimmungsargument ist schon etwas stärker. Es trifft sicher zu, dass über die Farben eines Gemäldes oft sehr viel mehr intersubjektive Übereinstimmung besteht als über ästhetische Qualitäten. Diese Tatsache verlangt auch nach einer Erklärung. Aber dass es in Bezug auf ästhetische Urteile relativ häufig Dissens gibt, ist kein Beweis dafür, dass es keine ästhetischen Eigenschaften gibt.

Das dritte Argument, das Erkenntnisargument, ist das stärkste von den Dreien. Zwar folgt auch daraus nicht, dass es keine ästhetischen Werteigenschaften gibt, aber falls die These zutrifft, dass wir keine Erkenntnismittel für ästhetische Werteigenschaften haben, stellt sich doch die Frage, aus welchem Grund wir die Existenz von Eigenschaften annehmen sollen, die wir grundsätzlich nicht erkennen können.

6. Das Erkennen ästhetischer Wertqualitäten

Die Frage ist also, ob es stimmt, dass wir kein Erkenntnismittel für das Erfassen ästhetischer Werteigenschaften haben. Nehmen wir für den Augenblick an, es gäbe ästhetische Wertqualitäten: Wie könnten wir sie erkennen?

Wertqualitäten können nicht wahrgenommen werden

Wir können in diesem Zusammenhang zwei Dinge ausschließen: Erstens können wir ästhetische Eigenschaften nicht allein durch sinnliche Wahrnehmung erkennen, jedenfalls nicht durch sinnliche Wahrnehmung im üblichen Sinne. Die Sinneswahrnehmung ist also kein Mittel zur Erkenntnis ästhetischer Wertqualitäten. Dieser Punkt ist schon an früherer Stelle angedeutet worden: Wenn zwei Leute vor einem Bild von Yves Klein stehen, dann können sie sich normalerweise leicht darauf einigen, dass das Bild blau ist. Aber selbst wenn diesbezüglich Einigkeit herrscht, und wenn die beiden Beobachter die gleichen Wahrnehmungserlebnisse haben, kann Uneinigkeit in Bezug auf die ästhetischen Wertqualitäten des Bildes herrschen.

Wertqualitäten können nicht erschlossen werden

Zweitens können wir festhalten: Das Erkennen ästhetischer Werteigenschaften ist auch keine ausschließliche Angelegenheit des Intellekts. Genauer gesagt: Dass eine bestimmte ästhetische Qualität an einem bestimmten Gegenstand vorhanden oder nicht vorhanden ist, kann nicht aus irgendwelchen nicht-ästhetischen Urteilen über den betreffenden Gegenstand *gefolgert* werden.

Das bedeutet freilich nicht, dass Wahrnehmung einerseits und intellektuelle Fähigkeiten andererseits bei der Erkenntnis von ästhetischen Wertqualitäten keine Rolle spielen. Es bedeutet nur, dass weder Sinneswahrnehmung allein noch Intellekt allein noch Sinneswahrnehmung und Intellekt zusammen das Erkennen ästhetischer Wertqualitäten ermöglichen. Ein vollkommen unmusikalischer Mensch wird vielleicht nie in der Lage sein, ästhetische Wertqualitäten von Musik zu erkennen. Aber ein solcher Mensch kann zugleich einen einwandfrei funktionierenden Gehörsinn haben und überdurchschnittlich intelligent und gebildet sein. Sicher, ein solcher Mensch kann mit der Zeit die ästhetischen Werturteile von musikalischen Menschen übernehmen. Er kann in diesem Sinn etwas über musikalische Wertqualitäten lernen. Aber das ist keine echte Erkenntnis von Wertqualitäten. In diesem Sinn kann auch eine von Geburt an farbenblinde Person etwas über Farben lernen. Einem Farbenblinden kann man natürlich beibringen, dass der Himmel an einem sonnigen Tag blau ist und saftiges Gras grün und frischer Schnee weiß, und so fort. Aber der Farbenblinde kann trotzdem die Farben nicht erkennen. Und so wäre es auch bei einem völlig unmusikalischen Menschen, der einfach die ästhetischen Werturteile von anderen übernimmt.

Halten wir also fest: Weder Sinneswahrnehmung noch Intellekt sind hinreichend als Erkenntnismittel für ästhetische Wertqualitäten (auch nicht Sinneswahrnehmung und Intellekt zusammengenommen).

Emotionen als Mittel zur Werterkenntnis

Wenn wir ästhetische Wertqualitäten weder durch sinnliche Wahrnehmung noch durch das Denkvermögen erkennen können, wie können wir sie dann erkennen? Eine Antwort auf diese Frage lautet: Wir erkennen ästhetische Wertqualitäten durch unsere *Emotionen*, genauer: durch unsere *Gefühle*. Das Mittel zur ästhetischen Werterkenntnis ist unsere Fähigkeit, ästhetische Gefühle zu erleben. Wenn wir zum Beispiel erkennen, dass etwas schön ist, dann haben wir so etwas wie ein „Schönheitsgefühl“. Dieses Gefühl sagt uns, dass der Gegenstand unserer Wahrnehmung schön ist.

Die Ästhetiker des 18. Jahrhunderts haben für die besondere Fähigkeit, ästhetische Gefühle zu erleben, den Terminus „Geschmack“ geprägt. Geschmack ist also so etwas wie ein sechster Sinn, ein Sinn für ästhetische Eigenschaften. Wir aktivieren diesen Sinn, wenn wir ästhetische Gefühle haben.

Diese Auffassung ist vom Alltagsverständnis gar nicht so weit entfernt, wie es vielleicht auf den ersten Blick aussieht. Wir sprechen ja auch vom „Schönheitssinn“. Damit meinen wir, dass jemand intuitiv erkennen kann, was schön ist. Wir sagen auch, dass jemand einen „Sinn (oder ein Gefühl) für Farben“ hat. Damit meinen wir, dass jemand intuitiv erkennt, welche Farben „zusammenpassen“ und welche nicht.

Trotzdem erscheint es auf den ersten Blick vielleicht merkwürdig, dass die Fähigkeit, Gefühle zu erleben, ein Erkenntnisvermögen sein soll. Nach allge-

Eine Analogie: Sinnesqualitäten und Sinnesempfindungen

mein verbreiteter Auffassung sind Gefühle etwas rein Subjektives, das uns keinesfalls Erkenntnis über die subjektunabhängige Wirklichkeit vermitteln kann. Aber es gibt ein Argument dafür, dass unsere Fähigkeit, Gefühle zu erleben, auch ein Erkenntnisinstrument sein kann. Das Argument beruht auf einer Analogie. Es wird angenommen, dass die Beziehung zwischen ästhetischen Qualitäten und ästhetischen Gefühlen analog ist der Beziehung zwischen Sinnesqualitäten und Sinnesempfindungen. Sinnesqualitäten sind zum Beispiel Farben, Gerüche, Töne, Geschmäcker, also alles, was unmittelbar sinnlich wahrnehmbar ist. Wir nehmen normalerweise an, dass Sinnesqualitäten objektive Eigenschaften der von uns wahrgenommenen Dinge sind. Das heißt: Wir nehmen an, dass Dinge farbig sind, einen bestimmten Duft, einen bestimmten Geschmack haben, und so fort, und dass sie diese Qualitäten unabhängig davon haben, ob und wie sie wahrgenommen werden. Wir nehmen weiters normalerweise an, dass wir Erkenntnis von den Sinnesqualitäten unserer Umwelt haben können, dass wir also wissen können, welche Farben die Dinge haben, die wir sehen, welchen Geschmack die Dinge haben, die wir essen, und so fort. Zu diesem Wissen gelangen wir durch unsere *Sinnesempfindungen*, also unter anderem durch Farb-, Klang-, Geruchs- und Geschmackseindrücke. Wir können also festhalten: Das Mittel zum Erkennen von Sinnesqualitäten sind unsere Sinnesempfindungen.

Sinnesempfindungen sind jedoch *subjektiv*, und zwar in zweierlei Hinsicht: Erstens sind sie grundsätzlich *privat*. Meine Sinnesempfindungen kann nur ich haben, Ihre können nur Sie haben. Verschiedene Subjekte können freilich *gleiche* Sinnesempfindungen haben, aber nicht *dieselben*. Zweitens sind Sinnesempfindungen stets *abhängig von den Dispositionen des empfindenden Subjekts*. Aus diesem Grund können zwei Subjekte angesichts desselben Objekts unter denselben äußeren Bedingungen qualitativ verschiedene Sinnesempfindungen haben.

Wenn das bisher Gesagte richtig ist, dann kann etwas Subjektives durchaus Mittel zur Erkenntnis objektiver Gegebenheiten sein. Denn wir haben ja angenommen, dass Sinnesqualitäten objektive Eigenschaften der Dinge sind und dass wir vermittels unserer Fähigkeit, Sinnesempfindungen zu haben, Erkenntnis von den Sinnesqualitäten haben können.

Ästhetische Gefühle sind ebenfalls subjektiv, und zwar genau in denselben beiden Hinsichten: Sie sind erstens privat und zweitens in vielerlei Weise abhängig von den Dispositionen der fühlenden Subjekte. Daher ist es nicht völlig abwegig anzunehmen, dass die ästhetischen Gefühle ebenfalls als Erkenntnismittel für etwas objektiv in den Dingen Vorhandenes fungieren (nämlich für ästhetische Wertqualitäten), gerade so wie die Sinnesempfindungen als Erkenntnismittel für die Sinnesqualitäten fungieren.

Wie objektiv sind Sinnesqualitäten?

Gemäß dem Analogie-Argument sind die ästhetischen Wertqualitäten gleich objektiv wie die Sinnesqualitäten. Nehmen wir einmal an, das wäre der Fall. Aber wie objektiv sind eigentlich die Sinnesqualitäten selber? Manche Philosophen meinen, es gäbe keine Sinnesqualitäten in der Welt. Manche behaupten zum Beispiel, dass die materiellen Dinge in Wirklichkeit keine Farben haben. Manchmal wird gesagt, dass die moderne Physik uns das bewiesen hat. Das ist jedoch ein Missverständnis. Die Physik lehrt uns, dass die materiellen

Dinge aus Wolken von winzigen Teilchen bestehen und dass diese Teilchen keine Sinnesqualitäten haben. Elektronen sind farblos und geruchlos. Daraus folgt aber nicht, dass die materiellen Dinge selber keine Sinnesqualitäten haben. Die Wahrheit ist, dass die Elementarteilchen, aus denen die materiellen Dinge bestehen, keine Sinnesqualitäten haben, die materiellen Dinge selbst aber sehr wohl. Daran ist nichts wirklich Rätselhaftes. Komplexe, die aus vielen Einzelteilen bestehen, haben oft Eigenschaften, die die Einzelteile selber nicht haben. Denken Sie zum Beispiel an Lebewesen: Lebewesen leben, aber die Elementarteilchen, aus denen sie bestehen, sind selber keine Lebewesen. Daher gibt uns die Physik keinen Grund zu leugnen, dass es Sinnesqualitäten gibt. Unsere Blumen können bunt sein und duften, auch wenn die Elektronen und Protonen, aus denen sie bestehen, farb- und geruchlos sind.

Trotzdem bezweifeln manche, dass es Farben, Gerüche und Töne in der Welt gibt. Einer der Gründe dafür liegt darin, dass unsere Sinnesempfindungen offensichtlich nicht nur von den materiellen Dingen abhängen, die wir wahrnehmen, sondern zusätzlich von inneren und äußeren Wahrnehmungsbedingungen. Zu den inneren Wahrnehmungsbedingungen gehören unsere Sinnesorgane, zu den äußeren zum Beispiel die Beleuchtung. Es gibt Wesen, die keine Blauempfindung haben, wenn sie an einem sonnigen Tag in den Himmel schauen. Uns selber erscheinen in der Nacht die Wiesen nicht grün, sondern grau. Wir nehmen aber nicht an, dass die Wiesen in der Nacht ihre Farbe ändern. Sinnesempfindungen sind also abhängig von inneren und äußeren Wahrnehmungsbedingungen.

Deshalb meinen manche, dass ein Urteil wie „Der Himmel ist blau" so viel heißt wie „Der Himmel erscheint mir jetzt blau". Das bedeutet: Der Himmel hat nicht wirklich eine Farbeigenschaft; man kann ihm also auch nicht wahrheitsgemäß eine Farbeigenschaft zusprechen.

Andererseits haben wir gute Gründe anzunehmen, dass unsere Sinnesempfindungen zumindest *auch* von der Beschaffenheit der wahrgenommenen Gegenstände abhängen. Unter denselben Wahrnehmungsbedingungen erscheinen uns (mit „uns" meine ich hier gesunde Exemplare der Spezies Mensch) der Himmel immer blau und das frische Gras immer grün. Dass das so ist, hat offenkundig etwas mit der Beschaffenheit der Atmosphäre bzw. der Wiese zu tun.

Sinnesqualitäten als dispositionelle Eigenschaften

Eine mögliche Lösung besteht darin, Sinnesqualitäten als *dispositionelle Eigenschaften* aufzufassen. Was sind dispositionelle Eigenschaften? Hier ist zur Erklärung eine dispositionelle Interpretation der Farbe Blau: Zu sagen, dass der wolkenlose Himmel blau ist, heißt so viel wie zu sagen, dass der wolkenlose Himmel unter bestimmten ausgezeichneten Bedingungen blau erscheint, mit anderen Worten: dass er unter diesen speziellen Bedingungen in wahrnehmenden Subjekten eine Blauempfindung verursacht.

Diese ausgezeichneten Wahrnehmungsbedingungen werden oft *„Normalbedingungen"* genannt. Dazu gehört zum Beispiel, dass das wahrnehmende Subjekt körperlich und geistig gesund ist und dass es nicht unter Drogeneinfluss steht. Freilich sind diese Normalbedingungen auf Subjekte *einer bestimmten Art* bezogen, nämlich auf Exemplare der Art Mensch. Natürlich sind andere Wesen denkbar, die gesunde Exemplare ihrer Art sind und unter denselben äußeren Bedingungen ganz andere Wahrnehmungserlebnisse haben. Aber hier geht es darum zu erklären, was *wir* meinen, wenn wir sagen, dass ein Gegenstand blau ist. So lange wir Farbprädikate nicht zur Kommunikation mit Exemplaren anderer Arten verwenden, können wir im Rahmen einer dispositionellen Analyse derselben ohne Schaden die Normalbedingungen der Farbwahrnehmung exklusiv für unsere Spezies definieren.

Im Fall von Farbempfindungen gehören auch die Lichtverhältnisse zu den Normalbedingungen: Das Licht muss weiß sein. Wir können also sagen: Ein Gegenstand G ist blau genau dann, wenn gilt: G erscheint einem wahrnehmenden Subjekt unter Normalbedingungen blau, bzw.: G verursacht in einem wahrnehmenden Subjekt unter Normalbedingungen Blauempfindungen. Mit anderen Worten, ein Gegenstand ist blau genau dann, wenn der Gegenstand die Disposition hat, in einem wahrnehmenden Subjekt unter Normalbedingungen eine Blauempfindung hervorzurufen. Blau-Sein ist nichts anderes als die Disposition, unter bestimmten Bedingungen Blauempfindungen hervorzurufen.

Analoges gilt für alle Sinnesqualitäten. Die Eigenschaft Süß-zu-Sein zum Beispiel kann ebenfalls als eine dispositionelle Eigenschaft aufgefasst werden. Dass Zucker süß ist, heißt dann, dass Zucker unter Normalbedingungen in wahrnehmenden Subjekten eine Süßempfindung verursacht.

Sinnesqualitäten sind nicht die einzigen dispositionellen Eigenschaften. Denken Sie zum Beispiel an die Eigenschaft, wasserlöslich zu sein, oder an die Eigenschaft, zerbrechlich zu sein. Dass Zucker wasserlöslich ist, heißt: Zucker hat die Disposition, sich unter bestimmten Bedingungen aufzulösen. Dass Glas zerbrechlich ist, heißt: Glas hat die Disposition, unter bestimmten Bedingungen zu zerbrechen.

Das Folgende ist in unserem Zusammenhang ein wesentlicher Punkt: Dispositionelle Eigenschaften sind objektiv „in den Dingen" vorhanden. Gemäß der Dispositionstheorie von Farbeigenschaften ist eine grüne Wiese auch in der Nacht grün. Es ist außerdem eine Eigenschaft von Zucker, dass er wasserlöslich ist; das gilt für alle Zuckerwürfel dieser Erde, auch für die, die sich niemals in Wasser auflösen werden. Ebenso ist es eine Eigenschaft von frisch gefallenem Schnee, dass er weiß ist, und zwar unabhängig davon, ob irgendjemandem dieser Schnee jemals weiß erscheint. Mit anderen Worten: Der Schnee in einer unbelebten Gegend ist auch weiß – auch wenn er nie von irgendjemandem wahrgenommen wird. Denn auch dieser Schnee hat die Disposition, einem (gesunden menschlichen) Beobachter unter Normalbedingungen weiß zu erscheinen; und Dispositionen sind unabhängig davon, ob sie jemals aktualisiert werden. In diesem Sinn sind dispositionelle Eigenschaften objektiv.

Wertqualitäten als dispositionelle Eigenschaften

Nehmen wir an, dass Sinnesqualitäten tatsächlich dispositionelle Eigenschaften sind. Nach der Auffassung, die hier zur Diskussion steht, sind *ästhetische Wertqualitäten ebenfalls dispositionelle Eigenschaften.* Dass ein Gegenstand schön ist, heißt also: Der Gegenstand hat die Disposition, in einem Subjekt unter bestimmten ausgezeichneten Bedingungen ein Schönheitsgefühl zu verursachen. In diesem Sinn sind also auch ästhetische Wertqualitäten objektive Eigenschaften in den Dingen selber.

Auf keinen Fall darf die Dispositionstheorie der ästhetischen Werteigenschaften mit einem ästhetischen Subjektivismus verwechselt werden. Der

Unterschied ist fein, aber wesentlich. Das Urteil „x ist schön" bedeutet nach subjektivistischer Auffassung dasselbe wie „x verursacht in mir ein Schönheitsgefühl". Aber nach der Dispositionstheorie bedeutet es Folgendes: „x verursacht in einem idealen Rezipienten unter Idealbedingungen ein Schönheitsgefühl."

Normalbedingungen

Ein häufiger Einwand gegen diese Auffassung lautet, dass es völlig unmöglich ist, für ästhetische Erlebnisse so etwas wie „Normalbedingungen" anzugeben. Tatsächlich ist das der springende Punkt der Dispositionstheorie der ästhetischen Eigenschaften. Wenn es grundsätzlich nicht möglich ist, entsprechende ausgezeichnete Bedingungen anzugeben, dann hätte es keinen Sinn mehr, von objektiven ästhetischen Werteigenschaften zu sprechen. Wenn es nicht möglich wäre, Normalbedingungen für die Wahrnehmung von Farben anzugeben, dann hätte es auch keinen Sinn mehr, von objektiv in den Dingen vorhandenen dispositionellen Farbeigenschaften zu reden. Dann könnten wir wirklich nur noch sagen, dass wir dann-und-dann die-und-die Farbempfindungen haben. Wir können aber für die Farbwahrnehmung relativ leicht Normalbedingungen angeben. Bei den ästhetischen Erlebnissen ist das offenbar nicht so leicht.

Idealbedingungen ästhetischer Erfahrung

Aber das heißt nicht, dass es grundsätzlich *unmöglich* ist, solche Bedingungen anzugeben. Allerdings sollte man in diesem Fall besser von *Idealbedingungen* als von Normalbedingungen sprechen. Aufmerksamkeit für eine Sache ist zum Beispiel so eine Idealbedingung. Wir bemerken die ästhetischen Wertqualitäten eines Gegenstandes oft einfach deshalb nicht, weil wir dem Gegenstand nicht genügend Aufmerksamkeit widmen. Viele von uns pflegen einen Lebensstil, in dem alles Mögliche „nebenbei" gemacht wird. Man hört „nebenbei" Musik, man liest „nebenbei" eine Zeitung, man schaut „nebenbei" fern. Wir sind es nicht mehr wirklich gewohnt, uns auf eine Sache längere Zeit zu konzentrieren. Daraus resultiert eine sehr oberflächliche Betrachtungsweise. Manchmal sind die ästhetischen Qualitäten eines Gegenstandes auch bei oberflächlicher Betrachtungsweise erkennbar – aber eben nicht immer.

Sensibilität und ein gewisses Unterscheidungsvermögen gehören auch zu den Idealbedingungen des ästhetischen Erlebens. Menschen, die abgestumpft sind, sind sicher keine idealen ästhetischen Rezipienten. Menschen, für die sich eine Symphonie von Beethoven gleich anhört wie ein Konzert von Bach, werden kaum die ästhetischen Qualitäten der Musik dieser beiden Komponisten erkennen können.

Darüber hinaus kann, wenn es um die ästhetischen Eigenschaften von Kunstwerken und anderen Artefakten geht, auch Vertrautheit mit kulturellen Kontexten zu den Bedingungen gehören, die jemand erfüllen muss, um ein idealer Rezipient zu sein.

Es ist keineswegs erwiesen, dass es unmöglich ist, Idealbedingungen für das Erkennen von ästhetischen Werteigenschaften anzugeben, auch wenn es, zugegebenermaßen, schwierig ist. Die Dispositionstheorie der ästhetischen Eigenschaften ist daher eine ernst zu nehmende Option.

Gründe für einen ästhetischen Realismus

Die Dispositionstheorie ist eine Spielart des ästhetischen Realismus oder kann jedenfalls so klassifiziert werden, und es gibt für den ästhetischen Realismus eine Reihe von guten Gründen. Hier sind einige davon:

1. Der ästhetische Realismus ist intuitiv plausibel. Ich denke, dass fast alle Menschen die Intuition teilen, dass es ästhetische Werttatsachen gibt. Zumindest manchmal äußern wir ästhetische Werturteile mit dem Anspruch, etwas zu sagen, dem eine Tatsache entspricht.

2. Der ästhetische Realismus erlaubt uns, ästhetische Werturteile wörtlich zu nehmen. Das heißt: Wir können Urteile der Form „x ist schön" als das nehmen, was sie zu sein scheinen, nämlich Urteile, mit denen einem Gegenstand eine ästhetische Werteigenschaft zugesprochen wird.

3. Der ästhetische Realismus lässt es zu, dass es in Bezug auf ästhetische Fragen *echte Meinungsverschiedenheiten* geben kann. Als Konsequenz daraus macht es im Licht einer realistischen Position Sinn, über Wertfragen zu *diskutieren*.

7. Ästhetische Gegenstände

Im Vorigen wurde eine Theorie verteidigt, der gemäß ästhetische Qualitäten Eigenschaften von konkreten materiellen Dingen sein können. Es wurde behauptet, dass die konkreten materiellen Dinge, die wir wahrnehmen (wie Bilder und Menschen), aber auch Ereignisse (wie Sonnenuntergänge und Konzerte) ästhetische Eigenschaften haben.

Gegenstände, die ästhetische Eigenschaften haben, werden im Folgenden *„ästhetische Gegenstände"* genannt. Es wurde also die Auffassung vertreten, dass konkrete materielle Dinge und Ereignisse ästhetische Gegenstände sein können bzw. sind.

Diese Auffassung wird nicht von allen Ästhetikern geteilt. Manche meinen, dass die ästhetischen Gegenstände nicht die konkreten materiellen Dinge in der materiellen Welt sind (also Bilder, Sonnenuntergänge usw.), sondern „bewusstseinsimmanente Gegenstände".

Bewusstseinsimmanente Gegenstände

Ein bewusstseinsimmanenter Gegenstand ist ein Gegenstand, der nur „in unserem Bewusstsein" existiert, wobei diese Ausdrucksweise natürlich metaphorisch ist, denn das Bewusstsein ist ja keine Schachtel, in die man etwas hineinlegen könnte. Etwas weniger metaphorisch könnte man sagen: Ein bewusstseinsimmanenter Gegenstand ist ein Gegenstand, der in seiner Existenz von einem Bewusstsein abhängig ist. Die Gegenstände unserer Phantasie sind in diesem Sinne bewusstseinsabhängig bzw. bewusstseinsimmanent.

Statt „bewusstseinsimmanent" wird oft auch nur kurz „immanent" gesagt. Wenn im Folgenden von „immanenten Gegenständen" die Rede ist, dann sind immer bewusstseinsimmanente Gegenstände gemeint.

Transzendente Gegenstände

Der Gegensatz zu „immanent" ist *„transzendent"*. Ein transzendenter Gegenstand existiert unabhängig von einem Bewusstsein. Bilder, Menschen, Sonnenuntergänge und Konzerte sind transzendente Gegenstände. Ihre Existenz hängt nicht davon ab, ob gerade jemand an sie denkt, sie vorstellt, wahrnimmt oder erinnert.

Ein Wolkenschloss, in dem man wohnen könnte, gibt es nicht, jedenfalls nicht als bewusstseinstranszendenten Gegenstand. Aber wir können uns ein solches Wolkenschloss vorstellen. Dann existiert, metaphorisch gesprochen, ein Wolkenschloss „in unserer Phantasie" bzw. „in unserem Bewusstsein", mit anderen Worten: es existiert als bewusstseinsimmanenter Gegenstand.

Wir wollen hypothetisch Folgendes annehmen: Wann immer jemand sich einen Gegenstand vorstellt oder einen Gegenstand wahrnimmt, dann gibt es einen immanenten Gegenstand, einen Gegenstand, der von dem jeweiligen Vorstellungs- oder Wahrnehmungsakt abhängig ist. Tatsächlich ist die Annahme solcher immanenter Gegenstände in der Philosophie sehr umstritten. Hier geht es jedoch nicht darum, das Für und Wider dieser Annahme zu diskutieren, sondern darum, herauszufinden, ob es plausibel ist anzunehmen, dass nur immanente Gegenstände ästhetische Qualitäten haben können. Darum nehmen wir die Existenz immanenter Gegenstände als Arbeitshypothese an.

Selbst wenn man die Existenz immanenter Gegenstände grundsätzlich anerkennt, ist es keineswegs selbstverständlich, dass nur die immanenten Gegenstände Träger ästhetischer Eigenschaften sein können. Ganz im Gegenteil: Diese Auffassung widerspricht dem alltäglichen Verständnis ästhetischer Gegenstände und ästhetischer Eigenschaften. Wenn wir zum Beispiel einen Sonnenuntergang „schön" nennen, dann sprechen wir, nach alltäglicher Auffassung jedenfalls, über ein bewusstseinsunabhängiges Ereignis. Allgemein gilt, dass im gewöhnlichen Verständnis ästhetische Prädikate meist, wenn nicht immer, bewusstseinsunabhängigen Gegenständen zugesprochen werden. Wie kann man also zu der Auffassung gelangen, dass ästhetische Gegenstände ausschließlich Gegenstände unseres Bewusstseins sind?

Ein naives Kausalmodell der Wahrnehmung

Die Wurzel der Auffassung, dass ästhetische Gegenstände stets immanente Gegenstände sind, ist eine bestimmte philosophische *Theorie der Wahrnehmung*. Jemand, der gerade erst anfängt, über Wahrnehmung zu philosophieren, könnte vielleicht ein sehr naives Kausalmodell der Wahrnehmung für plausibel halten. Nach einem solchen Modell würde unsere Wahrnehmung ungefähr wie der Vorgang des Fotografierens funktionieren. Nach dieser naiven Auffassung ist unser Bewusstsein so etwas wie ein lichtempfindliches Material und die Sinnesorgane so etwas wie ein Objektiv, und wir gehen durch die Welt als hoch komplizierte Fotoapparate und sammeln „Bilder" (bzw. allgemein „Eindrücke") von der Welt ein.

Nach dieser Auffassung ist Wahrnehmung nichts anderes als ein kausaler Prozess, und was wir wahrnehmen, hängt einerseits natürlich von den Gegenständen der Wahrnehmung ab, andererseits aber natürlich auch von der Beschaffenheit unserer Sinnesorgane. Analog ist es ja auch bei der Fotografie: Was auf unseren Fotos letztlich zu sehen ist, hängt vor allem von zwei Faktoren ab, nämlich erstens davon, worauf wir unsere Kamera gerichtet haben und zweitens von dem Material, das wir verwendet haben und gewissen technischen Faktoren (insbesondere von den verwendeten Objektiven, der eingestellten Blende, und so fort).

Wahrnehmung und Interpretation

Diese Auffassung von Wahrnehmung ist aber grundfalsch. In Wirklichkeit ist Wahrnehmung ein viel komplexerer Vorgang. Wahrnehmung ist ein Prozess, in dem physikalische Reize (wie Licht- und Schallwellen) von unserem Bewusstsein *verarbeitet* werden. Und diese Verarbeitung enthält wesentlich eine Komponente der *Interpretation*.

Es ist durchaus möglich, dass verschiedene Besucherinnen ein und desselben Konzerts deutlich verschiedene Hörerlebnisse haben – und das muss nicht daran liegen, dass einige von ihnen aus Alters- oder sonstigen Gründen Töne bestimmter Frequenzen nicht hören können. Auch verschiedene Hörer mit normal funktionierendem Gehör können in der gleichen Situation Verschiedenes hören. Das liegt daran, dass das, was ein Mensch wahrnimmt, nicht bloß von den vorhandenen sinnlichen Reizen und den Sinnesorganen abhängt, sondern zum Beispiel auch von Erwartungshaltungen. Erwartungshaltungen sind wiederum von früher gemachten Erfahrungen beeinflusst und Erfahrungen hängen wesentlich vom sozialen und historischen Kontext eines wahrnehmenden Individuums ab. Wie man zum Beispiel ein Konzert hört, das hängt nicht nur davon ab, wie gut das Gehör (im organischen Sinn) ist und wo man im Konzertsaal sitzt, sondern, unter anderem, auch davon, welche Musik man bisher schon gehört hat. Wenn man ein Musikstück zum ersten Mal hört, dann hört man es fast immer anders als beim zweiten oder dritten Hören. Nicht nur für einzelne Musikstücke, sondern auch für Musikstile gilt: Man hört eine Musik ganz anders wenn sie einem (noch) fremd ist als wenn man mit ihr bereits vertraut ist.

Wahrnehmungsgegenstände als immanente Gegenstände

Interpretation ist eine Leistung des Bewusstseins – nicht eine Leistung der Sinnesorgane. Wahrnehmung ist also ein Vorgang im Bewusstsein. So viel ist klar. Manche haben daraus jedoch vorschnell die Konsequenz gezogen, dass die Gegenstände, die wir wahrnehmen, ebenfalls in unserem Bewusstsein sind, dass sie überhaupt erst durch unser Bewusstsein (bzw. den Akt des Wahrnehmens) *geschaffen* werden. Mit dieser extremen Position wollen wir uns hier aber nicht weiter befassen. Stattdessen wollen wir eine Position näher betrachten, dergemäß Wahrnehmung für gewöhnlich *dreierlei* involviert, nämlich: 1. ein *wahrnehmendes Subjekt;* 2. einen *transzendenten Gegenstand,* der wahrgenommen wird; und 3. einen *immanenten Gegenstand,* der Produkt des Wahrnehmungsaktes ist, das heißt: der durch den Wahrnehmungsvorgang erst konstituiert wird.

Stellen Sie sich zum Beispiel vor, Sie blicken aus einem Fenster und sehen einen Baum. In dieser Situation findet ein (visueller) Wahrnehmungsvorgang statt. Nach der Auffassung, die wir gerade besprechen, sind an diesem Wahrnehmungsvorgang normalerweise drei Gegenstände beteiligt, nämlich: 1. Sie (das wahrnehmende Subjekt); 2. der Baum vor dem Fenster (ein transzendenter, materieller Gegenstand) und 3. ein „immanenter Baum", das heißt: ein von Ihnen im Prozess der Wahrnehmung konstruierter Gegenstand, der „Baum-als-Wahrgenommener" sozusagen. Der bewusstseinsimmanente Gegenstand ist vom wahrnehmenden Subjekt konstruiert und existiert in Abhängigkeit vom Bewusstsein dieses Subjekts. Das bedeutet für gewöhnlich: Der immanente Baum existiert genau so lange, wie ein wahrnehmendes Subjekt den (transzendenten) Baum wahrnimmt. Wenn Sie die Augen schließen oder Ihren Blick woanders hinwenden, dann hört dieser Gegenstand auf zu existieren. Im Gegensatz dazu ist die Existenz des transzendenten Baums selbstverständlich nicht davon abhängig, dass er von irgendjemandem wahrgenommen wird. Er verschwindet nicht, wenn Sie die Augen schließen oder sich abwenden.

Mehrere Subjekte können selbstverständlich denselben (transzendenten)

Baum wahrnehmen, zugleich oder auch zu verschiedenen Zeiten. Die immanenten Gegenstände verschiedener wahrnehmender Subjekte sind jedoch stets und mit Notwendigkeit numerisch verschieden. Dass ein Gegenstand x von einem Gegenstand y *numerisch verschieden* ist bedeutet, dass x nicht mit y identisch ist, oder, mit anderen Worten: dass x und y *zwei* Gegenstände sind und nicht *einer.* Man spricht von numerischer Verschiedenheit, um diese von *qualitativer* Verschiedenheit abzugrenzen. Dass ein Gegenstand x von einem Gegenstand y *qualitativ verschieden* ist bedeutet, dass x und y nicht vollkommen gleich sind, oder, mit anderen Worten: dass x einige Eigenschaften hat, die y nicht hat, und umgekehrt.

Zwei Gegenstände können grundsätzlich qualitativ gleich und dennoch numerisch verschieden sein (wie etwa zwei fehlerlose Exemplare des gleichen Buchs). Immanente Wahrnehmungsgegenstände verschiedener Subjekte sind, wie gesagt, notwendigerweise numerisch verschieden, aber sie können qualitativ gleich sein. Wenn Sie und ich denselben Baum unter denselben Bedingungen betrachten, dann ist es wahrscheinlich, dass unsere immanenten Wahrnehmungsgegenstände (die von uns konstruierten Bäume-als-Wahrgenommene) qualitativ weitgehend gleichartig sind. Dennoch sind sie numerisch verschieden. Das heißt: Mein Baum-als-Wahrgenommener ist nicht identisch mit Ihrem Baum-als-Wahrgenommenen. Denn mein Baum-als-Wahrgenommener existiert nur solange ich den (transzendenten) Baum wahrnehme, und Ihr Baum-als-Wahrgenommener existiert nur solange Sie den (transzendenten) Baum wahrnehmen, und es kann sein, dass Sie und ich denselben Baum zu verschiedenen Zeiten wahrnehmen. In diesem Fall würde Ihr Baum-als-Wahrgenommener existieren, auch wenn meiner nicht existiert, und umgekehrt.

Wahrnehmung ohne transzendente Gegenstände

Ich sagte, dass an einem Wahrnehmungsvorgang *normalerweise* sowohl ein immanenter als auch ein transzendenter Gegenstand beteiligt ist und dass der immanente Baum *für gewöhnlich* nur so lange existiert, wie jemand den transzendenten Baum wahrnimmt. Die vorsichtige Einschränkung auf gewöhnliche Fälle ist nötig, weil besondere Umstände denkbar sind, in denen das Gesagte nicht gilt. Erstens kann es Wahrnehmungsvorgänge geben, die derart sind, dass während des Wahrnehmungsvorgangs der wahrgenommene transzendente Gegenstand *nicht mehr* existiert. Das ist besonders plausibel für sehr kurzlebige Gegenstände. Man denke zum Beispiel an die Wahrnehmung eines Blitzes. Aber es können auch durchaus langlebige Gegenstände erst nach dem Ende ihrer Existenz wahrgenommen werden. Man denke etwa an weit entfernte Sterne, deren Licht die Erde noch viele Jahre nach dem Ende ihrer Existenz erreicht. Es erscheint plausibel zu sagen, dass wir diese Sterne nicht halluzinieren, sondern *sehen* – obgleich sie nicht mehr existieren.

Zweitens kann es Umstände geben, in denen der immanente Gegenstand auch dann noch existiert, wenn der transzendente Gegenstand nicht mehr wahrgenommen wird (obgleich er noch existieren mag). Das ist etwa bei jenem Phänomen der Fall, das in der Wahrnehmungspsychologie „Nachbild" genannt wird. Von einem Nachbild spricht man, wenn ein wahrnehmendes Subjekt einen visuellen Eindruck hat, der einem gewöhnlichen Wahrnehmungseindruck gleicht, wobei das Subjekt aber dem betreffenden optischen Reiz *nicht mehr* ausgesetzt ist.

Umspringbilder

Dass bei der Wahrnehmung Interpretation eine wesentliche Rolle spielt, wird besonders deutlich im Fall von so genannten „Umspring-" bzw. „Kippbildern". Ein berühmtes Exemplar eines Umspringbildes ist der „Hasen-Enten-Kopf":

Der transzendente Gegenstand ist in diesem Fall eine einfache Zeichnung, eine Konfiguration von schwarzen Linien auf weißem Grund. Dieser transzendente Gegenstand bleibt stets unverändert, auch wenn die Wahrnehmung „kippt". Er wird aber einmal als Hasenkopf, dann wieder als Entenkopf gesehen. Wir können sagen: Wenn die Wahrnehmung „umspringt", dann entsteht jeweils ein anderer immanenter Gegenstand. Wenn das Hasen-Enten-Bild als Hase gesehen wird, dann ist der immanente Gegenstand ein Hasenbild, wenn es als Ente gesehen wird, dann ist der immanente Gegenstand ein Entenbild.

Immanente Gegenstände als Träger ästhetischer Eigenschaften

Manche Ästhetiker sind der Meinung, dass die immanenten Gegenstände die eigentlichen Träger der ästhetischen Eigenschaften sind. Nach dieser Auffassung gilt: Ein Gemälde, ein Mensch, oder ein Sonnenuntergang kann niemals eine ästhetische Eigenschaft haben. Denn diese Gegenstände sind transzendente Gegenstände. Ein Mensch-als-Wahrgenommener aber ist ein immanenter Gegenstand, und dieser Gegenstand kann eine ästhetische Eigenschaft haben. Ein Mensch ist demnach also niemals schön oder hässlich; nur die immanenten Gegenstände, die in unserem Bewusstsein entstehen und von unserem Bewusstsein abhängig sind, sind schön oder hässlich oder haben irgendwelche anderen ästhetischen Eigenschaften. Das heißt: Nach dieser Theorie sind nur bewusstseinsimmanente Gegenstände ästhetische Gegenstände. Ein transzendenter Gegenstand ist niemals ein ästhetischer Gegenstand. Noch einmal anders gesagt: Die objektive Welt ist unästhetisch, das heißt: weder schön noch hässlich. Schönheit, Hässlichkeit usw. gibt es nur in unserem Bewusstsein. Ich nenne diese Theorie die „Theorie der immanenten ästhetischen Gegenstände".

Die Theorie der immanenten ästhetischen Gegenstände ist *keine subjektivistische Theorie* der ästhetischen Eigenschaften. Ästhetischer Subjektivismus ist die Auffassung, dass es keine ästhetischen Eigenschaften gibt. Gemäß der Theorie der immanenten ästhetischen Gegenstände gibt es aber sehr wohl ästhetische Eigenschaften; nur sind diese nicht Eigenschaften transzendenter, sondern Eigenschaften immanenter Gegenstände. Der ästhetische Subjektivismus ist eine anti-realistische Theorie. Die Theorie der immanenten ästhetischen Gegenstände ist aber eine realistische Theorie. Gemäß dieser Theorie sind die immanenten Gegenstände und ihre Eigenschaften ebenso real wie die transzendenten Gegenstände. Die Theorie der immanenten ästhetischen Gegenstände ist also unbedingt vom ästhetischen Subjektivismus zu unterscheiden.

Vorzüge der Immanenztheorie gegenüber der Transzendenztheorie

Welche – vermeintlichen oder tatsächlichen – Vorzüge hat die Theorie der immanenten ästhetischen Gegenstände gegenüber den konkurrierenden realistischen und anti-realistischen Theorien, die wir bisher besprochen haben? – Vergleichen wir sie zunächst mit realistischen Theorien: Eine realistische Theorie ist etwa die Theorie der ästhetischen Eigenschaften als dispositionelle Eigenschaften. Der Kern dieser Theorie ist die These, dass transzendente Gegenstände ästhetische Eigenschaften haben können. Wir können das jetzt, der Kürze halber, „die Theorie der transzendenten ästhetischen Gegenstände" nennen. Die Theorie der immanenten ästhetischen Gegenstände hat gegenüber dieser Theorie vor allem zwei Vorzüge:

1. Das Seltsamkeitsargument wird entschärft.
2. Das Argument der Nicht-Übereinstimmung wird entschärft.

Zur Erinnerung: Vertreter des Seltsamkeitsarguments wollen die Wirklichkeit ausschließlich durch Angabe natürlicher Eigenschaften beschreiben. Die Theorie der immanenten ästhetischen Gegenstände erlaubt es zumindest, die bewusstseinsunabhängige, transzendente Wirklichkeit ausschließlich durch Angabe natürlicher Eigenschaften zu beschreiben. Und gerade darum geht es ja eigentlich. Aufgabe der Naturwissenschaften ist es, die transzendente Wirklichkeit zu beschreiben und zu erklären. Für bewusstseinsimmanente Gegenstände sind sie nicht zuständig. Insofern kann die Theorie der immanenten ästhetischen Gegenstände ästhetische Eigenschaften zulassen und dabei doch einer wichtigen anti-realistischen Überzeugung gerecht werden.

Nun zum Argument der Nicht-Übereinstimmung: Wie erinnerlich können ästhetische Anti-Realisten zu ihren Gunsten immer auf die Tatsache verweisen, dass in Bezug auf ästhetische Fragen verhältnismäßig wenig intersubjektive Übereinstimmung herrscht. Die Theorie der immanenten ästhetischen Gegenstände hat für diesen Mangel an intersubjektiver Übereinstimmung eine auf den ersten Blick sehr überzeugende Erklärung. Sie lautet: Wenn zwei Subjekte in Bezug auf eine ästhetische Frage nicht übereinstimmen, dann liegt das daran, dass sie qualitativ verschiedene immanente Gegenstände beurteilen. Es gibt also in Wirklichkeit gar keine Meinungsverschiedenheit, sondern eher ein Missverständnis. Wenn zwei Subjekte A und B einem Gegenstand ästhetische Eigenschaften zu- oder absprechen, dann sprechen sie in Wirklichkeit gar nicht über denselben Gegenstand. A spricht über den immanenten Gegenstand im Bewusstsein von A, und B spricht über den immanenten Gegenstand im Bewusstsein von B. Diese beiden Gegenstände sind jedenfalls numerisch verschieden und möglicherweise auch qualitativ verschieden. Wenn A sagt: „x ist schön" und B sagt „x ist nicht schön", dann sprechen die beiden über zwei qualitativ verschiedene Gegenstände. Daher ist es nicht weiter erstaunlich, dass sie in ihrem Urteil nicht übereinstimmen. Im Rahmen einer Theorie der transzendenten ästhetischen Gegenstände ist das Faktum der häufigen Nicht-Übereinstimmung in Bezug auf ästhetische Eigenschaften sehr viel schwerer zu erklären.

So viel zu den augenscheinlichen Vorzügen der Theorie der immanenten ästhetischen Gegenstände gegenüber der Theorie der transzendenten ästhetischen Gegenstände.

Vorzüge der Immanenztheorie gegenüber dem Anti-Realismus

Die Theorie der immanenten ästhetischen Gegenstände hat aber anscheinend auch Vorzüge gegenüber den anti-realistischen Theorien. Das sind vor allem die folgenden beiden:

1. Die Theorie der immanenten ästhetischen Gegenstände wird der Überzeugung gerecht, dass man ästhetische Eigenschaften wahrnehmen kann (wenn auch in einem speziellen Sinn von „wahrnehmen").

2. Im Rahmen der Theorie der immanenten ästhetischen Gegenstände können ästhetische Werturteile wahr oder falsch sein.

Der zuletzt angeführte Punkt ist leicht zu verstehen. Ein Urteil der Art „x ist schön" ist nach der immanenten Theorie ästhetischer Urteile wahr genau dann, wenn der beurteilte immanente Gegenstand die Eigenschaft der Schönheit hat, und es ist falsch genau dann, wenn der beurteilte immanente Gegenstand die Eigenschaft der Schönheit nicht hat. Entscheidend ist: Die Theorie lässt es zu, dass ästhetische Werturteile einen Wahrheitswert haben können.

In welchem Sinn kann man ästhetische Qualitäten wahrnehmen?

Zum ersten Punkt sind einige Erläuterungen notwendig. Es wurde ja bisher mehrmals gesagt, dass man ästhetische Eigenschaften *nicht* wahrnehmen kann. Argumentiert wurde dafür immer so: Zwei verschiedene Subjekte können ein und denselben Gegenstand unter denselben Bedingungen wahrnehmen und dennoch in Bezug auf die ästhetischen Eigenschaften des Gegenstandes uneinig sein.

Jetzt sage ich aber, dass man ästhetische Eigenschaften doch wahrnehmen kann. Das sieht aus wie ein Widerspruch. Es ist aber kein Widerspruch, und zwar deshalb nicht, weil ich von „wahrnehmen" in jeweils verschiedenem Sinn spreche. In einem engen Sinn von „wahrnehmen" kann man ästhetische Eigenschaften nicht wahrnehmen, in einem anderen, weiteren Sinn schon.

Eine Analogie hilft vielleicht, diesen Punkt zu verstehen. Denken Sie noch einmal an das Hasen-Enten-Bild: In einem bestimmten Sinn können Sie sagen, dass Sie einmal den Hasenkopf sehen und dann wieder den Entenkopf. In einem bestimmten Sinn *sehen* Sie also vor und nach dem Umspringen Verschiedenes. Aber in einem anderen Sinn *sehen* Sie immer dasselbe, nämlich eine ganz bestimmte Konfiguration von Linien.

Es ist wichtig zu verstehen, dass das Hasen- bzw. Entenkopf-Sehen wirklich eine Art der Wahrnehmung ist. Wenn Sie vom Hasen- zum Entenkopf „umspringen", dann ändert sich ihr *Wahrnehmungserlebnis*. Das Hasen- bzw. Entenkopf-Sehen ist auch nicht eine Sache des *Wissens*. Es macht einen *erlebnismäßigen* Unterschied, ob Sie den Hasen oder die Ente sehen, oder keines von beiden.

Gestaltwahrnehmung

In der Wahrnehmungspsychologie spricht man in diesem Zusammenhang auch von *Gestaltwahrnehmung*. Wenn ein Subjekt eine Konfiguration von Linien als Hasenkopfbild oder als Entenkopfbild sieht, dann liegt eine Gestaltwahrnehmung vor. Ein anderes Beispiel für Gestaltwahrnehmung wäre das Hören einer Melodie. Eine Melodie besteht aus einer Folge einzelner Töne.

Wenn Sie eine Folge von Tönen zum ersten Mal hören, dann kann es sein, dass Sie die Melodie nicht hören, und es kann sein, dass Sie sie beim zweiten Mal hören. In einem bestimmten Sinn haben Sie beide Male das Gleiche gehört, in einem anderen Sinn aber nicht.

Mit der Wahrnehmung ästhetischer Eigenschaften verhält es sich ähnlich wie mit der Gestaltwahrnehmung. Eine Konfiguration von Linien zu sehen und zu *wissen*, dass diese Konfiguration ein Hasen- oder Entenbild ist, ist nicht dasselbe wie zu *sehen*, dass diese Konfiguration ein Hasen- oder Entenbild ist. Irgendetwas zu sehen oder zu hören und zu *wissen*, dass das Gesehene oder Gehörte schön ist, ist nicht dasselbe wie zu *sehen* oder zu hören, dass das Gesehene oder Gehörte schön ist.

Wahrnehmung ist also insgesamt ein höchst komplexer Vorgang, bei dem wir verschiedene Ebenen unterscheiden können. Die Wahrnehmung ästhetischer Eigenschaften ist zweifellos auf einer ziemlich hohen Stufe der Wahrnehmungshierarchie angesiedelt.

Die Theorie der immanenten ästhetischen Gegenstände hat auch eine auf den ersten Blick sehr gute Erklärung für diese Stufen der Wahrnehmung. Wahrnehmung heißt, nach dieser Theorie, bewusstseinsimmanente Gegenstände zu konstruieren. Und diese bewusstseinsimmanenten Gegenstände können mehr oder weniger komplex sein. Wenn eine Person ästhetische Eigenschaften wahrnimmt, dann hat der immanente Gegenstand dieser Person zusätzlich zu den übrigen Eigenschaften auch ästhetische Eigenschaften bekommen.

Wir können zusammenfassend sagen: Die Theorie der immanenten ästhetischen Gegenstände kann betrachtet werden als ein Versuch, die Vorzüge von realistischen und anti-realistischen Theorien ästhetischer Eigenschaften miteinander zu kombinieren und gleichzeitig die Nachteile von realistischen und anti-realistischen Theorien zu vermeiden. Im Kern läuft es auf Folgendes hinaus: Man hat eine gute Erklärung dafür, dass wir ästhetische Eigenschaften wahrnehmen können, und zugleich kann man die bewusstseinsunabhängige Wirklichkeit frei von ästhetischen Eigenschaften halten. Man könnte das als eine Art Kompromiss betrachten zwischen der Partei der ästhetischen Realistinnen und der Partei der ästhetischen Anti-Realistinnen; und beide Parteien sollten mit diesem Kompromiss leben können.

Einwände gegen die Immanenztheorie

Aber bekanntlich sind Kompromisse immer auch in der einen oder anderen Hinsicht unbefriedigend. Das gilt auch für die Theorie der immanenten ästhetischen Gegenstände. Der wichtigste Einwand ist folgender: Es ist extrem unplausibel anzunehmen, dass unsere ästhetischen Urteile sich auf immanente Gegenstände beziehen. Wenn ich sage, dass Yves Kleins monochrome Bilder schön sind, dann will ich damit etwas über Yves Kleins Bilder sagen, das heißt über Gegenstände, die Ihnen genauso gut zugänglich sind wie mir. Ich will definitiv nicht über bewusstseinsimmanente Gegenstände sprechen, die grundsätzlich nur mir selber zugänglich sind.

Wenn ästhetische Werturteile Urteile über bewusstseinsimmanente Gegenstände wären, dann hätte es niemals Sinn, über ästhetische Werturteile zu diskutieren. Es könnte auch gar nicht wirklich eine Meinungsverschiedenheit geben, denn die vermeintlichen Kontrahenten würden ja immer über verschiedene Dinge reden, nämlich über ihre jeweiligen privaten immanenten Gegenstände.

Es gibt noch einen zweiten, grundsätzlicheren, Einwand gegen die Theorie der immanenten ästhetischen Gegenstände. Er lautet: Die Theorie der immanenten ästhetischen Gegenstände scheint darauf hinauszulaufen, dass die Gegenstände unserer Wahrnehmung niemals transzendente, sondern immer schon immanente, von uns konstruierte Gegenstände sind. Wenn ich also zum Beispiel einen Baum sehe, dann sehe ich, nach dieser Theorie, nicht wirklich einen Baum, sondern ein Konstrukt meines Bewusstseins, das nur in Abhängigkeit von meinem Bewusstsein existiert. Generell würde gelten: Jede sinnliche Wahrnehmung ist auf einen immanenten Gegenstand gerichtet.

Doch das ist grundfalsch. Sicher, die Art und Weise, wie wir die Gegenstände unserer Umwelt wahrnehmen, hängt unter anderem von unserem Bewusstsein ab. Aber was wir wahrnehmen, sind immer noch die Gegenstände unserer Umwelt und nicht Gegenstände unseres Bewusstseins. Mit anderen Worten, wann immer ein Subjekt S einen Gegenstand x wahrnimmt, gilt: *x erscheint S irgendwie.* Aber daraus folgt *nicht:* S nimmt eine *Erscheinung von x* wahr.

Der konstruktivistische Fehlschluss

Viele Leute begehen einen Fehlschluss, den man als den „konstruktivistischen Fehlschluss" bezeichnen könnte. Diesen könnte man etwa so formulieren: Wahrnehmung ist immer ein konstruktiver Bewusstseinsprozess. Also nehmen wir immer nur Konstruktionen unseres Bewusstseins wahr.

Es ist offenkundig, dass das ein Fehlschluss ist. Wenn Sie schwarze Linien auf weißem Grund als Hasen- oder als Entenkopf sehen, dann sehen Sie einen transzendenten Gegenstand als Hasen- oder Entenkopf; und wenn Sie einen schönen Menschen sehen, dann sehen Sie einen Menschen und nicht einen immanenten Gegenstand.

Aus den genannten Gründen ist die Theorie der immanenten ästhetischen Gegenstände zumindest aus der Sicht des ästhetischen Realismus unbefriedigend. Wir können also festhalten: Sofern die Argumente zugunsten des ästhetischen Realismus stichhaltig sind, spricht vieles dafür, dass transzendente Gegenstände Träger ästhetischer Eigenschaften sind.

8. Zusammenfassung, Lektürehinweise, Fragen und Übungen

Zusammenfassung

Ästhetischer Realismus ist die Auffassung, dass es ästhetische Eigenschaften gibt. *Ästhetischer Anti-Realismus* ist die Negation des ästhetischen Realismus. Ästhetische Eigenschaften sind (falls es sie gibt) *fundiert durch* nicht-ästhetische Eigenschaften (bzw. *supervenieren auf* nicht-ästhetischen Eigenschaften).

Für den ästhetischen Anti-Realismus spricht, dass verschiedene Subjekte, die denselben Gegenstand unter denselben Bedingungen wahrnehmen, auffällig häufig in ihren ästhetischen Werturteilen über den Gegenstand nicht übereinstimmen. Für den ästhetischen Realismus spricht, dass es *prima facie* (das heißt: dem ersten Anschein nach) genuine ästhetische Werturteile gibt, die wahr sind.

Nonkognitivismus, Subjektivismus und Naturalismus sind anti-realistische Theorien. Ihnen gemeinsam ist die These, dass es keine genuinen ästhetischen Werturteile gibt. Sie unterscheiden sich hinsichtlich der Frage, wie anscheinende ästhetische Werturteile zu interpretieren sind. Nonkognitivismus ist die Auffassung, dass anscheinende ästhetische Werturteile gar keine echten Urteile sind, sondern nur Ausdruck von Werthaltungen oder Ähnliches. Subjektivismus ist die Auffassung, dass wir mit anscheinenden ästhetischen Werturteilen nur behaupten, dass ein Gegenstand eine bestimmte Wirkung auf uns hat. Naturalismus ist die Auffassung, dass anscheinende ästhetische Prädikate stets durch natürliche Prädikate ersetzbar sind. Keine dieser Positionen wird jedoch der Intuition gerecht, dass es in Bezug auf ästhetische Werturteile echte Meinungsverschiedenheiten geben kann, die sich nicht auf Meinungsverschiedenheiten über „natürliche" Tatsachenfragen reduzieren lassen.

Die Irrtumstheorie ist ebenfalls eine anti-realistische Theorie. Ihr gemäß gilt: Es gibt zwar genuine ästhetische Werturteile, aber sie können niemals wahr sein.

Wahrnehmung und Verstand allein befähigen uns nicht, ästhetische Wertqualitäten zu erkennen. Nach einer interessanten Auffassung können wir ästhetische Wertqualitäten aber erkennen mit Hilfe unserer Fähigkeit, Gefühle zu erleben. Demgemäß funktionieren unsere ästhetischen Emotionen analog unseren Sinnesempfindungen: Beide sind subjektiv, verschaffen uns aber Erkenntnis über die bewusstseinsunabhängige Welt.

Manche meinen, dass ästhetische Eigenschaften niemals Eigenschaften bewusstseinsunabhängiger Gegenstände sind, sondern stets nur Eigenschaften von immanenten Gegenständen, die durch Wahrnehmung entstehen. Es ist aber unplausibel anzunehmen, dass unsere ästhetischen Urteile sich niemals auf transzendente Gegenstände beziehen.

Lektürehinweise

Über ästhetische Prädikate und ästhetische Eigenschaften siehe [104] (der klassische Aufsatz zum Thema), sowie [11] (Kapitel 2.2, „Ästhetische Begriffe"), [74] und [75]. (Letzterer Artikel enthält den oben referierten Versuch der Klassifikation ästhetischer Eigenschaften.)

Über Supervenienz im Allgemeinen siehe [86]. Zur Supervenienz ästhetischer Eigenschaften siehe [60] und [61].

Eine Reihe von wichtigen Aufsätzen zur Diskussion um die Objektivität ästhetischer Werturteile ist in deutscher Übersetzung erschienen in [62]. Für eine sehr gute Darstellung der Diskussion um die Objektivität ästhetischer Werturteile im 18. Jahrhundert siehe [5] (Chapter 2, „The Theory of Beauty").

Nonkognitivistische Auffassungen vertreten Alfred Jules Ayer in [58], Margaret Macdonald in [90] sowie Charles L. Stevernon in [105]. Für eine Kritik des Nonkognitivismus siehe [11] (Kapitel 2.3, „Die Objektivität ästhetischer Urteile"). Eine Irrtumstheorie ethischer Werturteile vertritt John Mackie in [91] (Kapitel 1).

Eine Art Zwischenposition zwischen Objektivismus und Subjektivismus vertritt Carroll in [3] (Chapter 4, „Art and Aesthetic Experience"). Eine Form des Subjektivismus vertritt Eaton in [6] (Chapter 7, „Aesthetic Value"). Zur Dispositionstheorie von Werteigenschaften siehe [65], [88] und [93].

Eine Theorie der immanenten ästhetischen Gegenstände vertritt Christian von Ehrenfels in [71] und [72], sowie Stephan Witasek in [109]. Auch Alexander Piecha in [99] vertritt die Auffassung, dass ästhetische Gegenstände von den Rezipienten konstruiert werden.

Ein sehr gutes (allerdings nicht leicht zu lesendes Buch) zur Philosophie der Wahrnehmung ist [66] (siehe vor allem die Kapitel 1, 5, 8 und 10, unter anderem zum konstruktivistischen Fehlschluss).

Zur Kritik der Annahme besonderer ästhetischer Gegenstände siehe Paul Ziff in [113].

Fragen und Übungen

- Nennen Sie mindestens ein Dutzend Beispiele für ästhetische Prädikate und versuchen Sie, Arten von ästhetischen Eigenschaften zu unterscheiden!
- Was haben ästhetische Prädikate wie „schön“, „hässlich“, „anmutig“ mit nicht-ästhetischen Prädikaten wie „gerecht“, „anständig“, „lasterhaft“ gemeinsam?
- Was versteht man unter „natürlichen“ bzw. „nicht-natürlichen Eigenschaften“?
- Welche Beziehung besteht zwischen nicht-natürlichen (z. B. ästhetischen) und natürlichen Eigenschaften?
- Sind ästhetische Qualitäten reine sinnliche Wahrnehmungsqualitäten? Wenn nicht, woran zeigt sich das?
- Was versteht man unter „ästhetischem Realismus“ bzw. „ästhetischem Anti-Realismus“?
- Was versteht man unter „Supervenienz“? Was bedeutet es, dass eine Eigenschaft durch andere Eigenschaften *fundiert* ist?
- Wie lautet das „Wahrmacherargument“ zugunsten des ästhetischen Realismus? Formulieren Sie selber, ausgehend von einem ästhetischen Werturteil, ein Argument für den ästhetischen Realismus!
- Welche Prämisse des Wahrmacherarguments lehnen ästhetische Anti-Realistinnen normalerweise ab?
- Ästhetische Anti-Realistinnen können die erste Prämisse des Wahrmacherarguments aus zwei verschiedenen Gründen ablehnen. Wie lauten diese Gründe (die zugleich auch zwei verschiedene anti-realistische Thesen sind)?
- Was versteht man unter „ästhetischem Kognitivismus“ bzw. „Nonkognitivismus“? Was drücken wir nach nonkognitivistischer Auffassung mit einem (anscheinenden) Werturteil aus?
- Was kann gegen den Nonkognitivismus eingewendet werden?
- Was versteht man unter „ ästhetischem Subjektivismus“? Was drücken wir nach subjektivistischer Auffassung mit einem (anscheinenden) ästhetischen Werturteil aus?
- Was spricht gegen den Subjektivismus?
- Was verstehen wir unter „ästhetischem Naturalismus“? Was drücken wir nach naturalistischer Auffassung mit einem (anscheinenden) ästhetischen Werturteil aus?
- Warum ist der Naturalismus unplausibel?
- Was besagt die „Irrtumstheorie“ der ästhetischen Urteile?
- Welche Argumente gibt es gegen die Annahme genuiner ästhetischer Werteigenschaften? Wie stark (oder schwach) sind diese Argumente?
- Welche wichtigen menschlichen Erkenntnisvermögen sind nicht hinreichend für das Erkennen ästhetischer Wertqualitäten? Wie zeigt es sich, dass sie nicht hinreichend sind?
- Welche Fähigkeit wird von manchen als Erkenntnismittel für das Erkennen ästhetischer Wertqualitäten angesehen?
- Mit welcher Analogie kann man die Auffassung plausibel machen, dass Gefühle ein Mittel zur Erlangung von Erkenntnis über die bewusstseinsunabhängige Wirklichkeit sein können?
- Diskutieren Sie die Auffassung, dass Sinnesqualitäten objektive Eigenschaften in den Dingen sind!
- Könnten ästhetische Wertqualitäten dispositionelle Eigenschaften sein? Was ist die Hauptschwierigkeit dieser „Dispositionstheorie“? Gibt es so etwas wie „Normalbedingungen“ der ästhetischen Erfahrung?
- Was verstehen wir unter einem „(bewusstseins-)immanenten“ bzw. einem „(bewusstseins-)transzendenten Gegenstand“?
- Was besagt die Theorie der immanenten ästhetischen Gegenstände und was besagt die Theorie der transzendenten ästhetischen Gegenstände? Wodurch unterscheidet sich die erstere Theorie vom ästhetischen Subjektivismus?

- Was spricht für die Theorie der immanenten ästhetischen Gegenstände? Welche Vorzüge hat sie gegenüber konkurrierenden realistischen und anti-realistischen Theorien? Was ist gegen sie einzuwenden?
- Worin besteht der „konstruktivistische Fehlschluss"?

IV. Die Ontologie des Kunstwerks

In diesem Kapitel wird die These verteidigt, dass Kunstwerke abstrakte (das heißt nicht raum-zeitliche, aber auch nicht psychische) Gegenstände sind. Diese These wird zunächst für literarische und musikalische Werke begründet und später auf Werke anderer Gattungen ausgedehnt. Darüber hinaus geht es um die Beziehung jener abstrakten Gegenstände zu konkreten Dingen, wie Aufführungen, Partituren, Buchkopien, und so fort.

1. Was für eine Art von Gegenständen sind Kunstwerke?

In den ersten drei Kapiteln dieses Buchs wurden Grundlagenfragen der Ästhetik diskutiert: Fragen nach der Natur ästhetischer Erlebnisse, ästhetischer Eigenschaften, ästhetischer Werturteile und ästhetischer Gegenstände. Um Kunst ging es nur indirekt, nämlich insofern Kunstwerke Träger ästhetischer Eigenschaften sowie Gegenstände ästhetischer Erlebnisse und ästhetischer Werturteile sein können.

In den nun folgenden beiden Kapiteln geht es um verschiedene Aspekte der Philosophie der Kunst. Wie im ersten Kapitel erwähnt, wird die Ästhetik von manchen überhaupt mit der Philosophie der Kunst identifiziert. Ich habe aber argumentiert, dass die Ästhetik mehr umfasst als die Philosophie der Kunst. Es ist jedoch nicht zu leugnen, dass die Philosophie der Kunst einer der wichtigsten Teilbereiche der philosophischen Ästhetik ist.

Die Zweideutigkeit der Frage „Was ist ein Kunstwerk?"

Die Grundfrage der Philosophie der Kunst lautet „Was ist Kunst?" oder auch „Was ist ein Kunstwerk?". Diese Frage ist jedoch zweideutig. Sie kann einerseits verstanden werden als die Frage, was einen Gegenstand, der Kunst ist, unterscheidet von einem Gegenstand, der nicht Kunst ist. Sie kann aber andererseits auch verstanden werden als die ontologische Frage, was für eine Art von Gegenständen Kunstwerke sind.

In der ersten Interpretation ist die Frage „Was ist ein Kunstwerk?" die altbekannte Frage nach dem Wesen der Kunst. Sie verlangt als Antwort eine Definition des Kunstbegriffs. Das heißt: Es sind Bedingungen dafür anzugeben, dass einem Gegenstand das Prädikat „Kunst" bzw. „Kunstwerk" zukommt. Es handelt sich also um eine im engeren Sinn *kunsttheoretische* Frage. Genauer gesagt handelt es sich um die *grundlegendste* aller kunsttheoretischen Fragen.

Die ontologische Frage

Die kunsttheoretische Frage, was einen Gegenstand zu einem *Kunst*werk macht, ist Thema des *nächsten* (und letzten) Kapitels dieses Buches. In *diesem* Kapitel geht es nicht um den Kunstbegriff. Es geht also nicht darum, ob und wie man den Begriff der Kunst definieren kann. Vielmehr geht es in diesem Kapitel um die *ontologische* Frage, was für eine Art von Gegenständen jene Gegenstände sind, die wir als Kunstwerke bezeichnen. Ich nenne diese Frage „ontologisch", weil sie darauf abzielt zu klären, unter welche *ontologi-*

sche Kategorien Kunstwerke fallen. (Ich werde gleich erklären, was eine „ontologische Kategorie" ist.)

In der Philosophie der Kunst wurde die Frage nach dem Wesen der Kunst zweifellos weit ausführlicher diskutiert als die Frage nach dem ontologischen Status von Kunstwerken. Wenn in diesem Buch dennoch die ontologische Frage vor der Wesensfrage diskutiert wird, dann geschieht dies vor allem aus zwei Gründen: Erstens schließt diese Diskussion an die Diskussion über ästhetische Gegenstände im letzten Abschnitt des vorigen Kapitels an. Zweitens ist die Frage nach dem ontologischen Status von Kunstwerken in systematischer Hinsicht primär gegenüber der Frage nach dem Wesen der Kunst. Bevor wir uns fragen, warum beispielsweise von zwei literarischen Erzeugnissen eines ein Kunstwerk ist und das andere nicht, kann es nicht schaden zu klären, von welcher Art von Gegenständen wir überhaupt sprechen, wenn wir von „Büchern" oder „Texten" oder „literarischen Werken" sprechen. Die Frage „Was für eine Art von Gegenstand ist ein Buch/Text/literarisches Werk?" ist hier zu verstehen als gleichbedeutend mit der Frage „Unter welche ontologische Kategorie (oder Kategorien) fallen Bücher/Texte/literarische Werke?". Dieselbe Frage lässt sich natürlich nicht nur in Bezug auf literarische Werke stellen, sondern auch in Bezug auf Musikwerke, Werke der bildenden Kunst, des Schauspiels, der Architektur, der Aktions- und Konzeptkunst – kurz: in Bezug auf alles, was, zu Recht oder zu Unrecht, beansprucht, ein Kunstwerk zu sein, oder was als Kunstwerk rezipiert wird.

Ontologische Kategorien

Was ist nun eine „ontologische Kategorie"? In der Ontologie geht es, unter anderem, um die Frage, unter welche allgemeinsten Begriffe die Gegenstände, die es gibt, fallen. Man spricht in diesem Zusammenhang auch von „Kategoriensystemen". Ein Kategoriensystem ist ein Schema von sehr allgemeinen Begriffen. Dieses Schema soll so sein, dass jeder Gegenstand einen Platz darin hat. Es gibt verschiedene Kategoriensysteme. Ein ganz einfaches Kategoriensystem ist zum Beispiel das Folgende:

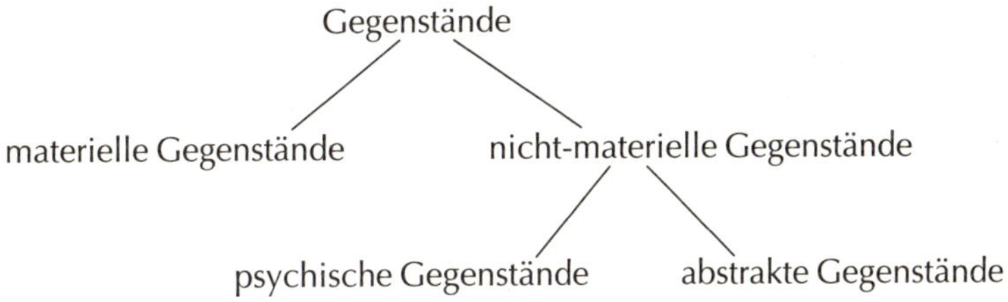

Materielle, psychische und abstrakte Gegenstände

Jeder Gegenstand hat seinen Platz in diesem Kategoriensystem. Mit einer Einschränkung, auf die ich weiter unten zu sprechen komme, können wir sagen: Alles, was es gibt, ist entweder materiell oder nicht-materiell. Alles, was nicht-materiell ist, ist entweder psychisch oder nicht-psychisch. Gegenstände, die weder materiell noch psychisch sind, nenne ich hier „abstrakte Gegenstände". Materielle Gegenstände sind alle gewöhnlichen raum-zeitlichen Dinge, also alles, was man grundsätzlich mit den Sinnen wahrnehmen kann. (Materielle Gegenstände in diesem Sinn müssen also nicht unbedingt eine Festigkeit aufweisen, aus Atomen bestehen etc.; auch ein Regenbogen oder ein Donner wären Beispiele für materielle Gegenstände in diesem weiten Sinn.) Psychische Gegenstände sind alle Vorstellungen, Überzeugungen, Urteile und Emotionen, weiters die psychischen Subjekte, also die „Träger" von Vorstellungen, Überzeugungen etc., sowie die immanenten Gegenstände, also alles, was sich „im Bewusstsein" abspielt bzw. Teil des Bewusstseins ist. Psychische Gegenstände sind nicht den Sinnen zugänglich; wir können sie nicht wahrnehmen im üblichen Sinn des Wortes. Aber sie sind vielfach der Introspektion (auch „innere Wahrnehmung" genannt) zugänglich. Introspektion ist eine Aufmerksamkeitshaltung, die auf das gerichtet ist, was „in uns" vorgeht, also zum Beispiel auf unsere Vorstellungen, Überzeugungen, Wünsche und Gefühle. Abstrakte Gegenstände sind alle Gegenstände, die man nicht sinnlich wahrnehmen kann und die nicht, wie die psychischen Gegenstände, „im Bewusstsein" bzw. Teil des Bewusstseins sind. Abstrakte Gegenstände sind weder der sinnlichen Wahrnehmung noch der Introspektion zugänglich. Abstrakte Gegenstände können ausschließlich durch Verstandestätigkeiten (im weitesten Sinn verstanden) erfasst werden.

Bedeutungen als abstrakte Gegenstände

Ein Beispiel für Gegenstände, die von vielen (freilich nicht von allen) Philosophen als abstrakte Gegenstände gedeutet werden, sind *Bedeutungen*. Bedeutungen kann man (im Unterschied zu den Sprachzeichen, die die „Träger" von Bedeutungen sind) nicht sinnlich wahrnehmen. Es wäre auch unplausibel, die Bedeutung eines Wortes mit einem bestimmten psychischen Vorgang in einem einzelnen Bewusstsein zu identifizieren. Denn psychische Vorgänge sind singuläre Vorkommnisse, und sie sind privat; und es scheint doch, dass die Bedeutung eines Wortes bei vielen Gelegenheiten und von vielen verschiedenen Individuen erfasst werden kann.

Zahlen als abstrakte Gegenstände

Zahlen werden ebenfalls für gewöhnlich zu den abstrakten Gegenständen gerechnet, wobei eine *Zahl* nicht mit dem *Zahlzeichen* zu verwechseln ist. Die Zahl 9 ist nicht dasselbe wie das Zahlzeichen „9". Die Zahl 9 ist durch 3 teilbar. Aber das Zahlzeichen „9" ist nicht durch 3 teilbar. In der Tat ist es geradezu unsinnig, von einem Zahlzeichen zu sagen, dass es durch 3 teilbar ist. Zahlzeichen sind nicht die Art von Gegenständen, die im mathematischen Sinne teilbar sind.

Typus und Vorkommnis

Die Sache wird allerdings noch weiter kompliziert dadurch, dass wir auch beim *Zahlzeichen* eine Unterscheidung treffen müssen, nämlich die Unterscheidung zwischen *Zeichentypus* [englisch: *type*] und *Zeichenvorkommnis* [englisch: *token*]. Ein Zeichentypus ist ein abstrakter Gegenstand, ein Zeichenvorkommnis ist ein materieller Gegenstand. Betrachten wir folgenden Kasten:

9	9	9

Dieser Kasten enthält *drei Vorkommnisse* des Zahlzeichens „9". Aber den *Zeichentypus 9* gibt es nur einmal. Man kann sagen, der Zeichentypus *9* ist *instantiiert* in den Zeichenvorkommnissen. In diesem Kasten ist der Zeichentypus drei Mal instantiiert.

Es wurde gesagt, dass mit einer *Einschränkung* gilt: Alles ist entweder materiell oder nicht materiell; und alles, was nicht materiell ist, ist entweder psychisch oder abstrakt. Die Einschränkung lautet: Die meisten Gegenstände sind *komplexe* Gegenstände, das heißt: man kann an ihnen mehrere *Teile* unterscheiden. Es ist denkbar, dass manche Gegenstände aus Teilen bestehen, die verschiedenen ontologischen Kategorien angehören. Es ist also nicht von vorne herein auszuschließen, dass ein Gegenstand zum Beispiel ein Komplex aus einem materiellen und einem psychischen Gegenstand ist, oder ein Komplex aus einem psychischen und einem abstrakten Gegenstand, und so fort. (Man könnte zum Beispiel auf den Gedanken kommen, dass *Personen* materiell-psychische Komplexe sind.)

Kategorial gemischte Gegenstände

Im Folgenden nenne ich Gegenstände, die Komplexe aus Gegenständen verschiedener Kategorien sind, *„kategorial gemischte"* Gegenstände. Wir können also kategorial gemischte Gegenstände von rein materiellen, rein psychischen und rein abstrakten Gegenständen unterscheiden.

Wir können festhalten, dass die Frage, um die es jetzt gehen soll, lautet: Unter welche ontologische Kategorie (oder Kategorien) fallen Gegenstände wie Romane, Symphonien, Skulpturen, Gemälde, Theaterstücke, Photographien, Bauwerke, Tanzchoreographien, Performances, Gedichte, Opern, Kupferstiche und Filme?

Ich betone noch einmal: Es geht hier *nicht* um die Frage, ob zum Beispiel Romane oder Symphonien im Allgemeinen Kunstwerke sind. Es geht auch *nicht* um die Frage, welche Bedingungen ein bestimmter Roman oder eine bestimmte Symphonie erfüllen muss, um mit Recht als Kunstwerk betrachtet zu werden. Für die Diskussion in diesem Kapitel gehen wir einfach davon aus, dass zumindest manche Romane und manche Symphonien etc. tatsächlich Kunstwerke sind, und wir fragen uns, welcher ontologischen Kategorie sie zuzuordnen sind.

2. Die Abstraktheit literarischer und musikalischer Werke

Materialismus, Dualismus, Platonismus

Die Geschichte der Philosophie ist voll von Diskussionen über die Existenz von Gegenständen bestimmter ontologischer Kategorien. Manche Philosophen sind der Auffassung, dass ausschließlich materielle Gegenstände existieren. Diese Philosophen werden oft „Materialisten" genannt. Andere anerkennen, dass es neben den materiellen Gegenständen auch noch psychische Gegenstände gibt (Empfindungen, Gefühle, Überzeugungen, und so fort), leugnen aber, dass abstrakte Gegenstände existieren. Diese werden oft „Dualisten" genannt. Eine dritte Gruppe von Philosophen schließlich behauptet, dass neben den materiellen und den psychischen Gegenständen auch noch *abstrakte* Gegenstände existieren. Diese Philosophen werden oft „Platonisten" genannt. Mit Platon und seinem Schüler Aristoteles hat der Streit um die Existenz abstrakter Gegenstände begonnen. Dieser Streit war eines der beherrschenden Themen in der Philosophie während des ganzen Mittelalters, zieht sich durch die Neuzeit und dauert bis heute an.

Unsere Frage nach dem ontologischen Status von Kunstwerken kann nun wie folgt präzisiert werden: Wo in diesem einfachen Kategoriensystem ist der Platz der Kunstwerke? Sind Kunstwerke materielle Gegenstände, psychische

Gegenstände oder abstrakte Gegenstände? Oder sind sie vielleicht kategorial gemischte Gegenstände?

In der Malerei und Bildhauerei scheint es klar zu sein, welche Gegenstände wir als Werke zu betrachten haben, nämlich bemalte Leinwände und Papiere bzw. bearbeitete Stein- oder Holzblöcke und Ähnliches. Kurz: Es scheint, dass die Werke der Malerei und Bildhauerei materielle Dinge sind.

Weiter unten werde ich diesen Anschein in Frage stellen. Zunächst aber wollen wir uns mit jenen Kunstgattungen beschäftigen, in denen die Dinge von vorne herein weniger eindeutig liegen. Das gilt insbesondere für zwei Kunstgattungen, nämlich für die Literatur und für die Musik. Wenn hier und im Folgenden ohne nähere Bestimmung von „Literatur" und/oder „Musik" die Rede ist, dann ist das im weitesten Sinn zu verstehen. Das heißt: Eingeschlossen sind, auf dem Gebiet der Literatur, sowohl Lyrik als auch Prosa als auch das Schauspiel (und sowohl fiktionale als auch nicht-fiktionale Literatur); auf dem Gebiet der Musik ist nicht nur reine Instrumentalmusik eingeschlossen, sondern etwa auch Lieder, Opern und Ähnliches.

Wir sprechen auch in diesen Gattungen von *Werken* (Musikwerken und literarischen Werken). Aber es ist gar nicht klar, ob auch diese Werke materielle Gegenstände sind. Im Gegenteil: Es gibt eine ganze Reihe von Argumenten dafür, dass Musikwerke und literarische Werke keine materiellen Gegenstände sind.

Einige alltägliche Annahmen über literarische Werke

Nehmen wir als Beispiel den Roman *Malina* von Ingeborg Bachmann. Ich behaupte, dass man unter anderem Folgendes wahrheitsgemäß von dem Roman *Malina* aussagen kann:

1. Es gibt *genau einen* Roman *Malina*.
2. *Malina* wurde von Ingeborg Bachmann, der Autorin, geschaffen.
3. *Malina* entstand um 1970 und existiert seither als Ganzes, unverändert und ohne Unterbrechung.

Leser als Autoren?

Das sind Behauptungen, deren Wahrheit die meisten kompetenten Personen nicht bestreiten würden. (Kompetent ist in diesem Zusammenhang eine Person, die mit der Geschichte der deutschsprachigen Literatur seit 1945 vertraut ist.) Es soll aber nicht verschwiegen werden, dass manche *Philosophen* unter den kompetenten Personen diese Behauptungen nicht akzeptieren können. Manche Philosophen sind nämlich der Auffassung, dass ein Roman nicht (oder jedenfalls nicht ausschließlich) durch die Autorin geschaffen wird, sondern (ganz oder teilweise) durch die Leser. Nach dieser Auffassung wird die Bedeutung eines Romans erst durch die Leser und ihre Interpretationen konstituiert. Nachdem die Bedeutung aber zweifellos ein wesentliches Element eines literarischen Werks ist, läuft diese Auffassung darauf hinaus, dass die Leser die eigentlichen Schöpfer des Werks sind, nicht die Autorin.

Es muss festgehalten werden, dass diese Auffassung in krassem Widerspruch zum Alltagsverständnis über das Wesen literarischer Werke steht. Die oben formulierten Behauptungen über den Roman *Malina* reflektieren dieses Alltagsverständnis. Nun muss freilich das Alltagsverständnis nicht immer richtig sein. Aber es ist ein gutes methodologisches Prinzip in der Philosophie, das Alltagsverständnis zunächst ernst zu nehmen und erst dann davon abzuweichen, wenn es für diese Abweichung gute Gründe gibt.

Ein Werk interpretieren ist nicht ein Werk kreieren

Es müsste jetzt untersucht werden, ob es in diesem Fall hinreichend gute Gründe für eine radikale Abweichung vom Alltagsverständnis gibt. Leider kann diese Untersuchung im Rahmen dieses Buches nicht durchgeführt werden. Ich muss mich damit begnügen, festzuhalten, dass ich in diesem Fall keine guten Gründe dafür sehe, das Alltagsverständnis aufzugeben. Selbstverständlich können verschiedene Leser ein Werk verschieden interpretieren, je nach ihrer Persönlichkeit, ihrer Bildung, ihren vorgängigen Erfahrungen, ihrem kulturellen Hintergrund; und jedes Werk lässt Raum für verschiedenartige Interpretationen. Das ist unvermeidlich, denn keine Autorin kann alles festlegen. Darüber hinaus können gewisse Interpretationsspielräume von den Autoren durchaus beabsichtigt sein. Daraus folgt aber nicht, dass ein Werk keine Bedeutung unabhängig von einer Interpretation hat. Ich bleibe daher dabei, dass es nur einen Roman *Malina* gibt, dass dieser von Ingeborg Bachmann geschaffen wurde (und nur von ihr) und dass er seit seiner Entstehung als Ganzes, unverändert und ohne Unterbrechung existiert.

Ein Buchexemplar ist nicht der Roman

Kehren wir nach diesem Exkurs zurück zu der Frage, ob *Malina* ein materieller Gegenstand sein kann. Nehmen wir jetzt einmal an, der Roman *Malina* wäre ein materielles Ding, zum Beispiel ein konkretes Buch. In der Tat sprechen wir ja manchmal so. Wenn ich zum Beispiel sage, dass der Roman *Malina* zu Hause in meinem Bücherregal steht, wird mir kaum jemand (aus logischen oder ontologischen Gründen) widersprechen wollen. Dennoch sind die trivialen Wahrheiten, die ich gerade angeführt habe, unverträglich mit der Annahme, dass ein Buch in irgendeinem Regal der Roman *Malina* sein kann. Denn von dem Roman *Malina* existieren Tausende Exemplare. Genauer gesagt: Es gibt Tausende konkrete Bücher dieses Titels. Aber den Roman selbst gibt es nur einmal. Können wir sagen, dass irgendeines dieser Tausenden Bücher mit dem Roman identisch ist und alle übrigen nicht? – Das können wir sicher nicht sagen: Keine dieser Kopien hat mehr Anspruch darauf, mit dem Roman identisch zu sein als alle anderen (zumindest gilt das für alle fehlerlosen Kopien). Also kann kein konkretes Buch mit dem Roman *Malina* identisch sein.

Diese Überlegungen könnten uns zu der Annahme bringen, dass nicht irgendein Buchexemplar, sondern das *Originalmanuskript* mit dem Roman identisch ist. Das Originalmanuskript ist auch ein materieller Gegenstand, aber einer, den es nur einmal gibt. Es ist jenes Manuskript, das Ingeborg Bachmann, wie ich annehme, eigenhändig auf einer Schreibmaschine getippt hat.

Das Originalmanuskript ist nicht der Roman

Aber auch diese These hält einer genaueren Betrachtung nicht stand. Ich weiß nicht, was mit dem Originalmanuskript von *Malina* geschehen ist. Mag sein, dass es noch existiert, mag sein, dass es nicht mehr existiert. Eines ist aber gewiss: Der Roman *Malina* existiert noch. Die Existenz des Romans ist also nicht abhängig von der Existenz des Originalmanuskripts. Daraus folgt, sehr trivial: Der Roman kann nicht mit dem Originalmanuskript identisch sein. Andernfalls müsste der Roman in dem Moment zu existieren aufhören, in dem das Originalmanuskript zu existieren aufhört.

Was für maschinenbeschriebene Papierblätter gilt, gilt natürlich analog für Computerdisketten, Mikrofilme, Tonbänder, Computerfestplatten, und so weiter. Das alles kann zu existieren aufhören, und der Roman kann dennoch weiterexistieren.

Ein Roman kann ohne materielle Manifestation existieren

Es kann sogar *jede* materielle Manifestation verschwinden, und wir können unter Umständen immer noch sagen, dass der Roman weiterhin existiert. Unter einer „materiellen Manifestation" eines Werks will ich hier und im Folgenden jeden materiellen Gegenstand verstehen, der grundsätzlich jedem Subjekt erlaubt, das Werk zu erfassen, oder, mit anderen Worten, der das Werk allgemein zugänglich macht. Denken Sie an den Roman *Fahrenheit 451*: Dieser Roman spielt in einer totalitären Gesellschaft, in der alle Bücher verbrannt werden. Es bildet sich jedoch eine Gruppe von Dissidenten, deren Ziel die Rettung literarischer Werke ist. Jedes ihrer Mitglieder lernt ein Werk auswendig, das hinfort mündlich überliefert werden soll. In dieser fiktiven Gesellschaft „überleben" literarische Werke gänzlich ohne materielle Manifestationen.

Man muss aber nicht in eine fiktive Zukunft schauen, um Beispiele dafür zu finden, dass literarische Werke ohne materielle Manifestationen existieren können. Ein Blick in die Vergangenheit erfüllt denselben Zweck. Literatur gab es in der westlichen Welt lange vor der Entstehung der Schriftkultur. Jahrhundertelang sind Sagen und Epen nur mündlich überliefert worden. Sicher, eine konkrete Rezitation eines Epos ist ein materieller Gegenstand. Aber wir können davon ausgehen, dass kein Epos ununterbrochen von irgendjemandem rezitiert wurde. Die Sagen und Epen existierten aber auch in den Pausen zwischen den konkreten Rezitationen.

Manche Leute würden an dieser Stelle einwenden, dass in den genannten Fällen sehr wohl materielle Manifestationen der betreffenden Werke existieren, nämlich die *Gehirne* jener Personen, die die betreffenden Werke auswendig gelernt haben. Ob ein Gehirn tatsächlich eine materielle Manifestation eines literarischen Werks sein kann, hängt von empirischen Fragen ab, die Gegenstand der Gehirnforschung sind. Es ist zweifellos richtig, dass ein Werk irgendwelche Spuren im Gehirn einer Person hinterlässt, die das Werk auswendig gelernt hat, und zwar in dem Sinn, dass die neuronalen Verbindungen im Gehirn nicht genau dieselben wären, wenn die Person, zu der das Gehirn gehört, das Werk nicht auswendig gelernt hätte. Das allein macht das Gehirn aber noch nicht zu einer materiellen Manifestation des Werks im oben explizierten Sinn. Ich habe gesagt, dass ich unter einer materiellen Werkmanifestation jeden materiellen Gegenstand verstehe, der es grundsätzlich jeder Person erlaubt, das Werk zu erfassen. Wenn das Gehirn in diesem Sinn eine materielle Manifestation eines Werks wäre, dann müsste es grundsätzlich möglich sein, im Gehirn eine wohl definierte neuronale Struktur ausfindig zu machen, die eine Repräsentation des Werks ist – etwa wie die Struktur auf einer CD eine Repräsentation eines Werks sein kann. Ob das möglich ist, ist (meines Wissens) bisher nicht erwiesen und sehr zweifelhaft.

Dass unser Erinnerungsvermögen von unserem Gehirn abhängt, steht außer Streit. Das impliziert aber nicht, dass das Gehirn wie ein Datenträger funktioniert. Es müsste geklärt werden, ob Gedächtnisinhalte in neuronalen Strukturen gespeichert sind wie Daten auf einer Computerfestplatte. Wenn es so wäre, dann könnte tatsächlich ein Gehirn eine materielle Manifestation eines Werks sein. Klar ist aber, dass in keinem Fall ein Werk mit einer solchen Manifestation identisch ist. Denn die Existenz einer solchen Manifestation ist vielleicht eine hinreichende, aber keinesfalls eine notwendige Bedingung für die Existenz eines Werks. Aus den angeführten Gründen ist es sehr unplausibel anzunehmen, dass literarische Werke materielle Dinge oder Ereignisse sind.

Sind literarische Werke psychische Gegenstände?

Betrachten wir nun die zweite Möglichkeit: Sind literarische Werke psychische Gegenstände? Diese Auffassung können wir die „mentalistische" nennen – im Gegensatz zur materialistischen, die gerade als unplausibel zurückgewiesen wurde. Eine mentalistische Ontologie der Kunst ist eng verwandt mit der Theorie der bewusstseinsimmanenten ästhetischen Gegenstände, die im vorigen Kapitel diskutiert wurde. Zwar ist es nicht so, dass aus einer mentalistischen Ontologie die Theorie der immanenten ästhetischen Gegenstände logisch folgt (oder umgekehrt), aber für eine Vertreterin einer mentalistischen Ontologie ist doch eine immanente Theorie der ästhetischen Gegenstände sehr nahe liegend, und umgekehrt.

Ist der Roman ein Leseerlebnis?

Wenn literarische Werke psychische Gegenstände sind, dann sind sie wohl entweder etwas im Bewusstsein der Autorinnen, oder sie sind etwas im Bewusstsein der Leser. Man könnte annehmen, dass ein literarisches Werk erst während des Lesens im Bewusstsein der Leser entsteht. Das geht aber nicht zusammen mit den Annahmen, die oben in Bezug auf *Malina* formuliert wurden. Es wurde gesagt, dass es nur einen Roman *Malina* gibt. Der Roman *Malina* ist von vielen Tausenden Menschen gelesen worden. Wenn also der Roman erst im Laufe des Lesens im Bewusstsein der Leser entstehen würde, dann würde es nicht *einen* Roman *Malina* geben, sondern Tausende.

Es wurde außerdem gesagt, dass *Malina* von Ingeborg Bachmann geschaffen wurde. Wenn der Roman aber erst im Kopf der Leser entstehen würde, dann wären die Leser die eigentlichen Schöpfer – nicht die Autorin.

Drittens wurde gesagt, dass der Roman *Malina* um 1970 entstanden ist und dass er seither als Ganzes, unverändert und ohne Unterbrechung existiert. Wenn der Roman erst im Bewusstsein der Leser entstehen würde, dann gäbe es zweifellos sehr viele *Malinas*, die lange nach 1970 entstanden sind, weil *Malina* auch in späteren Jahrzehnten noch gelesen wurde. Darüber hinaus wäre es, im Rahmen dieser Sichtweise, gut möglich, dass *Malina* zwischendurch nicht existierte, und zwar deshalb, weil es wahrscheinlich Zeiten gab, in denen gerade nirgendwo auf der Welt irgendjemand *Malina* gelesen hat. Drittens müssten wir dann die Konsequenz akzeptieren, dass *Malina* in keinem einzigen Augenblick als Ganzes existiert hat und auch niemals als Ganzes existieren wird. Das liegt daran, dass das Lesen eines Romans ein Vorgang ist, und Vorgänge haben es an sich, dass sie in keinem Moment ihrer Existenz als Ganzes existieren. Vorgänge zerfallen in *zeitliche Teile.* Man kann immer nur *ein* Kapitel eines Romans lesen, niemals alle zugleich. Meistens sind selbst die Kapitel zu lang, als dass wir sie auf einmal, in einem Moment, lesen könnten. Die meisten Menschen können bestenfalls einige Zeilen auf einmal erfassen. Das bedeutet: Wenn der Roman *Malina* identisch wäre mit Vorgängen im Bewusstsein der Leser, dann würden von *Malina* immer nur kleine Bruchstücke existieren, niemals *Malina* als Ganzes.

Ist der Roman etwas im Bewusstsein der Autorin?

Betrachten wir jetzt die alternative Hypothese, dass der Roman *Malina* etwas im Bewusstsein der Autorin Ingeborg Bachmann gewesen ist. (Da Ingeborg Bachmann bereits verstorben ist, steht außer Frage, dass wir hier in der

Vergangenheitsform sprechen müssen.) Im Rahmen dieser Hypothese bietet es sich an anzunehmen, dass *Malina* aus den Bewusstseinszuständen bzw. -vorgängen besteht, die die Autorin während des Schreibens hatte. Diese Hypothese wird immerhin der Annahme gerecht, dass *Malina* genau *ein* Gegenstand ist und nicht viele, denn die Bewusstseinsvorgänge im Bewusstsein der Autorin während des Schreibens von *Malina* sind einzigartig und unwiederholbar.

Allerdings entsteht hier wieder das Problem, dass Vorgänge in keinem Moment ihrer Existenz als Ganzes existieren. Wir müssten also sagen, dass der Roman *Malina* in keinem Augenblick als Ganzes existiert hat. Noch misslicher ist aber die Konsequenz, dass wir sagen müssten, dass der Roman im Moment seiner Fertigstellung endgültig zu existieren aufgehört hat. Denn im Moment der Fertigstellung des Romans ist die Serie der relevanten Bewusstseinsvorgänge im Bewusstsein der Autorin zu Ende. Die Hypothese, dass literarische Werke etwas im Bewusstsein der Autorinnen sind, ist also nicht besser als die Hypothese, dass literarische Werke etwas im Bewusstsein der Leser sind. Aus den angeführten Gründen ist es unplausibel anzunehmen, dass literarische Werke psychische Gegenstände sind.

Ist ein Roman ein kategorial gemischter materiell-psychischer Gegenstand?

Ist *Malina* vielleicht ein kategorial gemischter Gegenstand, zusammengesetzt aus materiellen und psychischen Bestandteilen? Nehmen wir an, es wäre so. Wir können beispielsweise annehmen, dass die materiellen Bestandteile von *Malina* einerseits das Originalmanuskript und andererseits die Buchexemplare sind und dass die psychischen Bestandteile von *Malina* einerseits gewisse Vorgänge im Bewusstsein der Autorin und andererseits gewisse Vorgänge im Bewusstsein der Leser sind.

Aber auch diese Hypothese wird unserem gewöhnlichen Verständnis davon, was ein Roman ist, nicht gerecht. Insbesondere widerspricht sie der Annahme, dass *Malina* um 1970 entstand und seither *unverändert* existiert. Denn ein Komplex, der sämtliche Kopien von *Malina* und sämtliche einschlägigen Leseerlebnisse enthält, wäre ein Gegenstand, der in ständiger Entwicklung und Veränderung begriffen ist. Dieser Gegenstand würde sich mit dem Vergehen und Entstehen jeder Kopie und dem Entstehen und Vergehen jedes Leseerlebnisses verändern. Wann immer jemand das Buch (neuerlich oder zum ersten Mal) liest, wäre dieser komplexe Gegenstand nicht mehr genau der, der er vorher war. Diese Art der Veränderung können wir zum Beispiel vergleichen mit der Veränderung einer Stadt. Wir können eine Stadt als einen Komplex von Gebäuden, Einwohnern und gewissen Institutionen (zum Beispiel städtischen Verkehrsbetrieben, Schulen, Sportvereinen, und so fort) auffassen. Wenn ein Gebäude abgerissen oder ein neues errichtet, Buslinien eingestellt oder neu geschaffen werden oder Menschen in die Stadt ziehen, die vorher nicht dort ansässig waren, dann können wir nicht sagen, dass die Stadt unverändert weiterexistiert. Analog wäre es, wenn ein Roman ein Komplex aus Büchern und Leseerlebnissen wäre. Aber was dem gewöhnlichen Verständnis davon, was eine Stadt ist, gut entspricht (nämlich dass Städte sich entwickeln und verändern), das entspricht nicht dem gewöhnlichen Verständnis davon, was ein Roman ist. Daher können Romane keine materiell-psychischen kategorial gemischten Gegenstände sein.

Die Abstraktheitsthese

Wenn literarische Werke weder materielle noch psychische Gegenstände sind (und auch kein Komplex aus solchen), dann bleibt nur noch eine Kategorie in unserem System übrig: Sie müssen abstrakte Gegenstände sein (oder zumindest abstrakte Bestandteile enthalten). Das heißt, literarische Werke sind keine raum-zeitlichen Gegenstände; und sie sind nicht etwas in einem Bewusstsein bzw. Teil eines Bewusstseins. Das geht zusammen mit den Annahmen, die in Bezug auf *Malina* formuliert wurden: Es gibt nur einen abstrakten Gegenstand, der das Werk *Malina* ist, und dieser Gegenstand wurde von Ingeborg Bachmann geschaffen, und zwar in den Jahren vor 1971, und seither existiert dieser Gegenstand als Ganzes und ohne Unterbrechung.

Wir wenden uns jetzt den musikalischen Werken zu: Nehmen wir für einen Augenblick an, dass Musikwerke materielle Gegenstände sind. Es stellt sich dann die Frage: Welche Gegenstände unserer materiellen Welt könnten wir mit einiger Plausibilität mit Musikwerken identifizieren? Folgende Kandidaten bieten sich an:

1. Partituren (in Form von beschriebenem Papier oder in Form eines Mikrofiche etc.),
2. Aufführungen,
3. Tonträger aller Art, also CDs, DVDs, Tonbänder, Schallplatten, und so fort,
4. „Abspielungen" von Tonträgern.

Sind Musikwerke mit Partituren identisch?

Gegen die Annahme, dass Musikwerke mit Partituren identisch sind, drängt sich sofort der Einwand auf, dass es viele Musikwerke ohne Partituren gegeben hat und immer noch gibt. Einerseits haben sich Notationssysteme für Musik historisch erst spät entwickelt. Vorher wurden Musikstücke immer ohne Notationen überliefert. Die Volksmusik aller Kulturen wurde und wird normalerweise gar nicht oder erst im Nachhinein notiert. Aber auch zeitgenössische Musik wird nicht immer notiert. Kurz: Die Existenz einer Partitur ist keine notwendige Bedingung für die Existenz eines Musikwerks, und daher können Musikwerke nicht mit Partituren identisch sein.

Sind Musikwerke mit Aufführungen identisch?

Gegen die Annahme, dass Musikwerke mit Aufführungen identisch sind, gibt es mehrere Einwände: Erstens gibt es Musikwerke, die niemals aufgeführt wurden. Zweitens: Selbst die Musikwerke, die aufgeführt wurden und werden, werden nicht ununterbrochen aufgeführt. Wenn diese Musikwerke mit ihren Aufführungen identisch wären, dann würden sie also zwischendurch immer zu existieren aufhören; und das ist eine unplausible Konsequenz. Drittens: Von manchen Musikwerken gibt es sehr viele Aufführungen. Zum Beispiel gibt es sehr viele Aufführungen von Beethovens Klaviersonate Nr. 27, Opus 90. Aber es gibt nur eine Klaviersonate Nr. 27, Opus 90 von Beethoven. Viertens: Aufführungen sind Ereignisse. Das führt uns zurück zu einem Problem, das wir schon mit den literarischen Werken hatten, und zwar in Zusammenhang mit der Hypothese, dass literarische Werke mit Vorgängen im Bewusstsein von Leserinnen identisch sind. Eine Aufführung existiert in keinem Moment als Ganzes. Aber wir würden doch sagen wollen, dass Beethovens Klaviersonate Nr. 27 in jedem Moment ihrer Existenz als Ganzes existiert.

Sind Musikwerke mit Tonträgern identisch?

Gegen die Annahme, dass Musikwerke mit Tonträgern identisch sind, sprechen unter anderem die folgenden beiden Überlegungen: Erstens ist die Existenz von Tonträgern keine notwendige Bedingung für die Existenz eines Musikwerks. Zweitens gibt es sehr viele Aufnahmen und noch mehr Kopien dieser Aufnahmen von Beethovens Klaviersonate Nr. 27, aber es gibt nur eine Klaviersonate Nr. 27 von Beethoven.

Die Argumente gegen die Annahme, dass Musikwerke identisch mit Abspielungen von Tonträgern sind, liegen auf der Hand. Es handelt sich um Einwände, die schon in Zusammenhang mit den anderen Hypothesen vorgebracht wurden. Wenn die Existenz von Musikwerken nicht von der Existenz von Tonträgern abhängt, dann natürlich erst recht nicht davon, dass diese Tonträger abgespielt werden. Abspielungen von Aufnahmen von Beethovens Klaviersonate Nr. 27 gibt es viele, Klaviersonate Nr. 27 gibt es aber nur eine. Und so weiter.

Sind Musikwerke psychische Gegenstände?

Es ist also sehr unplausibel anzunehmen, dass Musikwerke materielle Gegenstände sind. Es ist aber ebenfalls unplausibel anzunehmen, dass Musikwerke psychische Gegenstände sind. Wenn Musikwerke psychische Gegenstände wären, dann wären sie wohl etwas im Bewusstsein entweder der Komponisten oder etwas im Bewusstsein der Hörerinnen. Aber mit dieser Hypothese haben wir genau dieselben Schwierigkeiten wie mit der Hypothese, dass literarische Werke entweder etwas im Bewusstsein der Autorinnen oder etwas im Bewusstsein der Leser sind: Wenn Beethovens Klaviersonate Nr. 27 etwas im Bewusstsein Beethovens gewesen wäre, dann wäre dieses Werk schon lange vergangen; aber es existiert noch, also kann die Sonate Nr. 27 nicht etwas im Bewusstsein Beethovens sein. Wenn dieses Werk etwas im Bewusstsein beliebiger Hörerinnen wäre, dann gäbe es nicht eine Sonate Nr. 27 von Beethoven, sondern viele. Aber es gibt nur eine. Wenn das Werk ein Konglomerat aus den Erlebnissen aller Hörerinnen wäre, dann wäre es ein in stetiger Veränderung begriffener Gegenstand. Aber Beethovens Sonate Nr. 27 existiert seit ihrer Fertigstellung unverändert. Außerdem ist die Existenz von Beethovens Sonate Nr. 27 nicht abhängig von der Existenz von Hörerlebnissen. Auch wenn gerade niemand auf der Welt dieses Werk hört, existiert das Werk doch weiter. Daher kann Beethovens Sonate Nr. 27 nicht identisch mit den Erlebnissen von Hörerinnen sein. Aus den angeführten Gründen ist es unplausibel anzunehmen, dass Musikwerke psychische Gegenstände sind.

Der Vollständigkeit halber will ich auch noch darauf hinweisen, dass man grundsätzlich Musikwerke als kategorial gemischte materiell-psychische Gegenstände auffassen könnte. Doch diese Hypothese ist genauso unplausibel wie die bereits diskutierte Hypothese, dass literarische Werke kategorial gemischte materiell-psychische Gegenstände sind. Die Einwände sind hier völlig analog den Einwänden, die in Zusammenhang mit literarischen Werken formuliert wurden. Daher können wir darauf verzichten, sie noch einmal auszuführen.

Wenn Musikwerke weder materielle noch psychische noch materiell-psychische Gegenstände sind, dann bleibt nur übrig, dass sie abstrakte Gegenstände sind (oder wenigstens abstrakte Bestandteile enthalten).

Das Resultat der angestellten Überlegungen ist also Folgendes: Die plausibelste Antwort auf die Frage „Was für eine Art von Gegenständen sind musikalische und literarische Werke?“ lautet, dass musikalische und literarische

Werke abstrakte Gegenstände sind, oder zumindest kategorial gemischte Gegenstände mit einem abstrakten Bestandteil.

Materielle und psychische Werk-Manifestationen

Wir wollen für den Augenblick die Möglichkeit, dass literarische und musikalische Werke kategorial gemischte Gegenstände sind, außer Acht lassen. Wir werden auf diese Möglichkeit weiter unten noch einmal zu sprechen kommen. Für den Augenblick wollen wir davon ausgehen, dass musikalische und literarische Werke rein abstrakte Gegenstände sind. Freilich sind diese abstrakten Gegenstände in verschiedenen materiellen und psychischen Gegenständen manifestiert. Bücher, Manuskripte und Lesungen sind materielle Manifestationen von literarischen Werken. Aufführungen, CDs und Partituren sind materielle Manifestationen von musikalischen Werken. Die Erlebnisse der Rezipientinnen beim Lesen oder Hören sind psychische Manifestationen von literarischen und musikalischen Werken.

Die Rede von „Manifestationen abstrakter Gegenstände" ist nicht sehr exakt. Wir subsumieren damit sehr verschiedene Dinge unter ein und denselben Oberbegriff. Denn zweifellos macht es einen Unterschied, ob zum Beispiel ein Musikwerk in einer Partitur oder in einer Aufführung oder in einem Hörerlebnis „manifestiert" ist. Von diesen Unterschieden wird weiter unten noch ausführlicher die Rede sein. Vorläufig wollen wir uns aber mit dem Begriff der Manifestation behelfen. Eine materielle Manifestation kann einen abstrakten Gegenstand jedem Subjekt zugänglich machen, der die materielle Manifestation sinnlich wahrnimmt und richtig zu deuten versteht. Eine psychische Manifestation ist ein Erlebnis und kann einen abstrakten Gegenstand nur jenem Subjekt zugänglich machen, welches das betreffende Erlebnis selbst hat. Entscheidend ist aber, dass die Werke selbst nicht zu verwechseln sind mit ihren materiellen und psychischen Manifestationen.

3. Realisierungen, Notationen und Produktionsartefakte

Mit der Feststellung, dass musikalische und literarische Werke abstrakte Gegenstände sind, ist deren ontologischer Status aber noch lange nicht restlos geklärt. Denn abstrakte Gegenstände können von verschiedener Art sein. Manche abstrakten Gegenstände können in konkreten (materiellen oder psychischen) Gegenständen *instantiiert* sein. *Typen* sind abstrakte Gegenstände dieser Art. Wir haben bereits ein Beispiel für einen Typus kennen gelernt: den Zahlzeichentypus 9, der in konkreten materiellen Vorkommnissen aus Druckerschwärze, Tinte oder Kreide instantiiert sein kann. Abstrakte Gegenstände, die in konkreten materiellen oder psychischen Gegenständen instantiiert sein können, werden *Universalien* genannt.

Nicht alle Universalien, von denen in der philosophischen Tradition die Rede ist, sind Typen. Wir wollen uns aber hier ausschließlich mit jener Art von Universalien befassen, die ich „Typen" nenne. Der Einfachheit halber wollen wir so tun, als gäbe es nur eine Art von Universalien, nämlich Typen.

Literarische und musikalische Werke als Typen

Nicht alle abstrakten Gegenstände sind Universalien. *Zahlen* zum Beispiel sind keine Universalien. Denn Zahlen sind (im Gegensatz zu Zahlzeichen) nicht in irgendwelchen konkreten Gegenständen instantiiert. Jedenfalls dürfte das die Mehrheitsauffassung unter denjenigen sein, die annehmen, dass

Zahlen abstrakte Gegenstände sind. Ich plädiere hier für folgende Auffassung: *Literarische und musikalische Werke sind Universalien, also Typen, die in konkreten Gegenständen instantiiert sein können, jedoch in ihrer Existenz nicht von ihren Vorkommnissen abhängig sind.*

In welchen konkreten Gegenständen können musikalische und literarische Werke instantiiert sein? Um diese Frage beantworten zu können, müssen wir die Natur der Instantiierungs-Beziehung näher untersuchen. Als Instantiierungen musikalischer und literarischer Werke bieten sich viele verschiedene Gegenstände an. Es bieten sich alle jene Gegenstände an, die wir zuvor als Kandidaten für die Rolle der Werke selbst diskutiert haben, also: (für Musikwerke) Aufführungen, Partituren, Tonträger, Abspielungen von Tonträgern, Hörerlebnisse, Erlebnisse beim Lesen der Partitur, Erlebnisse der Komponistinnen beim Komponieren bzw. (für literarische Werke) Bücher und Manuskripte, Rezitationen und Lesungen, Leseerlebnisse, Erlebnisse der Autoren beim Schreiben. Das alles sind konkrete Gegenstände, die in einer besonderen Beziehung zu den Werken stehen. Diese Beziehung ist derart, dass wir die Werke selbst durch die konkreten Gegenstände erfassen können. Weiter oben wurden alle diese Gegenstände „Manifestationen" genannt. Die Frage ist nun: Sind alle Manifestationen eines Werks zugleich auch Instantiierungen desselben? Oder gibt es relevante Unterschiede zwischen den Beziehungen verschiedener Werkmanifestationen zu den Werken selber? Wenn es solche relevanten Unterschiede gibt, dann könnte es geboten sein, verschiedene Arten von Manifestationen zu unterscheiden und nur eine von diesen als „Instantiierungen" zu bezeichnen.

Aufführungen und Partituren

Wenn wir die verschiedenen Arten von Werkmanifestationen und ihre Beziehungen zu den Werken näher untersuchen, können wir in der Tat relevante Unterschiede feststellen. Vergleichen wir zum Beispiel *Aufführungen* und *Partituren* von Musikwerken. Sowohl Aufführungen als auch Partituren sind (in einem einigermaßen weiten Sinn) materielle Gegenstände. Beide sind nicht zuletzt durch sinnlich wahrnehmbare Eigenschaften charakterisiert. In ihren Beziehungen zum Werk gibt es aber einen wesentlichen Unterschied: *Die sinnlich wahrnehmbaren Eigenschaften einer bestimmten Aufführung A sind wesentlich dafür, dass A eine Instantiierung eines bestimmten Werks ist.* Das heißt: Es können nicht Aufführungen mit beliebigen sinnlich wahrnehmbaren Eigenschaften Instantiierungen eines bestimmten Werks sein. Wir können dabei durchaus zugestehen, dass es qualitativ verschiedene Aufführungen ein und desselben Werks geben kann. Der entscheidende Punkt ist aber: Die sinnlich wahrnehmbaren Eigenschaften der Aufführung sind *nicht beliebig*. Nehmen wir der Einfachheit halber ein Musikstück W an, das ausschließlich aus Viertel- und Achtelnoten besteht. Nehmen wir weiter an, jemand würde alle Viertelnoten dieses Stücks als Achtelnoten spielen, und umgekehrt. Die so entstehende Aufführung wäre mit großer Wahrscheinlichkeit keine Realisierung von W.

Notationssysteme

Die sinnlich wahrnehmbaren Eigenschaften von Partituren sind freilich auch nicht in jedem Sinn beliebig. Sie sind abhängig von einem *Notationssystem*, und in *diesem* Sinn nicht beliebig. Ein Notationssystem ist eine Art Schriftsprache. Das Notationssystem der Musik besteht aus einer Menge von

Zeichen (Notenzeichen, Taktstrichen, Notenschlüsseln, und so fort) und Regeln zur Verwendung dieser Zeichen. Zu diesen Regeln gehört, dass eine volle Ellipse mit einem Stiel für eine Viertelnote steht und eine volle Ellipse mit einem Stiel und einem „Fähnchen" für eine Achtelnote. So lange wir uns in einem gegebenen Notationssystem bewegen, können wir die sinnlichen Eigenschaften einer Partitur eines Werks W nicht beliebig ändern, ohne zu riskieren, dass das Resultat der Änderungen keine Partitur von W mehr sein wird.

Wenn wir zum Beispiel in einer Kopie der Partitur P eines Werks W jede Viertelnote durch eine Achtelnote ersetzen, und umgekehrt, ohne das Notationssystem zu verändern, dann ist die neue Partitur P′ zweifellos keine Partitur von W mehr. Entscheidend ist hier aber der Zusatz „ohne das Notationssystem zu verändern". Denn die Regeln eines Notationssystems beruhen auf einer bloßen Festsetzung und könnten grundsätzlich jederzeit geändert werden. Sie könnten auch in der Weise geändert werden, dass Ellipsen mit Stiel und Fähnchen künftig für Viertelnoten stehen und Ellipsen mit Stiel ohne Fähnchen für Achtelnoten. Die Zweckmäßigkeit einer solchen Änderung steht hier nicht zur Debatte; es kommt nur darauf an, dass sie möglich wäre. Wir hätten dann ein neues Notationssystem; und dann wäre P′ plötzlich eine Partitur von W. In diesem Sinn sind die sinnlichen Eigenschaften einer Partitur P nicht wesentlich dafür, dass P eine Partitur eines bestimmten Werks W ist. In diesem Sinn sind die sinnlichen Eigenschaften von Partituren beliebig.

Notationen und Realisierungen

Bei den Aufführungen gibt es keine analoge Beliebigkeit. Es gibt keine Entsprechung zu den konventionellen Festlegungen eines Notationssystems. Aus diesem Grund ist es sinnvoll, zwei Arten von Manifestationen zu unterscheiden, nämlich *Notationen* einerseits und *Instantiierungen* andererseits. Ich führe jetzt einen neuen Terminus ein: Ich nenne die Instantiierungen von Werken *Realisierungen*. Das ist eine Anlehnung an den gewöhnlichen Sprachgebrauch; denn auch außerhalb der Philosophie spricht man zuweilen von „Werkrealisierungen" bzw. „nicht realisierten Werken".

Eine (korrekte) Aufführung eines Musikwerks W ist eine Realisierung von W – oder zumindest eine *teilweise* Realisierung von W. Der Sinn der zuletzt gemachten Einschränkung wird weiter unten noch näher erläutert werden. Für den Augenblick soll es genügen festzuhalten, dass es vorschnell wäre anzunehmen, ein Musikwerk könne *allein* durch eine Aufführung (vollständig) realisiert werden. Es könnte sein, dass noch etwas anderes hinzukommen muss, damit ein Werk vollständig realisiert ist. Dazu aber, wie gesagt, später mehr. Eine Partitur eines Werks W ist aber jedenfalls keine Realisierung von W, nicht einmal eine teilweise Realisierung, sondern eine Notation.

Notationen gibt es freilich nicht nur in der Musik. Das Manuskript eines Schauspiels, das Drehbuch für einen Film, der Plan für ein Bauwerk, die Skizze für eine Skulptur oder eine Installation sind ebenfalls Notationen.

Funktionen von Notationen

Notationen haben mehrere Funktionen. Sie dienen einerseits als Anleitungen für die Herstellung von Realisierungen, andererseits als Mittel zum „Festhalten" von Werken, deren Realisierungen flüchtig sind. Letzteres erklärt, warum Notationen in der Musik eine sehr viel wichtigere Rolle spielen als zum Beispiel in der Malerei. Bevor technische Möglichkeiten zum Speichern von Tönen entwickelt wurden, war Aufschreiben die einzige Möglichkeit für die Komponisten, ihre Werke für die Nachwelt einigermaßen verlässlich festzuhalten. Ein ohne schriftliche Fixierung tradiertes Werk kann erstens leicht in Vergessenheit geraten, und zweitens besteht ein großes Risiko, dass das Werk im Laufe der Tradierung verändert wird. Dasselbe gilt für die Literatur. Bildende Künstlerinnen haben dieses Problem im Allgemeinen nicht. Die Realisierungen ihrer Werke, Gemälde und Skulpturen, können, unter günstigen Umständen jedenfalls, Jahrhunderte mühelos überdauern.

Ein anderes Motiv für die Verwendung von Notationen ist die Tatsache, dass manche Werke nur durch Zusammenarbeit vieler Personen realisiert werden können. Man denke etwa an symphonische Musik, Opern, Bauwerke und Filme. Nur in seltenen Ausnahmefällen entstehen solche Werke durch ein spontanes und demokratisches Zusammenwirken aller Beteiligten. Im Standardfall funktioniert die Realisierung solcher Werke hierarchisch und extrem arbeitsteilig. Auf der einen Seite gibt es Autorinnen (Komponistinnen, Architektinnen ...), auf der anderen Seite Mitarbeiter mit verschiedenen Aufgaben, die die Konzeptionen der Autorinnen umsetzen sollen. Je komplexer das Werk ist, desto schwieriger wird es, dafür zu sorgen, dass jeder einzelne Beteiligte weiß, was er zu tun hat. Notationen erleichtern das wesentlich.

Auch in dieser Hinsicht haben es bildende Künstler im Allgemeinen leichter, weil sie im Standardfall ihre Werke selber und alleine realisieren, was ebenfalls ihren geringeren Bedarf für die Verwendung von Notationen erklärt.

Wir können also vorläufig festhalten, dass es (jedenfalls auf dem Gebiet der Musik) mindestens dreierlei zu unterscheiden gibt: 1. die Werke selber (Symphonien, Streichquartette, Songs ...); 2. Realisierungen der Werke (Aufführungen); 3. Notationen der Werke (Partituren).

Sind Tonträger Realisierungen musikalischer Werke?

Kehren wir zurück zu der oben formulierten Frage: In welchen Gegenständen sind musikalische und literarische Werke instantiiert? Für die musikalischen Werke wurde die Frage bereits teilweise beantwortet: Aufführungen eines Werks sind Realisierungen desselben, Partituren (genauer: Partiturkopien) hingegen nicht. Zu klären ist aber noch, welchen Status Abspielungen von Tonträgern sowie die Tonträger selbst haben. Ist eine CD-Aufnahme von Beethovens Sonate Nr. 27 eine Realisierung des Werks?

Um diese Frage beantworten zu können, müssen wir den Begriff der Realisierung noch etwas klarer machen. Bisher wurde zweierlei festgestellt: 1. Realisierungen sind Manifestationen von Werken; 2. Realisierungen sind zu unterscheiden von Notationen. Nun ist es klar, dass eine CD keine Notation ist. Zwar könnten wir, wenn wir die Oberfläche einer CD stark genug vergrößern, ein bestimmtes Muster erkennen. Aber, und das ist hier der entscheidende Punkt, dieses Muster besteht *nicht* aus Zeichen einer Sprache (eines Notationssystems). Das Muster auf einer CD sieht so aus, wie es aussieht, aufgrund bestimmter technischer Gegebenheiten – nicht aufgrund der Regeln eines Zeichensystems.

Eine CD ist also eine Manifestation, die keine Notation ist. Ist jede Werk-Manifestation, die keine Notation ist, eine Realisierung des Werks? Ich meine, dass wir innerhalb der Klasse jener Manifestationen, die keine Notationen sind, noch eine weitere Unterscheidung treffen sollten, weil es innerhalb dieser Klasse noch mindestens einen weiteren relevanten Unterschied gibt: Wer im Konzertsaal oder auch zu Hause vor dem Radio eine (korrekte) Aufführung von Beethovens Sonate Nr. 27 hört, der hat (unter normalen Umständen) eine gute Chance, die wesentlichen Eigenschaften dieses Werks zu erfassen. Wesentlich für ein Musikwerk dürften in den meisten Fällen wohl vor allem akustische Qualitäten sein (und zusätzlich natürlich alle jene Qualitäten, die auf den akustischen Qualitäten supervenieren). Analoges gilt selbstverständlich auch, wenn jemand eine CD-Aufnahme dieses Werks hört. Es ist aber zu beachten, dass in dem zuletzt genannten Fall der Gegenstand der Wahrnehmung nicht die CD selber ist, sondern eine *Abspielung* der CD, also ein Klangereignis. Die CD selbst ist kein Klangereignis, sondern ein Ding. Sie kann nicht gehört, sondern nur visuell (oder mit dem Tastsinn) wahrgenommen werden. Durch Wahrnehmung einer CD kann niemand die wesentlichen Qualitäten eines Musikwerks erfassen – nicht einmal dann, wenn die CD unter dem Mikroskop betrachtet wird. Das ist ein wesentlicher Unterschied zwischen einer CD und einer Aufführung (oder auch Abspielung einer Aufnahme) eines Musikwerks.

An dieser Stelle könnte folgender Einwand erhoben werden: Es ist nicht grundsätzlich unmöglich, die Musik auf einer CD auch ohne Abspielgerät zu erfassen. Dass wir es faktisch nicht können, liegt nur daran, dass wir nicht in der Lage sind, die Muster auf der CD, die (bei entsprechender Vergrößerung) ja durchaus wahrnehmbar sind, zu *lesen*. Schließlich gibt es auch Menschen, die in der Lage sind, die Eigenschaften von Musikwerken durch das Lesen von Partituren zu erfassen; offenbar sind diese Menschen mit dem betreffenden Notationssystem so vertraut, dass sie sich die notierten Töne und Rhythmen hinreichend gut *vorstellen* können. Auch wenn nur wenige Leute diese Fähigkeit besitzen, ist daran nichts Unbegreifliches. Die meisten Leute sind ja auch in der Lage, sich beim „stillen Lesen" den Klang der gelesenen Wörter vorzustellen. Daher ist es ja auch für einigermaßen geübte Leserinnen keineswegs schwierig, selbst beim stillen Lesen einen Reim zu erkennen. Es ist zumindest denkbar, dass jemand lernen könnte, die Muster auf einer CD so zu lesen, wie andere Partituren lesen. Dass die Muster auf einer CD nicht in einem Notationssystem geschrieben sind, tut dabei nichts zur Sache. Entscheidend ist, dass bestimmten visuellen Mustern jeweils bestimmte Klangereignisse entsprechen.

Dieser Einwand ist inhaltlich richtig. Es gibt keinen Grund, die Möglichkeit auszuschließen, dass eines Tages jemand in der Lage sein wird, eine CD so zu lesen, wie heute manche Leute Partituren lesen können. Aber für diese Art der Rezeption eines Musikwerks würde genau das gelten, was heute bereits für das Partiturenlesen gilt: Es kann allenfalls ein schlechter Ersatz für das Hören einer Aufführung sein. Denn es macht einen wesentlichen Unterschied, ob man eine Melodie *hört*, oder sich eine Melodie nur *vorstellt*; und das gilt sogar dann, wenn die Vorstellung sehr intensiv und lebhaft ist. Das Erleben eines Musikwerks ist wesentlich eine sinnliche Erfahrung, und zwar eine sinnliche Erfahrung von akustischen Qualitäten. Aufführungen eines Musikwerks ermöglichen die volle sinnliche Erfahrung des Werks in direkter Weise, Partituren einerseits und CDs, Schallplatten und Ähnliches andererseits tun das nicht. Ich behalte daher den Terminus „Realisierung" im gegenwärtigen

Produktionsartefakte

Zusammenhang den Aufführungen und Abspielungen von Tonträgern vor. Die Tonträger selber sind keine Realisierungen; sie nenne ich *„Produktionsartefakte"*, weil man mit ihrer Hilfe (und unter Verwendung geeigneter technischer Mittel) Realisierungen herstellen kann.

Wir können nun also, so weit es die Musik betrifft, viererlei unterscheiden: 1. Werke; 2. Realisierungen; 3. Notationen und 4. Produktionsartefakte. Die Werke sind abstrakte Gegenstände (Typen), genauer: sie sind Ereignistypen. Die Realisierungen sind Vorkommnisse (Instantiierungen) der Werke und als solche konkrete Ereignisse (genauer: Ereignisse, die man hören kann).

Typen und Vorkommnisse von Notationen

Bei den Notationen können wir wiederum Typen und Vorkommnisse unterscheiden. Ein bestimmtes Exemplar der Partitur von Beethovens Sonate Nr. 27 ist ein Vorkommnis des Typus *Partitur von Beethovens Sonate Nr. 27*. Das bestimmte Exemplar ist ein materieller Gegenstand, der Typus ist ein abstrakter Gegenstand. Wenn von einer Partitur die Rede ist, kann sowohl der Typus als auch ein Vorkommnis gemeint sein. In dem Satz „Die Partitur liegt auf dem Klavier" ist zweifellos von einem Vorkommnis die Rede, denn ein Typus kann sich nicht an irgendeinem Ort befinden. Hingegen muss der Satz „Von dieser Partitur existieren weltweit nur fünf Exemplare" als ein Satz über einen Partiturtypus gemeint sein. Denn nur in dieser Interpretation macht es überhaupt Sinn, von „Exemplaren einer Partitur" zu sprechen. Hier gibt es einen wesentlichen Unterschied zwischen „Exemplar" und „Kopie". Natürlich kann man von einer konkreten Partitur (einem Partiturvorkommnis) sagen, dass es davon nur fünf *Kopien* gibt. Das bedeutet, dass es fünf andere konkrete Partituren gibt, die in einer bestimmten Kausalbeziehung zu der in Rede stehenden Partitur stehen. (Wir wollen uns hier nicht mit der Frage beschäftigen, wie fehlerhaft eine Kopie eines Gegenstandes x sein darf, ohne dass sie aufhört, eine Kopie von x zu sein.) „Ist eine Kopie von" ist eine Beziehung zwischen zwei materiellen Gegenständen. „Ist ein Exemplar von" ist hingegen eine Beziehung zwischen einem Typus und einem Gegenstand, der auch einer anderen Kategorie angehören kann.

Typen und Vorkommnisse von Produktionsartefakten

Auch bei den Produktionsartefakten können wir zwischen Typen und Vorkommnissen unterscheiden. Das Folgende ist ein Beispiel für einen Dialog, in dem eindeutig von einem bestimmten konkreten Produktionsartefakt (nämlich einer Vinylscheibe) die Rede ist: – „Leg doch mal *Abbey Road* auf." „Tut mir leid, aber die ist furchtbar zerkratzt." Zerkratzt-zu-Sein ist eine Eigenschaft von materiellen Gegenständen. Ein Typus kann nicht zerkratzt sein. Hingegen ist in dem Satz „Diese Platte wurde über 200.000 mal verkauft" mit größter Wahrscheinlichkeit von einem Typus die Rede, da es kaum jemals vorkommen dürfte, dass ein und dieselbe Scheibe mehr als 200.000 mal den Besitzer wechselt. „Diese Platte wurde über 200.000 mal verkauft" ist einfach nur eine etwas saloppe Art zu sagen, dass von einer Platte (einem Typus) mehr als 200.000 *Exemplare* verkauft wurden.

4. Die Werk-Realisierungs-Beziehung

Mit den eben angeführten Beispielen für Typen und ihre Vorkommnisse im Hintergrund können wir darangehen, die Beziehung zwischen Typen und

Vorkommnissen zu definieren. Das ist zugleich eine Definition der Beziehung zwischen Werken und ihren Realisierungen, da Werke ja nichts anderes als Typen und Realisierungen ihre Vorkommnisse sind. Nicht jeder Typus muss ein Werk sein. Man könnte etwa auch *natürliche Arten* als Typen interpretieren. Konkrete einzelne Tiger wären demnach Vorkommnisse des Typus *Tiger*. Da im Zusammenhang der Ontologie der Kunst aber nur jene Typen von Interesse sind, die wir als „Werke" bezeichnen können, werde ich im Folgenden von der Werk-Realisierungs-Beziehung sprechen.

Was macht einen Gegenstand zu einer Realisierung eines Werks?

Das Problem ist Folgendes: Was macht es, dass etwa eine bestimmte Aufführung zu einer bestimmten Zeit an einem bestimmten Ort eine Aufführung eines bestimmten Werks ist? Was macht es, dass zum Beispiel die Aufführung, die ich gestern Abend im Stadtsaal gehört habe, eine Aufführung von Schuberts *Winterreise* war? Stelle ich diese Frage jemandem, der das betreffende Konzert ebenfalls gehört hat, könnte die Antwort vielleicht so ausfallen: „Die Aufführung, die du gehört hast, bestand genau aus jenen Liedern, aus denen die *Winterreise* besteht, und diese Lieder wurden genau in der Reihenfolge vorgetragen, in der sie in der *Winterreise* vorkommen. Deshalb war diese Aufführung zweifellos eine Aufführung der *Winterreise*."

Diese Antwort trifft aber nicht den intendierten Sinn meiner Frage und bringt uns einer Lösung in keiner Weise näher. Denn das Problem ist ja genau, was eine konkrete Darbietung zu einer Realisierung eines bestimmten Liedes macht. Warum war also die erste Darbietung des Konzertabends eine Realisierung des ersten Liedes von Schuberts Liederzyklus *Die Winterreise*? Mein Konzertbegleiter könnte es, sofern er genügend Geduld hat, mit einer detaillierten Beschreibung des Gehörten versuchen. Er könnte wie folgt beginnen: „Wir hörten ein Lied im Zwei-Viertel-Takt, das, nach einem kurzen Klaviervorspiel, mit den Worten beginnt ‚Fremd bin ich eingezogen' ..." Am Ende der Antwort könnte folgender Satz stehen: „... und das sind genau die Eigenschaften des ersten Liedes von Schuberts *Winterreise*; und darum war jenes erste Stück zweifelsfrei eine Realisierung des ersten Lieds von Schuberts *Winterreise*."

Diese Antwort trifft den Sinn der Frage ebenso wenig wie die erste, aber immerhin sind wir nun schon sehr nahe am Kern des Problems: Mein fiktiver Freund beschreibt die Bestandteile des gehörten Liederabends; aber diese Bestandteile können nicht zugleich Bestandteile des *Werks* (des abstrakten Gegenstandes) sein. Denn die Bestandteile der gehörten Aufführung sind natürlich ihrerseits Gegenstände, die *gehört* werden können. Wir hören die Worte des Sängers und die Klavierbegleitung, Silbe für Silbe, Ton für Ton. Aber die Bestandteile des Werks sind nicht hörbar. Ein Werk, das nicht aufgeführt wird, kann niemand hören (es sei denn, er halluziniert). Töne und Sprachlaute sind hörbar. Werke sind nicht hörbar. Daher können Werke nicht aus Tönen und Sprachlauten bestehen. Realisierungen können aber aus Tönen und Sprachlauten bestehen. Die Frage ist also: Was macht es, dass ein bestimmtes konkretes Gebilde (zum Beispiel etwas, das aus Tönen und Sprachlauten besteht) eine Realisierung eines bestimmten abstrakten Gegenstandes ist?

„Ist-bestimmt-als-Prädikate"

Ich werde eine Definition der Realisierungsbeziehung vorschlagen. Diese Definition enthält jedoch einen technischen Terminus, der zuvor erklärt werden muss, nämlich den Terminus „ist bestimmt als". Der Ausdruck „ist bestimmt als" ist Bestandteil einer speziellen Art von Prädikaten. Die Definition der Realisierungsbeziehung beruht also auf einer Unterscheidung von *zwei* verschiedenen *Arten von Prädikaten*. Die erste Art (die „normale") hat die Form „ist F", wobei „F" für einen beliebigen allgemeinen Term steht. Solche Prädikate sind etwa: „ist rot", „ist ein Mensch", „ist 25 Minuten lang". Die zweite Art von Prädikaten hat die Form *„ist bestimmt als* F". Aus jedem Prädikat der Normalform lässt sich ein Prädikat der „Ist-bestimmt-als-Form" bilden. Zum Beispiel: „ist bestimmt als rot"; „ist bestimmt als ein Mensch"; „ist bestimmt als 25 Minuten lang". Gewöhnliche Prädikate können grundsätzlich jedem Gegenstand (wahrheitsgemäß) zugesprochen werden. Ist-bestimmt-als-Prädikate können nur abstrakten Gegenständen (genauer: nur Typen) wahrheitsgemäß zugesprochen werden. Hier ist nun die angekündigte Definition:

Die Werk-Realisierungs-Beziehung

> Für alle x, für jedes Werk W: x ist eine Realisierung von W genau dann, wenn gilt: Für jedes F, wenn W bestimmt ist als F, dann ist x F.

Mit anderen Worten: Zu sagen, dass ein Gegenstand x eine Realisierung eines Werks W ist, heißt so viel wie zu sagen, dass, wenn W ein Bestimmt-als-Prädikat erfüllt, x das entsprechende Grundprädikat erfüllt. Zu sagen, dass der Konzertabend, den ich gestern besucht habe, eine Realisierung von Schuberts *Winterreise* war, heißt also zu sagen, dass dieses Konzertereignis all das *war*, als was Schuberts *Winterreise bestimmt ist*, zum Beispiel also: „beginnt mit einem Lied im Zwei-Viertel-Takt, dessen erste Zeile lautet ‚Fremd bin ich eingezogen'".

Das Problem der falschen Note

Diese Bedingung ist sehr streng, denn es wird gefordert, dass eine Realisierung von W *all* das sein muss, als was W bestimmt ist. Das kann unter Umständen bedeuten, dass eine Aufführung eines Werks W aufgrund einer einzelnen falschen Note keine Realisierung von W ist. Das bedeutet: Die Ausdrücke „Aufführung von W" und „Realisierung von W" sind nicht bedeutungsgleich. Der Begriff der Aufführung ist ein Begriff der Alltagssprache, für dessen Anwendung es keine exakten Regeln gibt. Klar ist nur, dass er weniger streng ist als der Begriff der Realisierung, wie er oben definiert wurde. Eine Aufführung der *Winterreise* mit einer einzigen falschen Note ist immer noch eine Aufführung der *Winterreise*. Aber wie viele falsche Noten kann eine Aufführung enthalten, ohne dass sie aufhört, eine Aufführung der *Winterreise* zu sein? – Diese Frage lässt sich nicht ohne Willkür beantworten. Ich möchte hier den Begriff der Aufführung in seiner natürlichen Vagheit belassen. Statt ihn künstlich exakt zu machen, stelle ich ihm den sehr exakten Begriff der Realisierung zur Seite. Das sollte für unsere gegenwärtigen theoretischen Zwecke ausreichend sein. Eine Realisierung eines Musikwerks ist also eine korrekte Aufführung. Nicht korrekte Realisierungen kann es demnach nicht geben, nicht korrekte Aufführungen aber natürlich sehr wohl.

Komponieren als Festlegen von Bedingungen

Kehren wir zurück zu den Bestimmt-als-Prädikaten: Dass ein Werk W als F bestimmt ist, heißt, dass die Autorin festgelegt hat, dass jede Realisierung von W das Prädikat „ist F" erfüllen muss. Man könnte das auch so ausdrücken:

Ein Musikwerk schaffen heißt, eine Klasse von möglichen Realisierungen definieren. Mit anderen Worten, die Autorin eines Werks W legt gewisse Bedingungen fest, die ein Gegenstand erfüllen muss, der eine Realisierung von W sein soll. Formal lässt sich der Ausdruck „ist bestimmt als" wie folgt explizieren:

> (B) Für jedes Werk W, für alle F: Wenn W bestimmt ist als F, dann gilt, für alle x: Wenn x eine Realisierung von W ist, dann ist x F.

Dies ist keine Definition im formalen Sinn. Eine Definition von „ist bestimmt als" gibt es nicht. Eine Definition würden wir erhalten, wenn wir (B) mit der Umkehrung von (B) verbinden würden. Das ist aber nicht möglich, denn die Umkehrung von (B) ist nicht wahr. Die Umkehrung von (B) würde, salopp formuliert, lauten:

> (B*) Wenn jede Realisierung von W F ist, dann ist W bestimmt als F.

(B*) gilt nicht, denn es könnte zufällig jede Realisierung von W F sein, auch wenn W nicht bestimmt ist als F. Nehmen wir beispielsweise an, dass für jede bisherige Aufführung der *Winterreise* gilt: Die Pausen zwischen den einzelnen Liedern sind ausnahmslos zwischen 5 und 10 Sekunden lang. Das könnte zufälligerweise wahr sein. Daraus folgt aber nicht, dass die *Winterreise* so bestimmt ist, dass die Pausen zwischen den Liedern zwischen 5 und 10 Sekunden lang sind. Es könnte sein, dass auch kürzere und längere Pausen zulässig sind. Mit anderen Worten: Es könnte sein, dass eine Aufführung mit Pausen, die kürzer als 5 oder länger als 10 Sekunden sind, ebenfalls eine Realisierung der *Winterreise* ist.

„Wesenseigenschaften"

Wenn wir uns einer Eigenschaftsredeweise bedienen wollen, könnten wir auch sagen: Die Ist-bestimmt-als-Prädikate der Werke bestimmen die *Wesenseigenschaften* der Realisierungen. Die Wesenseigenschaften einer Realisierung sind diejenigen Eigenschaften, welche sie zu einer Realisierung eines bestimmten Werks machen. Jede Realisierung hat aber, neben ihren Wesenseigenschaften, noch eine Vielzahl von anderen (nicht-wesentlichen) Eigenschaften; und in diesen Eigenschaften können sich verschiedene Realisierungen ein und desselben Werks unterscheiden.

„Unvollständigkeit"

Diese Überlegungen führen zu einem weiteren wesentlichen Merkmal von musikalischen und literarischen Werken. Dieses Merkmal wird oft „Unvollständigkeit" genannt. Wir können sagen: Musikwerke sind *unvollständig bestimmte* Gegenstände. Damit ist gemeint: Kein Musikwerk legt *alle* Eigenschaften seiner Realisierungen fest. Ich nehme beispielsweise an, dass die exakte Länge der Pausen zwischen den einzelnen Liedern der *Winterreise* von Schubert nicht explizit festgelegt wurde. Nun gibt es zweifellos auch so etwas wie „implizite Festlegungen", die sich aus Konventionen ergeben. So ist es klar, dass die Pause zwischen zwei Liedern eines Liederzyklus kürzer als 60 Minuten sein muss – auch wenn der Komponist das nicht ausdrücklich vorschreibt. Aber selbst wenn man sowohl die expliziten als auch die impliziten Festlegungen berücksichtigt, bleibt immer noch vieles offen. Aus diesem Grund kann es verschiedene *Interpretationen* ein und desselben Musikwerks geben. Das heißt: Es kann zwei oder mehr Aufführungen eines Musikwerks geben, die sich deutlich voneinander unterscheiden und doch alle Realisierungen des betreffenden Werks sind.

Der Begriff der Unvollständigkeit lässt sich wie folgt definieren:

> Für alle x, x ist unvollständig bestimmt genau dann, wenn gilt: Es gibt ein F, so dass x nicht bestimmt ist als F und x nicht bestimmt ist als non-F.

Musikwerke können in unterschiedlichem Ausmaß unbestimmt sein. Besonders groß ist die Unbestimmtheit dort, wo die Komponisten Raum für *Improvisation* lassen, wie etwa häufig bei Kadenzen (unbegleiteten virtuosen Solostücken) in klassischen Konzerten oder im Jazz. Schöne zeitgenössische Beispiele für starke Unbestimmtheit finden sich in manchen Werken des österreichischen Komponisten Christian Muthspiel, in denen komponierte und improvisierte Passagen ineinanderfließen. Die Anweisungen für die Solistinnen können sich dabei auf zwei Befehle reduzieren: „play" und „don't play".

5. Das physikalische Element und das Erlebniselement

Nach all diesen Anstrengungen zur Begriffsklärung sollte der Begriff der Realisierung nun doch wesentlich klarer sein als zu Beginn dieses Kapitels. Wir können uns jetzt also noch einmal die Frage vorlegen: Welche Gegenstände sind denn Realisierungen musikalischer und literarischer Werke? Für die musikalischen Werke wurden bereits einige Antworten auf diese Frage gegeben: Aufführungen sind Realisierungen (oder mindestens Teilrealisierungen) musikalischer Werke, Abspielungen von Tonträgern sind (Teil-)Realisierungen musikalischer Werke. Partituren und die Tonträger selbst sind keine Realisierungen musikalischer Werke.

Wir können jetzt, im Lichte der entwickelten Definitionen, diese Antworten auch begründen. Unter der Voraussetzung, dass ein Musikwerk komponieren heißt, die Qualitäten musikalischer Ereignisse festzulegen, erfüllen (korrekte) Aufführungen und Abspielungen von Tonträgern offenbar die Definition der Werk-Realisierungs-Beziehung. Daher sind Aufführungen und Abspielungen von Tonträgern Realisierungen von Musikwerken. Unter der Voraussetzung, dass ein Musikwerk komponieren *nicht* heißt, die Qualitäten von Partituren und Tonträgern festzulegen, erfüllen Partituren und Tonträger die Definition der Werk-Realisierungs-Beziehung nicht. Daher sind Partituren und Tonträger keine Realisierungen von Musikwerken.

Welche Eigenschaften legen Komponisten fest?

Daraus wird schon ersichtlich, dass für die Ontologie des Musikwerks sehr viel von der Frage abhängt, was es heißt, ein Musikwerk zu komponieren. Mit anderen Worten: Welche Qualitäten sind es, die von den Komponisten festgelegt werden? Dies ist eine empirische Frage. Um sie zu beantworten, kann man nichts Besseres tun, als die Kompositions- und Aufführungspraxis sowohl der Gegenwart als auch vergangener Epochen in verschiedenen musikalischen Traditionen zu untersuchen. Aufschlussreich sind gewiss auch etwaige überlieferte Reaktionen der Komponisten auf Aufführungen, Interpretationen und Bearbeitungen.

Eine solche Untersuchung kann hier freilich nicht durchgeführt werden. Klar ist aber, dass die Frage „Was wird beim Komponieren festgelegt?" sich nicht kurz und bündig für alle Musikwerke zu allen Zeiten beantworten lässt. Wie viel und was eine Komponistin festlegt, hängt von ihrem persönlichen Stil, vielleicht auch von ihrer persönlichen Musiktheorie ebenso ab wie von der Tradition, in der sie steht – und nicht zuletzt natürlich von den Zielsetzungen, die mit einem ganz bestimmten Werk verfolgt werden. Gegenstand einer kompositorischen Festlegung kann eine sehr genau spezifizierte Klangstruktur sein, es kann aber auch sein, dass sozusagen nur die „Rahmenbedingungen" für ein musikalisches Ereignis festgelegt werden, das in wesentlichen Teilen improvisatorischen Charakter hat oder das dem Zufall Raum gibt. Oft wird es den Komponisten im Prinzip gleichgültig sein, an welchem Ort, von welchen Personen und mit welchen technischen Hilfsmitteln ein Werk realisiert wird; aber auch diese (an sich „außermusikalischen") Elemente können prinzipiell zum Bereich des Festgelegten gehören. Eine Komponistin könnte festlegen, dass ihr Werk in einer Kirche aufgeführt werden muss oder auf dem Gipfel eines Berges. Sie könnte bestimmen, dass die Musiker auf eine bestimmte Weise gekleidet sein müssen, dass sie nur Instrumente einer bestimmten Bauart verwenden dürfen, und anderes mehr. Wenn es solche Festlegungen gibt, dann sind sie Bestandteile des Werks.

Manchmal mögen die Grenzen zwischen Musikwerk, Performance, Schauspiel und bildender Kunst verschwimmen. Aber das ist kein Unglück, denn erstens sind diese Grenzen ohnehin noch nie wirklich scharf gewesen, und zweitens (und vor allem): Es gibt keinen triftigen Grund, eine scharfe Abgrenzung verschiedener Kunstgattungen anzustreben.

Es ist also klar, dass ein Musikwerk zu komponieren wesentlich darin besteht, gewisse Qualitäten materieller Realisierungen festzulegen, welche Qualitäten das im Detail auch immer sind. Das ist, wenn man so will, das Körnchen Wahrheit in der materialistischen Ontologie der Kunst. Zwar sind die Kunstwerke selbst keine materiellen, sondern abstrakte Gegenstände, aber diese abstrakten Gegenstände sind konstituiert durch Festlegungen bestimmter Qualitäten materieller Gegenstände.

Es fragt sich aber, ob sich das Komponieren eines Musikwerks im Festlegen von Qualitäten *materieller* Realisierungen erschöpft. Etwas konkreter gefragt: Besteht das Komponieren eines Musikwerks nicht *auch* im Festlegen gewisser Qualitäten *psychischer* Realisierungen? Gibt es vielleicht auch ein Körnchen Wahrheit in der mentalistischen Ontologie der Kunst?

Die Verursachung bestimmter Erlebnisse als Ziel der künstlerischen Tätigkeit

Ich plädiere hier für die These, dass das in der Tat der Fall ist: Es ist anzunehmen, dass Künstlerinnen im Allgemeinen nicht nur intendieren, materielle Gegenstände mit bestimmten Eigenschaften in die Welt zu setzen, sondern dass sie zumindest *auch* (vielleicht sogar *primär*) intendieren, mittels dieser materiellen Gegenstände in den Rezipienten bestimmte Erlebnisse hervorzurufen. Komponistinnen, so nehme ich an, sehen den Zweck ihres Tuns nicht in erster Linie darin, Anweisungen für die Produktion von Schallwellen einer bestimmten Wellenlänge und Amplitude zu geben. Genauer gesagt: Die Produktion solcher Gebilde ist nicht der Endzweck. Vielmehr wollen sie, dass Gebilde produziert werden, die von den Rezipienten in einer ganz bestimmten Weise wahrgenommen werden. Ziel ist es also, Hörerlebnisse einer ganz bestimmten Art hervorzurufen.

Noch klarer ist das wohl im Fall der Literatur. Autoren produzieren komplexe Schriftzeichengebilde mit dem Ziel, in den Leserinnen bestimmte Vorstellungen, Gedanken und Emotionen hervorzurufen.

Erlebnistypen

Hörerlebnisse, Vorstellungen, Gedanken und Emotionen sind etwas Subjektives, Erlebnishaftes, Bewusstseinsimmanentes. Wir können – aus den oben angeführten Gründen – dennoch musikalische und literarische Werke nicht mit Erlebnissen identifizieren. Wir können aber sehr wohl sagen, dass Künstler *Erlebnistypen* kreieren. Einen Erlebnistypus zu kreieren heißt, die Qualitäten eines Erlebnisses festzulegen. Erlebnistypen können in konkreten Erlebnissen realisiert werden, sind aber in ihrer Existenz nicht von den Realisierungen abhängig. Das bedeutet, dass ein Erlebnistypus auch dann existieren kann, wenn gerade niemand ein entsprechendes Erlebnis hat. Ein und derselbe Erlebnistypus kann vielfach, in verschiedenen Subjekten zu verschiedenen Zeiten instantiiert werden. Darüber hinaus können sich verschiedene Realisierungen ein und desselben Erlebnistypus qualitativ voneinander unterscheiden, da auch Erlebnistypen unvollständig bestimmt sind.

Verschiedene Subjekte können zum Beispiel Schuberts *Winterreise* mehrmals hören und deren Erlebnisse beim Hören dieses Werks können sich voneinander in manchen Aspekten unterscheiden, und doch kann jedes Hörerlebnis eine Realisierung dessen sein, was Schubert wollte. Es mag zum Beispiel sein, dass eine Hörerin bildliche (Phantasie-)Vorstellungen winterlicher Landschaften hat, eine andere nicht, dass ein Hörer sich einer vergangenen unglücklichen Liebe erinnert, ein anderer nicht. Manche Hörer konzentrieren sich vor allem auf die formalen Qualitäten der Musik, andere vielleicht mehr auf die dargestellten psychischen Vorgänge, und so fort. Solche persönlichen Aspekte färben das Gesamterlebnis, aber wir können annehmen, dass sie nicht zu den Wesensmerkmalen jenes Erlebnisses gehören, von dem Schubert wollte, dass die Hörerinnen es realisieren. Hingegen dürfte zum Beispiel das Erfassen jener Qualitäten des Werks, die dafür verantwortlich sind, dass das Werk Gefühle wie Einsamkeit, Verlassenheit und Todessehnsucht ausdrückt, sehr wohl zu den Wesensmerkmalen des von Schubert intendierten Erlebnisses gehören.

Der subjektive und der objektive Aspekt

Ich nehme also an, dass Komponisten nicht nur Qualitäten physikalischer Gegenstände (Aufführungen), sondern auch Qualitäten von Erlebnissen festlegen. Demnach kreieren sie nicht nur einen, sondern *zwei* Typen: Einen Typus eines physikalischen Gegenstandes und einen Erlebnistypus. Man könnte sich dafür entscheiden, nur den Typus des materiellen Gegenstandes mit dem Kunstwerk zu identifizieren oder nur den Erlebnistypus. Doch jede dieser Entscheidungen scheint einen wichtigen Aspekt vermissen zu lassen. Jedes Kunstwerk hat sowohl einen objektiven als auch einen subjektiven Aspekt, und keiner von beiden ist nebensächlich. Daher plädiere ich dafür, das musikalische Kunstwerk als *einen aus zwei Typen bestehenden Komplex* aufzufassen; ein Typus ist ein Erlebnistypus, der andere ist ein Typus eines physikalischen Gegenstandes. Auf diese Weise ist sowohl der objektive als auch der subjektive Aspekt berücksichtigt. Der Typus des physikalischen Gegenstandes ist das objektive, der Erlebnistypus das subjektive Element des Kunstwerks. Kunst spielt sich *nicht nur* „im Kopf" ab, aber *auch*. Um ein Musikwerk *vollständig* zu realisieren, bedarf es also zweierlei: eine entsprechende physikalische Realisierung (Aufführung) und ein Subjekt, das die intendierten Erlebnisse hat.

Diese nun für musikalische Werke gewonnenen Resultate lassen sich ganz leicht auf Schauspielwerke übertragen. Den musikalischen Aufführungen entsprechen hier die Ereignisse auf der Bühne, den Erlebnissen der Hörerinnen die Erlebnisse der Zuschauer. Das physikalische Element eines Schauspielwerks ist also ein Typus von Bühnenereignissen.

Laut- und Schriftsprache als zwei mögliche physikalische Elemente des literarischen Werks

Im Fall von Lyrik und Prosa gibt es keine für alle Werke gültige Antwort auf die Frage, welche Gegenstände nun im Einzelfall das physikalische Element des Werks realisieren. Alles hängt von den Intentionen der jeweiligen Autorinnen ab. Ursprünglich ist die Literatur eine Kunstgattung, die zum mündlichen Vortrag bestimmt war; und in der Tat sind die ästhetischen Qualitäten der Sprache, deren sich die Dichter bewusst bedienen, fast immer die ästhetischen Qualitäten der *gesprochenen* Sprache. (Ich denke an Qualitäten wie Klang, Rhythmus, Reim.) Darum ist anzunehmen, dass in den meisten Fällen das physikalische Element eines Lyrik- oder Prosawerks ein Sprachlaut-Typus ist. In diesen Fällen ist die physikalische Realisierung des Werks eine laute Lesung oder Rezitation. Das Manuskript oder Buch ist dann nur eine Notation des Werks, wie eine Partitur für ein Musikwerk. Aber natürlich können Dichterinnen auch die Schrift als gestaltbares Material verwenden (nicht bloß als Mittel zur Notation). Wenn das geschieht, sind zumindest manche der sinnlichen Qualitäten eines Manuskripts nicht mehr zufällig und beliebig veränderbar (je nach in Verwendung befindlichem Notationssystem), sondern durch die Autoren als Wesenseigenschaften des Werks festgelegt. Dann sind Manuskripte und Bücher Realisierungen der physikalischen Elemente des Werks. Natürlich könnte ein literarisches Werk auch zwei physikalische Elemente haben, nämlich einen Sprachlaut-Typus und einen Schrifttypus.

6. Sind Werke der bildenden Kunst materielle Gegenstände?

Im Vorigen wurde eine Typenontologie des musikalischen und des literarischen Kunstwerks skizziert. Wie sieht es aber aus mit Werken der bildenden Kunst, also mit Gemälden, Skulpturen, Graphiken, Fotografien, Installationen, und so fort? – Viele Theoretiker sind der Meinung, dass Werke der bildenden Kunst materielle Gegenstände sind. Nach dieser Auffassung gibt es im Bereich der bildenden Kunst keinen Gegensatz zwischen Werken und ihren Manifestationen; vielmehr seien die Werke identisch mit (materiellen) Manifestationen. Mit anderen Worten: Es gibt nicht zusätzlich zum konkreten Gemälde noch einen abstrakten Gegenstand, den das Gemälde manifestiert. Wahrscheinlich ist das die Auffassung der Mehrheit der Theoretiker, die sich mit dem ontologischen Status von Kunstwerken beschäftigen. Dennoch sind Zweifel an dieser Auffassung angebracht. Hier sind zwei Überlegungen, die diese Mehrheitsauffassung in Frage stellen:

Nicht-realisierte Werke der bildenden Kunst

1. Ein Werk der Architektur ist für gewöhnlich ein Gebäude oder ein Komplex von Gebäuden. Nun sind aber in der Architektur nicht-realisierte Werke nichts Ungewöhnliches. Ein nicht-realisiertes architektonisches Werk ist ein Werk, das nicht gebaut wurde. Als Schöpfer eines Werks der Architektur gelten die Architektinnen. Wenn ein Werk fertig geplant ist, dann ist die Arbeit der Architekten im Wesentlichen erledigt, jedenfalls die *schöpferische* Arbeit. Aus diesem Grund ist es durchaus angebracht, auch nicht-realisierte architektonische Werke als vollendete Werke anzuerkennen. Dann aber kann das architektonische Werk nicht mit dem Gebäude identisch sein. Sonst wären nicht-realisierte architektonische Werke aus logischen Gründen unmöglich. Diese Überlegung gilt nicht nur für die Architektur, sondern prinzipiell auch für die Plastik und die Malerei und andere bildende Künste. Sie gilt überall dort, wo die schöpferische Arbeit mit dem Herstellen eines Plans oder eines Konzepts erledigt ist.

Mehrfach realisierte Werke der bildenden Kunst

2. Grundsätzlich kann es auch von Werken der bildenden Kunst mehrere Exemplare geben. Wenn aber zum Beispiel eine Radierung ein materieller Gegenstand wäre, dann könnte es, streng genommen, nicht zum Beispiel 10 Exemplare desselben Werks geben, sondern es würde sich eigentlich um 10 (numerisch) verschiedene Werke handeln. Jeder Abzug wäre ein Werk für sich. Aber das ist unplausibel. Viel plausibler ist es zu sagen, dass wir es hier mit 10 Realisierungen ein und desselben Werks zu tun haben.

Unter anderem aus diesen beiden Gründen plädiere ich für eine *einheitliche Ontologie des Kunstwerks*. Das heißt: Auch Werke der bildenden Kunst sollen als Typen aufgefasst werden. Die konkreten Gebilde aus Leinwand und Farbe oder Holz, Metall und Stein, die in Museen ausgestellt sind, gekauft, verkauft und zuweilen auch gestohlen werden, sind demnach genau genommen nicht die Werke selber, sondern nur Realisierungen derselben. Dass viele dieser Werke nur ein einziges Mal realisiert sind, ändert nichts an ihrem ontologischen Status.

„Kunstontologischer Dualismus"

Die Auffassung, die ich hier verteidige, ist, wie gesagt, die Auffassung einer Minderheit. Viele anerkennen, dass musikalische und literarische Werke abstrakte Gegenstände sind, behaupten aber zugleich, dass Werke der Architektur und der bildenden Kunst mit materiellen Gegenständen identifiziert werden müssen. Ich nenne diese Auffassung im Folgenden „kunstontologischen Dualismus".

Ich möchte zeigen, dass es keine stichhaltigen Gründe für den kunstontologischen Dualismus gibt. Zu diesem Zweck sollen die verbreitetsten Argumente zugunsten des kunstontologischen Dualismus dargestellt und diskutiert werden. Dabei wird sich unter anderem zeigen, dass die Unterschiede zwischen Musik und Literatur einerseits und bildender Kunst andererseits nicht so groß sind, wie sie vielleicht bei oberflächlicher Betrachtung erscheinen mögen.

Unterschiede in der Entstehungsweise?

Vertreter des kunstontologischen Dualismus pflegen zur Verteidigung ihrer Auffassung auf angebliche oder tatsächliche Unterschiede zwischen Werken der Musik und Literatur auf der einen Seite und Werken der Architektur und bildenden Kunst auf der anderen Seite hinzuweisen. Das vielleicht wichtigste Argument lautet etwa so: Werke der Musik und Literatur einerseits und Werke der Architektur und bildenden Kunst andererseits unterscheiden sich wesentlich durch ihre *Entstehungsweise*. Werke der Musik und der Literatur entstehen „im Kopf"; ein Gedicht, ein Lied, selbst eine Symphonie können fertig ausgedacht sein, ehe sie niedergeschrieben werden (wenn auch Letzteres wohl eher der Ausnahmefall sein dürfte). Im Gegensatz dazu entstehen Werke der bildenden Kunst im Verlauf der Entstehung eines physikalischen Gegenstandes, in Auseinandersetzung mit dem Material, etwa mit Farbe, Holz oder Stein. Daher sind Werke der bildenden Kunst mit materiellen Gegenständen identisch, Werke der Musik und Literatur aber nicht.

Für die Bewertung dieses Arguments sind zwei Fragen relevant: 1. Gibt es den behaupteten Unterschied in der Entstehungsweise zwischen Werken der verschiedenen Gattungen tatsächlich? 2. Wenn es diesen Unterschied gibt, folgt daraus, dass Werke der bildenden Kunst und Architektur mit materiellen Gegenständen identisch sind?

„Realisierungswerke" und „Notationswerke"

Was die erste Frage betrifft, kann die Antwort nicht einfach „ja" oder „nein" lauten. Zweifellos beruht das Argument auf einer richtigen Beobachtung: Komponistinnen und Dramatiker realisieren ihre Werke häufig nicht selber, sondern verfassen Anweisungen zur Produktion von Realisierungen (also Notationen). Bildende Künstlerinnen hingegen stellen die Realisierungen ihrer Werke meist selber her. Darüber hinaus werden viele künstlerische Entscheidungen, etwa in der Malerei und Bildhauerei, erst im Prozess der Produktion einer Realisierung getroffen. Es ist also richtig, dass es Werke gibt, die im Verlauf der Entstehung einer Realisierung entstehen, und andere, für die das nicht gilt. Ich nenne die ersteren „Realisierungswerke" und die letzteren „Notationswerke".

Nicht alle Werke der bildenden Kunst sind Realisierungswerke

Man kann jedoch gegen das obige Argument zugunsten des kunstontologischen Dualismus Folgendes einwenden: Damit das Argument funktioniert, müssten *alle* musikalischen und literarischen Werke Notationswerke sein und *alle* Werke der Architektur und bildenden Kunst Realisierungswerke. Aber das ist nicht der Fall. Werke der Architektur sind, wie schon festgestellt wurde, üblicherweise Notationswerke. Auch auf dem Gebiet der Plastik kommt es vor, dass Künstler das Realisieren ihrer Werke einem Industrie- oder Handwerksbetrieb überlassen, auf der Basis von Plänen; und waren nicht viele Meister der Renaissancemalerei Leiter von „Werkstätten", in denen andere Maler Bilder nach ihren Plänen und Skizzen ausführten? Ob Künstlerinnen ihre Werke selber realisieren oder nur Notationen herstellen, die als Anweisung zur Herstellung von Realisierungen dienen, hängt unter anderem ab von dem gewählten Material, der anzuwendenden Fertigungstechnik und, damit zusammenhängend, dem erforderlichen Aufwand an Zeit und physischer Kraft. Es ist also durchaus nicht unmöglich, dass irgendwann einmal Notationswerke in der bildenden Kunst zum Standardfall werden.

Standhafte Verteidiger des kunstontologischen Dualismus sind allerdings von diesem Einwand wahrscheinlich wenig beeindruckt. Das liegt daran, dass sie üblicherweise nicht akzeptieren, was in diesem Einwand behauptet wird, nämlich dass Werke der Architektur und der bildenden Kunst Notationswerke sein können. Ein echter Vertreter des kunstontologischen Dualismus leugnet einfach, dass ein Werk der Architektur existieren kann, bevor es realisiert ist (und analog natürlich auch für Werke der bildenden Kunst).

Diese Leugnung wird aber nicht durch empirische Fakten bezüglich der künstlerischen Praxis gestützt. Die künstlerische Praxis ist, dass sowohl Architekten als auch Komponistinnen Notationen produzieren, die von anderen als Anleitung zur Herstellung physikalischer Gegenstände verwendet werden. Die dualistische These lautet, dass eine Komponistin, die eine Partitur geschrieben hat, ein Werk geschaffen hat, ein Architekt, der Pläne gezeichnet hat, aber nicht. Diese These leuchtet keineswegs von selbst ein; sie bedarf auf jeden Fall näherer Begründung.

Kann es Notationssysteme für die bildenden Künste geben?

Hier kommt ein weiteres bekanntes dualistisches Argument ins Spiel. Es lautet: Es gibt Notationssysteme für die Musik, aber es gibt keine Notationssysteme für die bildende Kunst, und es kann auch keine geben. Daher können Werke der bildenden Kunst keine Notationswerke sein.

Dieses Argument ist gegründet auf eine sehr enge Auffassung davon, was eine Notation ist. Der berühmteste Vertreter dieser Auffassung ist Nelson Goodman. Gemäß dieser Auffassung sind Skizzen keine Notationen. (Was Pläne betrifft, ist Goodman unsicher.) Goodman argumentiert, dass es in diesen Fällen kein „Notationssystem" gibt. Goodmans sehr komplizierte Argumentation kann, stark vereinfacht, so zusammengefasst werden: Die Regeln eines Notationssystems (und damit die Notationen) müssen gewisse Standards der Exaktheit erfüllen, Exaktheit in dem Sinn, dass eine Notation eines Werks W jene Eigenschaften einer Realisierung von W, die sie festlegt, *eindeutig* festlegen muss. Diese Exaktheitsstandards werden von Skizzen nicht erfüllt, und sie werden auch von Texten in natürlichen Sprachen nicht erfüllt. Ein „Notationssystem" im Sinne Goodmans ist also eine Art künstliche Sprache, die gewisse Bedingungen erfüllen muss, die natürliche Sprachen niemals erfüllen. Das Standard-Notationssystem für Musikwerke ist eine Notation in Goodmans Sinn. Allerdings macht Goodman sogar in diesem Fall Einschränkungen: In Partituren allgemein übliche Angaben zu Tempo und Dynamik, wie „allegro moderato" oder „piano forte" erfüllen die strengen Bedingungen an Eindeutigkeit nicht und gehören daher nicht im eigentlichen Sinn zu den Notationen in Goodmans Sinn. Also sind für Goodman sogar die meisten realen Partituren keine Notationen.

Goodman über Notationen

Ich werde Goodmans engen Begriff von „Notation" hier nicht übernehmen, und zwar deshalb, weil er wenig zweckmäßig ist. Zur Erinnerung: Ich habe den Notationsbegriff eingeführt, weil es einen Unterschied gibt zwischen Gegenständen innerhalb der Klasse jener Gegenstände, die ich „Manifestationen" genannt habe. Unser Notationsbegriff ist nur dann fruchtbar, wenn wir ihn auch verwenden können, um diesen Unterschied begrifflich zu fassen. Goodmans Notationsbegriff ist in diesem Sinn unfruchtbar, weil es fast nichts gibt, was unter seinen Notationsbegriff fällt. Daher bleibe ich dabei, dass auch Pläne, Skizzen und Drehbücher Notationen sind.

Es bleibt also dabei, dass es keine guten Gründe gibt, Skizzen, Pläne und sogar in einer gewöhnlichen Sprache formulierte Anweisungen und Beschreibungen nicht als Notationen zu betrachten. Daher ist die Behauptung, es könne für die bildende Kunst keine Notationssysteme geben, völlig unfundiert.

Ich komme nun zum zweiten Einwand gegen das obige dualistische Argument. Dieser Einwand ist unabhängig vom ersten und in gewisser Weise noch stärker als jener: Selbst wenn die behaupteten Unterschiede in der Entstehungsweise zwischen Werken der bildenden Kunst einerseits und Werken der Musik und Literatur ohne Einschränkung bestünden, würde daraus doch nicht folgen, dass Werke der bildenden Kunst und Architektur materielle Gegenstände sind. Nach der von mir vorgeschlagenen Theorie entstehen Kunstwerke durch bestimmte Festlegungen von Seiten der Künstlerinnen. Ob diese Festlegungen nun im Lehnstuhl, vor dem Skizzenblock oder im Verlauf der Arbeit an der Staffelei getroffen werden, spielt keine Rolle. Dass ein Werk im Verlauf der Auseinandersetzung mit dem Material entsteht, schließt nicht aus, dass das Werk selbst kein materieller Gegenstand ist.

Das Fälschbarkeitsargument

Es gibt noch ein drittes bekanntes Argument zur Verteidigung des kunstontologischen Dualismus. Auch dieses stammt von Nelson Goodman. Es soll zeigen, dass Werke der bildenden Kunst notwendigerweise *singulär* sind, das heißt, dass von ihnen notwendigerweise jeweils nur *ein* Exemplar existieren kann. Das Argument lautet: Werke der bildenden Kunst können gefälscht werden, Musikwerke und Werke der Literatur aber nicht. Jede korrekte Aufführung eines Musikwerks ist eine Aufführung desselben Werks, und jede korrekte Kopie eines Romans ist eine Kopie desselben Romans. Wir nennen nicht die zweite Aufführung einer Symphonie eine Fälschung, ebenso wenig wie die Exemplare der zweiten Auflage eines Romans Fälschungen sind. Hingegen ist eine Kopie eines Gemäldes nicht ein zweites Exemplar desselben Gemäldes, sondern eine Fälschung. Daher sind Werke der bildenden Kunst mit ihren materiellen Manifestationen identisch.

Auch hier können wir wieder fragen: 1. Stimmt die gemachte Behauptung, dass Werke der bildenden Kunst fälschbar sind, Werke der Musik und Literatur aber nicht? 2. Folgt daraus, dass Werke der bildenden Kunst mit materiellen Gegenständen identisch sind?

Zwei Arten von Fälschungen

Um wieder mit der ersten Frage zu beginnen: So, wie die Behauptung formuliert ist, ist sie falsch. Um das zu sehen, müssen wir uns klar machen, was wir eigentlich unter einer „Fälschung" verstehen. Wenn wir untersuchen, wie der Ausdruck „Fälschung" gebraucht wird, zeigt sich Folgendes: Wir können zwei Arten von Fälschungen unterscheiden. *Eine* Art von Fälschung liegt vor, wenn ein Werk *kopiert* wird und die Kopie für das Original ausgegeben wird. Es gibt jedoch noch eine andere Art von Fälschungen, nämlich solche, die nicht Kopien irgendeines Werks sind, sondern Originalwerke. Fälschungen sind sie nur insofern, als ihnen von ihren Schöpfern eine falsche Entstehungsgeschichte angedichtet wird. Eine solche Fälschung liegt zum Beispiel dann vor, wenn ein unbekannter Künstler den Stil eines bekannten (und am besten bereits längere Zeit verstorbenen) Malers imitiert und sein eigenes Werk als das des berühmten Kollegen ausgibt. Eine Fälschung dieser Art liegt auch dann vor, wenn der Stil einer vergangenen Epoche oder einer anderen Kultur imitiert wird – in der Absicht, das Publikum über den wahren Ursprung der Gegenstände zu täuschen. Wir können diese Art von Fälschungen „Originalfälschungen" nennen – im Gegensatz zu den vorher erwähnten „Kopiefälschungen". In der Kunstgeschichte und im Kunstbetrieb spielen die Originalfälschungen (aus begreiflichen Gründen) die wichtigere Rolle. Für beide Arten von Fälschungen gilt: Sie werden zu Fälschungen dadurch, dass jemand mit Täuschungsabsicht falsche Informationen über ihren Ursprung (ihre Entstehungsgeschichte) verbreitet.

Alles kann gefälscht werden

Es ist leicht zu sehen, dass in diesem Sinn grundsätzlich *alles* gefälscht werden kann – einschließlich Werke der Musik und der Literatur. Jemand kann ein Gedicht schreiben und es als bisher nicht entdecktes Werk Goethes ausgeben. Jemand kann ein Lied schreiben und behaupten, es handle sich um ein bislang verschollenes Werk Schuberts. Die These, dass Werke der Musik und der Literatur grundsätzlich nicht fälschbar sind, ist also offenkundig falsch.

Wir können ergänzend hinzufügen: Es trifft auch nicht zu, dass jede Kopie eines Gemäldes eine Fälschung ist. Beispielsweise wurde das Gemälde *Der Turmbau zu Babel* (ca. 1565) von Pieter Breughel (dem Älteren) drei Mal kopiert – und zwar von seinem Sohn, Pieter Breughel (dem Jüngeren). Diese Kopien waren natürlich keine Fälschungen, weil Pieter Breughel der Jüngere keine von ihnen als Original ausgegeben hat.

Wie erwähnt soll das Fälschbarkeitsargument zeigen, dass Werke der bildenden Kunst (im Gegensatz zu Werken der Musik und der Literatur) notwendigerweise singulär sind. Das Argument scheitert daran, dass die zugrunde liegende These der Unfälschbarkeit von Werken der Musik und der Literatur falsch ist. Man könnte allerdings versuchen, ein Argument, das in derselben Intuition wurzelt, ohne diese falsche These zu konstruieren. Dieses Argument könnte wie folgt lauten: Von Werken der Musik und der Literatur kann es zahlreiche Exemplare geben, von Werken der bildenden Kunst jedoch nicht. Eine Kopie eines Romans ist ein Exemplar desselben Romans, eine Kopie eines Gemäldes ist aber ein anderes Gemälde (selbst wenn es vom Original ununterscheidbar ist). Daher müssen Werke der bildenden Kunst mit ihren materiellen Manifestationen identisch sein.

Dieses Argument wird der „materialistischen" Intuition ebenso gut gerecht wie das Argument von der Unfälschbarkeit. Diese Intuition lautet, dass es Künste gibt, in denen ein wesentlicher Unterschied zwischen einem Original und einer Kopie besteht – ein Unterschied, der sich nicht durch grundsätzlich wahrnehmbare Unterscheidungsmerkmale zwischen Original und Kopie erklären lässt (da ja nicht einmal eine vom Original *ununterscheidbare* Kopie als zweites Exemplar desselben Werks gelten soll).

Singularität impliziert nicht Materialität

Zu diesem Argument ist Folgendes zu sagen: Selbst wenn es wahr wäre, dass es von einem Werk der bildenden Kunst unmöglich mehrere Exemplare geben kann, so würde daraus nicht folgen, dass das Werk mit der materiellen Manifestation identisch ist. Die Annahme, dass manche abstrakten Gegenstände nur einmal instantiiert werden können, ist nicht in sich widersprüchlich.

Immerhin ist aber zuzugeben, dass vielfache Instantiierbarkeit einer der wesentlichen Gründe für die Annahme der Abstraktheitsthese ist. Das bedeutet in der Umkehrung: Wenn es zuträfe, dass manche Werke *nicht* vielfach instantiierbar sind, dann wäre das ein ernst zu nehmender Einwand gegen die These, dass alle Werke abstrakte Gegenstände sind. Die Frage ist also, ob es zutrifft, dass Werke der bildenden Kunst nicht vielfach instantiierbar sind.

Ist es grundsätzlich unmöglich, dass von ein und demselben Bild zwei Exemplare existieren – gerade so, wie von ein und demselben Musikstück zwei Aufführungen existieren können? – Diese Frage ist eindeutig mit „nein" zu beantworten. Es gibt keinen Grund für die Annahme, dass von ein und demselben Bild/ein und derselben Skulptur/ein und demselben Bauwerk grundsätzlich nicht zwei oder mehr Exemplare existieren können.

Vertreter des kunstontologischen Dualismus tendieren dazu, dem „Original" in der Kunst einen besonderen Stellenwert einzuräumen. Sie behaupten, dass eine Kopie, egal wie gut sie auch sei, niemals völlig dem Original gleichen könne (auch wenn wir vielleicht nicht sofort in der Lage sind, den Unterschied zu erkennen). Argumentiert wird zuweilen so: Angenommen, wir hätten zwei Gemälde vor uns, die für uns jetzt (und unter Verwendung aller uns jetzt zur Verfügung stehenden Mittel) völlig gleich aussehen, also ununterscheidbar sind. Wir könnten dennoch niemals ausschließen, dass wir eines Tages doch noch Unterschiede entdecken – vielleicht weil wir unseren Blick geschärft haben, vielleicht weil wir unsere technischen Hilfsmittel verfeinert haben, vielleicht auch, weil wir inzwischen über neue Informationen verfügen, die unsere Aufmerksamkeit auf Merkmale lenken, die wir vorher nicht beachtet haben.

Darauf ist zu entgegnen: Dass zwei Gegenstände qualitative Unterschiede aufweisen, schließt nicht aus, dass sie beide Exemplare ein und desselben Werkes sind. Wir haben bereits gesehen, dass sich verschiedene Aufführungen ein und desselben Musikwerks oder ein und desselben Schauspiels qualitativ deutlich unterscheiden können. Dennoch sind sie Aufführungen ein und desselben Werks.

Sind Werke der bildenden Kunst vollständig bestimmt?

Ein Gegenargument im Geiste des Dualismus könnte so lauten: Von Schauspielwerken und Musikstücken kann es verschiedene Aufführungen geben, weil diese Werke unvollständig bestimmt sind. Werke der bildenden Kunst sind aber gerade *nicht* unvollständig bestimmt. Ein Gemälde (das Gebilde aus Leinwand und Farbe) ist ein konkreter Gegenstand und daher *vollständig* bestimmt. Daher ist ein Werk der Malerei ein vollständig bestimmter Gegenstand.

Darauf ist zu sagen: Ein Gemälde ist natürlich ein vollständig bestimmter Gegenstand, aber daraus folgt nicht, dass das *Werk* vollständig bestimmt ist. Das würde nur folgen mit Hilfe der zusätzlichen Prämisse, dass das Werk der Malerei mit dem Gemälde identisch ist. Das soll aber gerade bewiesen werden und kann daher nicht als Prämisse in dem Argument zur Verwendung kommen.

Die Auffassung, dass es von Werken der bildenden Kunst jeweils nur ein einziges Exemplar geben kann, beruht unter anderem auf der Intuition, dass einfach *jedes* Merkmal eines Gemäldes für die Werkidentität relevant ist. Davon ausgehend wird argumentiert: Da wir niemals *sicher* sein können, ob zwei Gemälde sich wirklich in jedem Merkmal gleichen, können zwei Gemälde auch nicht Exemplare ein und desselben Werkes sein.

Dieses Argument funktioniert aber aus zwei Gründen nicht: Erstens ist es ein klarer Fehlschluss. Es mag sein (wie oben bereits ausgeführt), dass wir niemals *sicher* sein können, ob zwei Gemälde sich wirklich in jedem Merkmal gleichen. Daraus folgt aber nicht, dass zwei Gemälde nicht *faktisch* in jeder

Hinsicht gleich sein können. Das bedeutet: Selbst wenn jedes Merkmal eines Gemäldes relevant für die Werkidentität wäre, wäre die Existenz zweier Exemplare dadurch nicht grundsätzlich ausgeschlossen (wenn auch, zugegebenermaßen, sehr unwahrscheinlich gemacht). Zweitens (und das ist der wichtigere Punkt) gibt es keinen Grund zu der Annahme, dass wirklich *jedes* Merkmal eines Gemäldes für die Werkidentität relevant ist. Zum Beispiel gilt das wohl in den meisten Fällen für die *Rückseite* des Gemäldes. Das gilt aber noch mehr für jene Merkmale, die normale Rezipientinnen unter gewöhnlichen Bedingungen nicht bemerken können. Zum Beispiel sind Unterschiede zwischen zwei Gemälden, die nur mittels einer elektronenmikroskopischen Vergrößerung oder einer chemischen Analyse einzelner Partikel herausgefunden werden können, im Normalfall für die Werkidentität einfach irrelevant. Es wurde weiter oben gesagt, dass die Eigenschaften von Kunstwerken von den Künstlern bestimmt werden. Deren Intentionen legen fest, was relevant für die Werkidentität ist und was nicht. Es ist anzunehmen, dass die Beschaffenheit der Rückseite eines Gemäldes für die meisten Malerinnen in den meisten Fällen irrelevant ist. Keinesfalls können die Künstler aber Merkmale intendiert haben, von deren Existenz sie gar nicht wussten (wie eben zum Beispiel die genaue chemische Zusammensetzung einer Farbe).

Es kann also festgehalten werden, dass es keinen zwingenden Grund gibt, Werke der bildenden Kunst und Architektur einer anderen ontologischen Kategorie zuzuordnen wie Werke der Musik und der Literatur.

7. Fiktive Gegenstände und dargestellte Welten

Ein Spezialproblem der Ontologie der Kunst (allerdings eines, das viele Philosophen des 20. Jahrhunderts beschäftigt hat) ist das Problem der fiktiven Gegenstände. Unter einem „fiktiven Gegenstand" soll hier und im Folgenden eine Figur oder ein Ding aus einem fiktionalen Werk verstanden werden. Pegasus, das geflügelte Pferd aus der griechischen Mythologie, ist also ein fiktiver Gegenstand, ebenso wie Sherlock Holmes, der Held aus den Detektivgeschichten von Arthur Conan Doyle, oder Oskar Matzerath, der Junge mit der Blechtrommel aus Günter Grass' berühmtem Roman.

Das Problem der fiktiven Gegenstände

Das Grundproblem mit fiktiven Gegenständen ist Folgendes: Offenbar kann man über fiktive Gegenstände sprechen, und man kann Wahres über sie sagen, zum Beispiel: „Pegasus ist ein geflügeltes Pferd." Es scheint, dass das ein wahrer Satz über Pegasus ist, im Gegensatz etwa zu: „Pegasus ist ein Mensch mit einem Stierkopf." Ersterer Satz würde bei einer Prüfung über die griechische Mythologie oder einem Ratespiel als richtige Antwort auf die Frage „Wer oder was ist Pegasus?" gewertet werden, letzterer nicht.

Nun ist es aber so, dass, gemäß einleuchtender logischer Prinzipien, aus dem Satz „Pegasus ist ein Pferd mit Flügeln" zwei Existenzsätze logisch folgen, nämlich einerseits der singuläre Existenzsatz „Pegasus existiert" und andererseits der generelle Existenzsatz „Es gibt Flügelpferde". Aber so weit wir wissen ist es eine Tatsache, dass Flügelpferde im Allgemeinen und Pegasus im Besonderen nicht existieren und niemals existiert haben. Aus einem wahren Satz können aber nur wahre Sätze logisch folgen. Es kann also nicht sein, dass „Pegasus ist ein Flügelpferd" wahr ist und zugleich Flügelpferde im Allgemeinen und Pegasus im Besonderen nicht existieren. Dennoch haben wir offenbar gute Gründe, den Satz „Pegasus ist ein Flügelpferd" für wahr zu halten und die Existenzsätze „Pegasus existiert" und „Es gibt Flügelpferde" nicht für wahr zu halten.

Die Geschichtenoperatoren-Strategie

Es gab und gibt verschiedene Versuche, dieses Dilemma aufzulösen. Einer davon ist die so genannte *„Geschichtenoperatoren-Strategie"*. Ein „Geschichtenoperator" ist ein Ausdruck der Art „gemäß einer Geschichte gilt" oder „in einer Geschichte gilt". Die Geschichtenoperatoren-Strategie besteht darin, Sätzen über fiktive Gegenstände einen Geschichtenoperator voranzustellen. Aus dem Satz „Pegasus ist ein Pferd mit Flügeln" wird somit: „Gemäß einer Geschichte gilt: Pegasus ist ein Pferd mit Flügeln." Aus dem Satz „Pegasus existiert" wird „Gemäß einer Geschichte gilt: Pegasus existiert". Ein Vertreter der Geschichtenoperatoren-Strategie würde also behaupten, dass der Satz „Pegasus ist ein Flügelpferd" streng genommen nicht wahr ist. Wahr ist nur der Satz „Gemäß einer Geschichte gilt: Pegasus ist ein Flügelpferd". Kompetente Sprecher, so könnte man argumentieren, erkennen für gewöhnlich aus dem Kontext einer Äußerung, wann von fiktiven Gegenständen die Rede ist. Es versteht sich dann für sie von selbst, dass alles, was gesagt wird, nur „gemäß einer Geschichte" gilt. Daher tendieren wir außerhalb philosophischer Diskurse dazu, den Geschichtenoperator nicht ausdrücklich anzuführen; aber wir denken ihn sozusagen mit.

Die Geschichtenoperatoren-Strategie ist auf den ersten Blick sehr plausibel; und sie bietet tatsächlich eine Lösung für das geschilderte Problem. Denn aus „Gemäß einer Geschichte gilt: Pegasus ist ein Flügelpferd" folgt weder, dass Pegasus existiert, noch dass Flügelpferde im Allgemeinen existieren. Allenfalls folgt daraus: „Gemäß einer Geschichte gilt: Pegasus existiert" und „Gemäß einer Geschichte gilt: Es gibt Flügelpferde". Die letzteren beiden Sätze widersprechen aber nicht unserer Überzeugung, dass sich unter den Lebewesen der Erde keine Flügelpferde befinden und sind daher unproblematisch.

Probleme der Geschichtenoperatoren-Strategie

Aber leider ist die Geschichtenoperatoren-Strategie nicht auf *alle* Sätze über fiktive Gegenstände anwendbar. Betrachten wir den Satz: „Pegasus ist eine Figur aus der griechischen Mythologie." Auch das scheint ein wahrer Satz über Pegasus zu sein; und auch aus diesem Satz folgt, dass Pegasus existiert; und es folgt außerdem, dass mindestens eine Figur aus der griechischen Mythologie existiert. Diese Existenzbehauptungen folgen aufgrund derselben logischen Prinzipien, aufgrund derer „Pegasus existiert" und „Es gibt Flügelpferde" aus „Pegasus ist ein Flügelpferd" folgt. Aber in diesem Fall ist die Geschichtenoperatoren-Strategie keine Lösung. Denn wir können dem Satz „Pegasus ist eine Figur aus der griechischen Mythologie" keinen Geschichtenoperator voranstellen, oder vielmehr: wir können es tun, aber das Resultat wäre ein falscher Satz. Denn *gemäß der relevanten Geschichte* ist Pegasus *keine mythologische Figur*, sondern ein reales Wesen aus Fleisch und Blut.

Es bleibt also dabei, dass es anscheinend wahre Sätze über fiktive Gegenstände gibt, aus denen folgt, dass fiktive Gegenstände existieren. Die Geschichtenoperatoren-Strategie vermag das Dilemma nicht aufzulösen.

Fiktive Gegenstände als Typen

Der Lösungsansatz, für den ich hier plädiere, betrifft nicht die Existenz, sondern die *Natur* fiktiver Gegenstände. Das Problem löst sich mit einem Schlag auf, sobald man etwa an Pegasus als eine *fiktive Figur* denkt – nicht als *Lebewesen*. Fiktive Figuren gehören derselben ontologischen Kategorie an wie literarische Werke: Sie sind *Typen*, also abstrakte Gegenstände, die in konkreten Dingen realisiert sein können, aber nicht sein müssen. Sie sind konstitutive Bestandteile jener fiktionalen Werke, in denen sie „vorkommen".

Das Element der dargestellten Welt

Wir können sagen, dass manche Werke, zusätzlich zu dem physikalischen Element und dem Erlebniselement, noch ein drittes Element enthalten, nämlich etwas, das man die „dargestellte Welt" des Werks nennen könnte. Literarische Werke und Filmwerke (von wenigen Ausnahmen abgesehen) haben eine dargestellte Welt, Musikwerke haben meist keine, darstellende Werke der bildenden Kunst haben eine, abstrakte Gemälde nicht. Fiktive Gegenstände sind Bestandteile dargestellter Welten. Pegasus gehört zur dargestellten Welt der griechischen Mythologie, Sherlock Holmes gehört zur dargestellten Welt der Detektivgeschichten von Conan Doyle, Oskar Matzerath gehört zur dargestellten Welt der *Blechtrommel*.

Sobald man sich klar gemacht hat, was fiktive Gegenstände sind (nämlich Bestandteile dargestellter Welten und als solche abstrakte Gegenstände), kann man ihre Existenz akzeptieren, ohne in einen Widerspruch zu bestimmten empirischen Überzeugungen zu geraten (etwa der, dass es niemals Pferde mit Flügeln gab). Wenn fiktive Gegenstände Anlass zu philosophischer Beunruhigung geben, dann liegt die Ursache meist in der falschen Annahme, dass wir uns mit einem Namen wie „Pegasus" auf ein Wesen aus Fleisch und Blut beziehen statt auf eine literarische Figur, also einen Typus.

Wie kann ein abstrakter Gegenstand geflügelt sein?

Allerdings kann man sehr leicht zu dieser falschen Annahme gelangen. Denn viele der Eigenschaften, die wir fiktiven Gegenständen zusprechen, scheinen Eigenschaften zu sein, die abstrakte Gegenstände gar nicht haben können. Wir haben keine Schwierigkeiten, wenn wir von einem fiktiven Gegenstand sagen, dass er eine Figur aus einem Mythos ist oder dass er von Conan Doyle erfunden wurde. Prädikate wie „ist eine Figur aus einem Mythos" oder „wurde von … erfunden" können durchaus Prädikate abstrakter Gegenstände sein. Betrachten wir aber im Gegensatz dazu etwa das Prädikat „ist ein geflügeltes Pferd": Pferde, ob geflügelt oder nicht, sind Lebewesen, keine abstrakten Gegenstände. Wir können also einem abstrakten Gegenstand ein Prädikat wie „ist ein Flügelpferd" nicht wahrheitsgemäß zusprechen.

Halten wir also fest: Wir können zwei Arten von Prädikaten unterscheiden, nämlich solche, die wir fiktiven Gegenständen problemlos zusprechen können und solche, die wir fiktiven Gegenständen nicht wahrheitsgemäß zusprechen können.

Demgemäß ist der Satz „Pegasus ist ein Flügelpferd", wörtlich genommen, *falsch*. Das wirft folgende Frage auf: Warum sind wir geneigt, den Satz „Pegasus ist ein Flügelpferd" (etwa als Antwort auf eine Quizfrage) als wahr zu akzeptieren, den Satz „Pegasus ist ein Mensch mit einem Stierkopf" aber nicht?

Noch einmal „Bestimmt-als-Prädikate"

Offenbar ist der erste Satz in irgendeinem Sinn doch näher bei der Wahrheit als der zweite. Es gibt eine Reihe von verschiedenen Versuchen, die Beziehung des Prädikats „ist ein Flügelpferd" zu Pegasus zu erklären. Einer davon ist der Folgende: Wir können das Prädikat „ist ein Flügelpferd" im Kontext von „Pegasus ist ein Flügelpferd" als eine unvollständige Formulierung eines anderen, komplexeren Prädikates interpretieren, welches lautet: „ist *bestimmt als* ein Flügelpferd". Wir können zwar nicht wahrheitsgemäß sagen, dass Pegasus *ein Flügelpferd* ist, aber wir können wahrheitsgemäß sagen, dass Pegasus *als ein Flügelpferd bestimmt* ist.

Wie alle Typen, so sind auch fiktive Gegenstände unvollständig bestimmt. Es ist zum Beispiel unbestimmt, ob Pegasus' Mähne eine gerade oder eine ungerade Anzahl von Haaren enthält; es ist unbestimmt, ob Sherlock Holmes ein Muttermal am Rücken hat oder nicht; und so fort.

8. Zusammenfassung, Lektürehinweise, Fragen und Übungen

Zusammenfassung

Die Frage dieses Kapitels lautet: „Sind Kunstwerke materielle, psychische oder abstrakte Gegenstände?" Es wurde argumentiert, dass Werke der Musik und der Literatur eine besondere Art von abstrakten Gegenständen sind, nämlich *Typen*. Typen sind Gegenstände, die in materiellen (oder auch psychischen) Vorkommnissen *instantiiert* sein können. Musikalische und literarische Werke können zum Beispiel in konkreten Aufführungen, Lesungen oder Rezitationen realisiert sein. Realisierungen sind zu unterscheiden von *Notationen*. Eine Partitur einer Symphonie ist keine Realisierung der Symphonie, sondern eine Notation. Außer Realisierungen und Notationen gibt es noch Produktionsartefakte (zum Beispiel CDs und andere Tonträger).

Die Beziehung zwischen Werken und ihren Realisierungen kann mit Hilfe des Begriffs „ist bestimmt als" definiert werden. Die dieser Definition zugrunde liegende Idee ist, dass ein Musikwerk zu komponieren heißt, die Eigenschaften von Aufführungen des Werks festzulegen.

Es werden niemals *alle* Eigenschaften möglicher Realisierungen festgelegt. In diesem Sinn sind Werke *unvollständig bestimmt*. Die „Unvollständigkeitsstellen" in einem Werk werden von den Interpreten ausgefüllt. Daher kann es qualitativ verschiedene korrekte Realisierungen von Werken geben.

Es scheint plausibel anzunehmen, dass es neben den materiellen Werkrealisierungen auch psychische Werkrealisierungen gibt, das heißt: Erlebnisse von Rezipienten, die von den Autorinnen intendiert wurden.

Nach gängiger Auffassung sind Werke der bildenden Kunst keine abstrakten, sondern konkrete materielle Gegenstände. Bei näherer Betrachtung erweisen sich die Argumente für diese ontologische Zweiteilung jedoch als schwach.

Lektürehinweise

Die zwei großen klassischen Arbeiten zur Ontologie der Kunst stammen von dem polnischen Phänomenologen Roman Ingarden (siehe [122] und [123]). Diese Schriften sind keine leichte Kost, aber nach wie vor lesenswert für alle, die sich in das Thema vertiefen wollen. Empfehlenswerte neuere Arbeiten sind [117], [121], [147], [149] und [151]. Wer sich einen guten Überblick über den Stand der Debatte verschaffen will, dem ist der von Reinold Schmücker herausgegebene Sammelband [142] zu empfehlen.

Die hier verteidigte Theorie ist in etwas anderer Weise dargestellt in [140], sowie, sehr viel ausführlicher, in [137]. Zur ontologischen Kategorie der Typen siehe [139].

Eine mentalistische Theorie vertreten Croce und Collingwood (siehe [68] und [116]).

Zur Ontologie des Musikwerks sind besonders die Arbeiten von Jerrold Levinson zu empfehlen (siehe [127] und [129]). Für Kritik an Levinson siehe [138].

Goodmans Auffassung über Notationen sowie einige Argumente der Dualismusthese (insbesondere das Fälschbarkeitsargument) finden sich in [119]. Für eine gründliche und überzeugende Kritik an Goodman siehe [134].

Ein Vertreter des kunstontologischen Dualismus ist Nicholas Wolterstorff (siehe [151]) und wohl auch (obwohl dieser sich nicht ganz eindeutig festlegt) Richard Wollheim (siehe [149]). Eindeutige Gegner des kunstontologischen Dualismus sind Gregory Currie (siehe [117]) und Roman Ingarden (siehe [123]).

Zum Problem der fiktiven Gegenstände siehe [124], [125], [131], [135], [136], [141], [145], [146], [147], [148] und [153].

Fragen und Übungen

- Erläutern Sie den Sinn der ontologischen Frage „Was für eine Art von Gegenständen sind Kunstwerke?"!
- Erläutern Sie die Unterscheidung zwischen materiellen, psychischen und abstrakten Gegenständen!
- Erläutern Sie die Typus-Vorkommnis-Unterscheidung!
- Warum kann ein Roman nicht mit einem materiellen Gegenstand (zum Beispiel einem Buch oder einem Manuskript) identisch sein? Geben Sie mindestens drei Argumente!
- Warum kann ein Roman nicht mit Vorgängen im Bewusstsein der Autorin oder der Leser identisch sein? Geben Sie mindestens drei Argumente!
- Warum kann ein Roman nicht ein Komplex aus materiellen Gegenständen (zum Beispiel Büchern) und Bewusstseinsvorgängen sein?
- Warum kann ein Musikwerk nicht mit einer Partitur, einer Aufführung oder einem Tonträger identisch sein? Geben Sie mindestens drei Argumente!
- Warum kann ein Musikwerk nicht mit Vorgängen im Bewusstsein des Komponisten oder der Hörerinnen identisch sein?
- In welchen materiellen und psychischen Gegenständen können musikalische und literarische Werke manifestiert sein?
- Welche Arten von materiellen Manifestationen können wir unterscheiden? Worin besteht der Unterschied zwischen Realisierungen, Notationen und Produktionsartefakten? Geben Sie für jede Art von materieller Manifestation Beispiele!
- Welche Funktionen können Notationen erfüllen? Wie ist es zu erklären, dass es in der bildenden Kunst keine ähnlich hoch entwickelten Notationssysteme gibt wie in der Musik?
- Erläutern Sie die Beziehung zwischen Werken und ihren Realisierungen!
- In welchem Sinn sind Werke unvollständig bestimmt? Welche Auswirkung hat die Unvollständigkeit von Werken auf den Interpretationsspielraum bei der Produktion von Realisierungen?
- In welchen Gegenständen können *Erlebnistypen* realisiert sein?
- Ist ein nicht realisiertes Werk der bildenden Kunst aus logischen Gründen unmöglich? Wenn nicht, was bedeutet das für die These, dass Werke der bildenden Kunst mit materiellen Manifestationen identisch sind?
- Kann es von einem Werk der bildenden Kunst mehrere Exemplare geben? Wenn ja, was bedeutet das für die These, dass Werke der bildenden Kunst mit materiellen Manifestationen identisch sind?
- Welche Argumente werden von Verteidigern eines „kunstontologischen Dualismus" angeführt? Wie überzeugend finden Sie diese Argumente? Diskutieren Sie mindestens eines! Hier sind einige Fragen dazu:

- Hat die Art der Entstehung eines Werks (also zum Beispiel ob es notiert oder ohne Notation sofort realisiert wurde) Einfluss auf dessen ontologischen Status?
- Gibt es Kunstgattungen, für die es grundsätzlich unmöglich ist, ein Notationssystem zu entwickeln?
- Trifft es zu, dass Werke mancher Gattungen grundsätzlich nicht gefälscht werden können? Was ist der Unterschied zwischen „Originalfälschungen" und „Kopiefälschungen"?
- Angenommen, es wäre unmöglich, von einem Gemälde eine vom Original ununterscheidbare Kopie herzustellen: Würde daraus folgen, dass das Original und die Kopie nicht zwei Realisierungen desselben Werks sein können?
- Worin besteht das Problem der fiktiven Gegenstände?
- Worin besteht die „Geschichtenoperatoren-Strategie"?
- Warum ist die Geschichtenoperatoren-Strategie keine zufrieden stellende Lösung des Problems der fiktiven Gegenstände?

V. Was ist Kunst?

In diesem Kapitel geht es um den Versuch, eine Definition des Kunstbegriffs zu geben. Es werden eine Reihe von Theorien der Kunst dargestellt und kritisch erörtert. Den Anfang machen zwei historische Theorien, nämlich die Darstellungstheorie und die Ausdruckstheorie der Kunst, gefolgt vom kunstästhetischen Formalismus und der Institutionstheorie. Im vorletzten Abschnitt wird eine *skeptische* Theorie diskutiert, die so genannte „Familienähnlichkeitstheorie" der Kunst. Am Ende des Kapitels wird eine Definition von Kunst vorgeschlagen, die auf der Annahme beruht, dass Kunst eine Form der Kommunikation ist.

1. Aufgaben und Gegenstand der Kunsttheorie

Die Frage nach dem Wesen der Kunst

Die vielleicht fundamentalste Frage der Theorie der Kunst lautet: „Was ist Kunst?" Das ist die Frage nach dem Wesen der Kunst. Es geht dabei darum, notwendige und hinreichende Bedingungen dafür anzugeben, dass etwas ein Kunstwerk ist. Mit anderen Worten: Es geht darum, herauszufinden, was Gegenstände, die Kunstwerke sind, von Gegenständen unterscheidet, die keine Kunstwerke sind.

Spätestens im 20. Jahrhundert wurde diese Frage drängend. Denn bei vielen Objekten, die in Museen zeitgenössischer Kunst ausgestellt werden, drängt sich die Frage auf: Ist das Kunst? Oder, wenn man nicht daran zweifelt, dass es Kunst ist, dann drängt sich zumindest die Frage auf: *Warum* ist es Kunst?

Das Wort „Kunst" wurde und wird in verschiedenen Bedeutungen verwendet; nicht alle von diesen spielen in der Kunstästhetik eine Rolle. So hat man früher unter „Kunst" oft eine besondere Fähigkeit oder Fertigkeit verstanden, die entweder handwerklicher oder wissenschaftlicher oder im heutigen Sinn „künstlerischer" Natur sein konnte. Dieser Gebrauch von „Kunst" ist auch heute noch nicht ganz verschwunden; wir finden ihn zum Beispiel in Wendungen wie: „die Kunst des Fliegenfischens", „die Kunst des Bierbrauens" oder „die Kunst der Thai-Massage", aber auch in Ausdrücken wie „Heilkunst" oder „Kochkunst".

Die „schönen Künste"

Diese „Künste" sind nicht Gegenstand der Kunstästhetik. Gegenstand der Kunstästhetik ist das, was man auch als die „schönen Künste" bezeichnet, also zum Beispiel Musik, Malerei, Bildhauerei, Literatur. Diese Bezeichnung wurde eingeführt, um das, was wir heute meist einfach „Kunst" nennen, von handwerklichen und wissenschaftlichen Fähigkeiten abzugrenzen.

Künstlerische und handwerkliche Fähigkeiten sind freilich nicht immer scharf voneinander zu trennen. Vielen künstlerischen Erzeugnissen kann man auch als Laie ohne weiteres ansehen, dass zu ihrer Herstellung außerordentliche handwerkliche Fähigkeiten notwendig gewesen sein müssen, Fähigkeiten, die man nur durch lange Übung erwerben kann. Das gilt insbesondere für die bildende Kunst bis ins 19. Jahrhundert. Für die bildende Kunst des 20. Jahrhunderts gilt das aber nur noch eingeschränkt. Viele Werke der Malerei des 20. Jahrhunderts beeindrucken nicht dadurch, dass sie offensichtliche Beispiele besonderer Kunstfertigkeit sind. Deshalb ist eine häufige Reaktion des Publikums auf solche Werke auch der Ausruf: „Das kann ich auch!“ Und manche drücken ihre Skepsis aus mit den Worten: „Kunst kommt von Können!“, wobei mit „Können“ offenbar irgendeine Art von – im weitesten Sinn – handwerklicher Fertigkeit gemeint ist.

Kommt „Kunst“ von „Können“?

Ist handwerkliche Kunstfertigkeit eine notwendige und hinreichende Bedingung dafür, dass etwas Kunst ist? Mit anderen Worten: Zeichnet sich ein Kunstwerk dadurch aus, dass für seine Herstellung eine besondere Kunstfertigkeit nötig war?

Das ist sicher nicht der Fall. Selbst wenn ein gewisses Maß an handwerklichem Können eine *notwendige* Bedingung dafür wäre, dass etwas ein Kunstwerk ist, so wäre es ganz sicher keine hinreichende Bedingung. Denn es gibt viele Erzeugnisse, für deren Herstellung eine besondere handwerkliche Kunstfertigkeit nötig ist, und die trotzdem im Allgemeinen nicht als Kunstwerke betrachtet werden. Man braucht besondere Fertigkeiten für die Herstellung eines Kleiderschranks oder eines Blätterteigs oder eines Wintermantels. Aber solche Gegenstände betrachten wir normalerweise nicht als Kunstwerke, sondern als Handwerkserzeugnisse. Das „Können“ unterscheidet also nicht die Gegenstände des Handwerks von den Gegenständen der „schönen Künste“.

2. Die Darstellungstheorie

Nach einer traditionellen Auffassung geht es in der Kunst in erster Linie darum, Dinge, Personen, Ereignisse etc. darzustellen. Eine dieser Tradition entsprechende Definition der Kunst könnte etwa lauten:

Die Darstellungsdefinition der Kunst

> x ist ein Kunstwerk genau dann, wenn es ein y gibt, so dass gilt: x stellt y dar.

Ich nenne diese Definition im Folgenden kurz die „Darstellungsdefinition“ der Kunst. Eine erste Schwierigkeit mit der Darstellungsdefinition besteht darin, dass es keineswegs klar ist, was es genau heißt, dass ein Gegenstand (zum Beispiel ein Bild) einen anderen Gegenstand (zum Beispiel eine Vase, eine Frau, einen Kampf) darstellt.

Wir können vorwegnehmend sagen, dass die Darstellungsdefinition als generelle Definition der Kunst nicht adäquat ist. (Die Argumente für diesen negativen Befund werden weiter unten geliefert.) Nichtsdestotrotz spielt das Darstellen in der Kunst eine wesentliche Rolle. Viele Kunstwerke stellen etwas dar, und die darstellende Komponente ist oft einer der Angelpunkte unseres Interesses an einem Werk. Deshalb ist es lohnend, sich innerhalb der Ästhetik mit der Frage zu beschäftigen, was es eigentlich bedeutet zu sagen, dass ein Gegenstand x einen Gegenstand y darstellt. Was bedeutet also genau „x stellt y dar“?

Vom Darstellen ist im Diskurs über Kunst in verschiedenen, wenn auch miteinander verwandten Bedeutungen die Rede. Wir sagen zum Beispiel, dass eine Schriftstellerin in einem Roman die Geschichte einer Familie darstellt. Hier bedeutet „darstellen" ungefähr dasselbe wie „erzählen" oder „beschreiben". Um Darstellen in diesem Sinn soll es im Folgenden *nicht* gehen. Wir sagen auch, dass ein Schauspieler auf der Bühne oder im Film eine Figur darstellt. Hier hat „darstellen" offenbar eine andere Bedeutung als in „Der Roman stellt die Geschichte einer Familie dar". Aber auch vom Darstellen in diesem Sinn soll es im Folgenden nicht gehen, wenngleich wir damit dem Darstellen, um das es gehen soll, schon einen großen Schritt näher kommen. Ich spreche hier und im Folgenden von „darstellen" in jenem Sinn, in dem wir das Wort verwenden in Sätzen wie „Diese Zeichnung stellt eine weibliche Figur dar" oder „Dieses Gemälde stellt Kaiserin Elisabeth von Österreich-Ungarn dar".

Was bedeutet „x stellt y dar"?

Die meisten Beispiele für diese Art des Darstellens stammen aus der bildenden Kunst. Die Frage ist also: Was meinen wir genau damit, wenn wir sagen, dass zum Beispiel ein Bild das-und-das darstellt? Mit anderen Worten: Wir suchen nach einer Definition für den Ausdruck „x stellt y dar", wobei „x" für einen raum-zeitlichen Gegenstand (zum Beispiel ein Bild, eine Skulptur) steht.

Eine mögliche Definition von „x stellt y dar" lautet:

Die Ähnlichkeitsdefinition des Darstellens

> x stellt y dar genau dann, wenn x y ähnlich ist.

Wir können diese Definition die „Ähnlichkeitsdefinition" von „x stellt y dar" nennen. Diese Definition passt insbesondere für eine spezielle Variante der Darstellungstheorie, der gemäß „darstellen" in der Kunst so viel wie „nachahmen" bedeutet. Tatsächlich hat sich lange Zeit die Auffassung gehalten, dass das Wesen der Kunst in der Nachahmung der Natur bestehe.

Die Ähnlichkeitsdefinition ist jedoch aus mehreren Gründen verfehlt. Üblicherweise verstehen wir Ähnlichkeit als *Gemeinsamkeit von Eigenschaften*. In diesem Sinn könnte man Ähnlichkeit so definieren:

> x ist y ähnlich genau dann, wenn x und y mindestens eine Eigenschaft gemeinsam haben.

Bei genauerer Betrachtung erweist sich diese Definition der Ähnlichkeit in verschiedenen Hinsichten als problematisch; aber die Diskussion dieser Schwierigkeiten wäre aufwendig und würde für unsere Fragestellung hier kaum einen Gewinn erbringen. Wir werden daher jetzt und im Folgenden einfach so tun, als gäbe es an dieser Definition nichts auszusetzen.

Einwände gegen die Ähnlichkeitsdefinition des Darstellens

Was ist nun aber das Problem mit der Ähnlichkeitsdefinition des Darstellens? – Stellen wir uns zwei Gegenstände vor, nämlich: 1. eine ausgewachsene Buche und 2. ein Bild (rechteckig, ca. 50 x 70 cm, Tusche auf Papier), das jene Buche darstellt. Wir wollen annehmen, dass das Bild eine so genannte „realistische" Darstellung der Buche ist und dass sie als solche gelungen ist.

Wie steht es in diesem Standardfall des Darstellens mit der Ähnlichkeit des Bildes mit dem abgebildeten Gegenstand? Es ist leicht einzusehen, dass das Bild mit dem Abgebildeten nicht viele Eigenschaften gemeinsam hat, abgesehen von sehr allgemeinen, wie zum Beispiel der Eigenschaft, ein materielles Ding zu sein, der Eigenschaft, ausgedehnt zu sein und Ähnliches. Aber gerade in jenen Eigenschaften, die wir als charakteristisch für den Baum bzw. das Bild zu betrachten geneigt sind, herrscht kaum Übereinstimmung: Das Bild ist rechteckig, der Baum nicht. Der Baum ist viele Meter hoch; das Bild ist viel kleiner. Der Baum ist dreidimensional, das Bild zweidimensional, und so fort.

Trotzdem sagen wir ohne zu zögern, dass das Bild einen Baum darstellt. Wir können also festhalten, dass Ähnlichkeit im explizierten Sinn jedenfalls keine *notwendige* Bedingung dafür ist, dass ein Gegenstand einen anderen darstellt.

Ähnlichkeit ist aber auch keine *hinreichende* Bedingung dafür, dass ein Gegenstand einen anderen darstellt. Denn nicht jeder Gegenstand x, der einem Gegenstand y ähnlich ist, stellt den Gegenstand y dar. Zwei ausgewachsene Buchen sind einander in vielen Hinsichten ähnlich, ohne dass die eine die andere darstellen würde. Jeder Gegenstand ist sich selber ähnlich, aber kein Gegenstand ist eine Darstellung seiner selbst. Ähnlichkeit ist symmetrisch, Darstellung nicht: Wenn ein Porträt der Kaiserin Maria Theresia Maria Theresia ähnlich ist, dann ist Maria Theresia auch ihrem Porträt ähnlich. Aber wenn ein Porträt Maria Theresia darstellt, dann stellt deshalb nicht Maria Theresia ihr Porträt dar. Darüber hinaus besteht zwischen einem Porträt von Maria Theresia und einem Porträt von Katharina der Großen mehr Ähnlichkeit als zwischen einem Porträt von Maria Theresia und Maria Theresia – einfach deshalb, weil zwei Bilder im Allgemeinen mehr gemeinsame Eigenschaften haben als ein Bild und ein Mensch. Dennoch würden wir nicht sagen, dass das Porträt von Maria Theresia das Porträt von Katharina der Großen darstellt.

Ist Darstellen eine Relation?

Es gibt noch einen weiteren problematischen Aspekt der Ähnlichkeitsauffassung von „x stellt y dar", der um seiner selbst willen Beachtung verdient: „Anna ist ihrer Schwester Barbara ähnlich" impliziert, dass sowohl Anna als auch Barbara existieren – oder zumindest existiert haben. Der Satz „Anna ist ihrer Schwester Barbara ähnlich" impliziert also: „Anna existiert gegenwärtig oder hat irgendwann existiert und Barbara existiert gegenwärtig oder hat irgendwann existiert." Weil das sehr umständliche Formulierungen sind, werde ich im Folgenden nur die Bedingung der gegenwärtigen Existenz ausdrücklich formulieren. Gemeint ist aber stets „existiert oder hat existiert". Verallgemeinernd können wir sagen: Dass zwei Gegenstände x, y einander ähnlich sind, impliziert, dass sowohl x als auch y existieren. Wie steht es nun aber mit „x stellt y dar"? Impliziert das, dass sowohl x als auch y existieren? Anders gefragt: Ist Darstellen eine Relation, so wie Ähnlichkeit eine Relation ist?

Die systematische Mehrdeutigkeit von „x stellt y dar"

Diese Frage ist nicht einfach mit „ja" oder „nein" zu beantworten. Offenbar wird das Wort „darstellen" manchmal in relationaler und manchmal in nicht-relationaler Bedeutung verwendet. Betrachten wir zum Beispiel den Satz: „Edouard Manets Gemälde *Die Frau mit Fächern* stellt die Dichterin und Muse Anne Gaillard dar, die unter dem Namen ‚Nina de Callias' bekannt war." In diesem Kontext wird „darstellen" offenbar relational verwendet. Es wäre seltsam, wenn jemand ernsthaft diesen Satz äußern und im selben Atemzug bezweifeln würde, dass Anne Gaillard jemals tatsächlich existiert hat. Vergleichen wir damit den Satz „Botticellis *Geburt der Venus* stellt die römische Göttin der Liebe dar". Hier ist offenbar nicht impliziert, dass die römische Göttin der Liebe jemals existiert hat.

Der Kontrast zwischen diesen beiden Bedeutungen von „x stellt y dar" kommt klar zum Vorschein, wenn wir den Satz „Botticellis *Geburt der Venus* stellt die römische Göttin der Liebe dar" vergleichen mit dem Satz „Botticellis *Geburt der Venus* stellt Simonetta Vespucci, die Geliebte des Giuliano de Medici, dar". In der Tat war Simonetta Vespucci Botticellis Modell für die *Geburt der Venus*. Daher ist es *in einem Sinn* wahr, dass Botticellis *Geburt der Venus* Simonetta Vespucci darstellt. In einem *anderen* Sinn ist aber wahr, dass Botticellis *Geburt der Venus* die römische Göttin der Liebe darstellt. Hätte der Ausdruck „stellt … dar" in diesen beiden Sätzen dieselbe Bedeutung, so würde aus ihnen folgen, dass entweder Simonetta Vespucci identisch ist mit der römischen Göttin der Liebe oder dass Botticellis *Geburt der Venus* zwei Frauengestalten darstellt. Beides ist offenkundig falsch. Wir können diesen offensichtlichen Fehlschluss vermeiden, indem wir uns klar machen, dass wir es bei „stellt … dar" mit einer Äquivokation (also einem vieldeutigen Ausdruck) zu tun haben, der im ersten Satz etwas anderes bedeutet als im zweiten.

Wir können also festhalten, dass Ausdrücke der Form „x stellt y dar" systematisch mehrdeutig sind. Sie können sowohl relational als auch nicht relational gebraucht werden, und im Diskurs über Kunstwerke gibt es zweifellos beide Gebrauchsweisen. Wenn von Porträts historischer Persönlichkeiten oder historischen Stadtansichten oder Schlachtengemälden die Rede ist, wird „x stellt y dar" üblicherweise relational zu verstehen sein. Aber wenn wir sagen, dass ein Gemälde eine Szene oder eine Figur aus der griechischen Mythologie darstellt, oder wenn wir sagen, dass viele von M. C. Eschers Zeichnungen unmögliche Gegenstände darstellen, dann verwenden wir „darstellen" im Allgemeinen nicht-relational. Das bedeutet: Aus „x stellt y dar" folgt nicht immer, dass ein dargestelltes y existiert oder existiert hat. Hingegen folgt aus „x ist y ähnlich" stets, dass sowohl x als auch y existieren, oder jedenfalls existiert haben. Auch aus diesem Grund kann „x stellt y dar" nicht dasselbe bedeuten wie „x ist y ähnlich".

Das Folgende ist eine alternative Definition von „x stellt y dar":

Die konventionalistische Definition des Darstellens

> x stellt y dar genau dann, wenn es eine Konvention gibt derart, dass x ein Zeichen für y ist.

Wir können das die „konventionalistische Definition des Darstellens" nennen. Nach dieser Auffassung ist jede Art des Darstellens im Wesentlichen symbolisch. Das heißt: Der darstellende Gegenstand ist ein Symbol des Dargestellten.

Indexikalische, ikonische und symbolische Zeichen

Ich verwende den Ausdruck „Symbol" hier im Sinne der auf den amerikanischen Philosophen Charles Sanders Peirce zurückgehenden Zeichentheorie. Innerhalb dieser Theorie werden grundsätzlich drei Arten von Zeichen unterschieden, nämlich *indexikalische* Zeichen (*Indizes*), *ikonische* Zeichen (*Ikone*) und *symbolische* Zeichen (*Symbole*).

Im Fall der indexikalischen Zeichen besteht zwischen Zeichen und Bezeichnetem eine *natürliche* Beziehung. Zum Beispiel ist Rauch ein indexikalisches Zeichen für Feuer, eine gelbe Gesichtsfarbe bei einem Europäer ist ein indexikalisches Zeichen für eine Entzündung der Leber, welke Blätter bei einer Pflanze sind ein indexikalisches Zeichen für Wassermangel. In diesen Fällen wird die Bezeichnungsrelation also dadurch hergestellt, dass (im Standardfall) eine Kausalbeziehung zwischen Bezeichnetem und Zeichen besteht. Rauch ist (meistens) von Feuer verursacht, eine gelbe Gesichtsfarbe durch eine Entzündung der Leber, welke Blätter durch Wassermangel.

Im Fall der ikonischen Zeichen besteht keine solche natürliche Beziehung zwischen Zeichen und Bezeichnetem. Vielmehr soll hier die Bezeichnungsrelation durch Ähnlichkeit (im weitesten Sinn) hergestellt werden. (Wir wollen jetzt die oben besprochenen Probleme mit dem Ähnlichkeitsbegriff einmal außer Acht lassen.) Ikone sind bildhafte Zeichen. Gute Beispiele für Ikone sind viele der Zeichen auf den Benutzeroberflächen moderner Computer: etwa die Zeichen für den „Papierkorb", den Drucker oder das E-Mail-Programm. Wir können (bis zu einem gewissen Grad jedenfalls) erkennen, wofür sie stehen, ohne dass wir das lernen müssten.

Im Fall der Symbole hingegen besteht weder eine natürliche noch eine Ähnlichkeitsbeziehung zwischen Zeichen und Bezeichnetem. Hier wird die Bezeichnungsrelation durch *Übereinkunft* hergestellt. Unsere Schriftsprache besteht aus lauter symbolischen Zeichen (im Gegensatz etwa zur Bilderschrift der alten Ägypter, die in großem Maß ikonisch ist). Wofür ein Symbol steht (also was es darstellt), ist völlig beliebig. Es ist nur durch Konventionen geregelt. In der deutschen Sprache ist das Wort „Baum" ein Symbol für einen Baum und das Wort „Haus" ein Symbol für ein Haus. Es könnte aber auch umgekehrt sein. Dass es so ist, wie es ist, liegt daran, dass es in der deutschen Sprache bestimmte Regeln gibt, die bestimmen, wofür die Wörter stehen.

Das Darstellen, um das es uns hier geht, beruht, in der Peirce'schen Terminologie ausgedrückt, auf ikonischen Zeichenbeziehungen. Vor dem Hintergrund der Peirce'schen Unterscheidung der drei Zeichentypen könnte man nun die konventionalistische Theorie des Darstellens durch die folgende These charakterisieren: Es gibt in Wirklichkeit keinen Unterschied zwischen ikonischen und symbolischen Zeichen. Die so genannten „ikonischen" Zeichen bezeichnen auch bloß durch Übereinkunft. Wir müssen sie ebenso lernen wie die so genannten „symbolischen" Zeichen.

Nach der konventionalistischen Theorie des Darstellens könnte man von einer „Sprache der Bilder" sprechen, und das wäre mehr als eine bloße Metapher. Die konventionalistische Theorie betrachtet bildliche Darstellung in der Tat als eine Sprache, das heißt, als etwas, das im Wesentlichen gleich funktioniert wie etwa das Deutsche oder das Englische.

Für die konventionalistische Theorie spricht, dass es verschiedene Systeme der bildlichen Darstellung gibt und dass zumindest manche dieser Unter-

Konventionen in bildlichen Darstellungen

schiede durch Konventionen erklärt werden können. Zum Beispiel wurden bekanntlich in der altägyptischen Malerei die Köpfe menschlicher Figuren von der Seite dargestellt, ihre Körper hingegen in der Vorderansicht. Es ist klar, dass wir diese Darstellungen nicht so interpretieren sollen, dass die dargestellten Menschen missgestaltete Kreaturen sind, deren Köpfe um 90 Grad versetzt gewachsen sind. Das wäre eine krasse Fehlinterpretation. Vielmehr gab es in der Kunst dieser Kultur eine Konvention, dass (normal gewachsene) menschliche Figuren so und nicht anders darzustellen sind.

Einwände gegen die konventionalistische Definition des Darstellens

Gegen die konventionalistische Theorie spricht zunächst, dass wir manche bildlichen Darstellungen „realistischer" finden als andere. Manche Konventionalisten erklären, der Eindruck des „Realismus" sei nur durch Gewohnheit begründet. Uns erscheine diejenige Darstellungsweise am realistischsten, mit der wir am meisten vertraut sind. Dagegen kann zunächst eingewendet werden, dass der interkulturelle Transfer von bildlichen Darstellungen sehr viel leichter vor sich geht, als nach der konventionalistischen Theorie zu erwarten wäre – unvergleichlich leichter etwa als der Transfer natürlicher Sprachen. Leute erkennen Bilder fast immer spontan, ohne vorhergehendes Training; und das gilt auch für kleine Kinder.

Es gibt aber noch ein anderes Argument gegen die konventionalistische Theorie: Sprachliche Regeln lassen sich *lernen* in einem Sinn, in der sich das Erkennen (bildlicher) Darstellungen *nicht* lernen lässt. Oder, etwas genauer gesagt: Einen sprachlichen Ausdruck zu verstehen (zum Beispiel ein Wort) ist eine Sache des *Wissens*. Man versteht ein Wort, wenn man *weiß*, was es bedeutet, das heißt, wenn man die Regeln seiner Verwendung kennt. Mit dem „Verstehen" (bildlicher) Darstellungen verhält es sich anders. Selbst wenn es eindeutige Regeln gäbe, so wäre es mit der Kenntnis dieser Regeln allein nicht getan. (Bildliche) Darstellungen sollen *erkannt* werden. Dieses Erkennen ist ein elementarer, aber wesentlicher Bestandteil des „Verstehens" von Werken der bildenden Kunst, insofern diese darstellend sind. Niemand kann behaupten, ein Gemälde, das eine Szene darstellt (sei diese nun historisch oder fiktiv), zu verstehen, wenn er nicht erkennt, dass bestimmte Konfigurationen von farbigen Flächen zum Beispiel Menschen darstellen.

Etwas als etwas anderes sehen

Das Erkennen einer Darstellung ist aber nicht dasselbe wie das Wissen um eine bestimmte Regel. Das Erkennen einer bildlichen Darstellung besteht vielmehr in einer bestimmten *Weise der Wahrnehmung*. Zu erkennen, dass eine Konfiguration aus Linien oder Flächen ein Gesicht darstellt, bedeutet, diese Konfiguration *als Gesicht zu sehen*. Das bedeutet natürlich nicht, dass wir eine Zeichnung mit einem Gesicht *verwechseln* bzw. für ein Gesicht halten. Deshalb wäre es streng genommen exakter zu sagen, dass wir eine Linienkonfiguration *als Bild eines Gesichts* bzw. *als Darstellung eines Gesichts* sehen. Aber ich bleibe aus Einfachheitsgründen bei der kürzeren und vertrauteren Redeweise, also beispielsweise: Wir sehen einen Kreis mit zwei Punkten und einem Strich darin *als Gesicht*. Dieses *Etwas-als-etwas-anderes-Sehen*, oder kurz: *Sehen-Als*, ist ein wesentliches Element des Verstehens bildlicher Darstellungen.

Betrachten Sie das Bild auf der nächsten Seite. Wenn Sie das Bild zum ersten Mal sehen und den Dalmatiner nicht spontan erkennen, mag es Ihnen helfen, wenn Sie erfahren, dass dieses Gebilde aus weißen und schwarzen

Das Sehen-Als ist wesentlich *erlebnishaft*

Flecken einen Dalmatiner darstellt. Aber es ist auch denkbar, dass Sie zwar *wissen*, dass das Bild einen Dalmatiner darstellt (etwa weil ich es Ihnen versichere und ich in diesem Zusammenhang eine vertrauenswürdige Auskunftsperson bin), dass Sie den Dalmatiner aber dennoch nicht zu *erkennen* vermögen. Mit anderen Worten: Es könnte sein, dass Sie wissen, dass die Konfiguration der schwarzen Flecken einen Dalmatiner darstellt, dass Sie diese Konfiguration aber nicht *als Dalmatiner sehen* können. Mit dem Wissen stellt sich nicht automatisch das Sehen-Als ein, wenngleich Wissen bzw. Überzeugungen unsere Fähigkeit, etwas als etwas zu sehen, wesentlich beeinflussen können. Entscheidend ist, dass das Sehen-Als wesentlich *erlebnishaft* ist. Das heißt: *Es ist irgendwie* („es fühlt sich auf eine bestimmte Weise an"), etwas als etwas zu sehen. Dieses besondere Erleben ist nicht dasselbe wie das Wissen um eine konventionell festgelegte Bedeutung; dadurch unterscheidet sich das Sehen-Als grundlegend vom Verstehen eines Wortes.

Wir haben diese Feststellung bereits in Kapitel III gemacht – und zwar in Zusammenhang mit dem berühmten Hasen-Enten-Kopf-Bild (siehe Seite 84). Wenn Sie die Zeichnung als Hasenkopf sehen, haben Sie ein bestimmtes Seherlebnis. Wenn Sie die Zeichnung als Entenkopf sehen, haben Sie ein *anderes* Seherlebnis. Diese beiden Seherlebnisse sind sehr deutlich unterschieden. Sie wissen ganz genau, wann Sie einen Hasenkopf sehen und wann einen Entenkopf. Der Unterschied der Erlebnisse ist nicht eine Sache des Wissens. Einen Hasenkopf zu sehen *ist anders* („fühlt sich anders an") als einen Entenkopf zu sehen. Sie wissen längst, dass die Zeichnung sowohl einen Hasenkopf als auch einen Entenkopf darstellt. Es ist auch nicht so, dass Sie vergessen haben, dass die Zeichnung auch einen Hasenkopf darstellt, sobald Sie den Entenkopf sehen, und umgekehrt. Das Erlebnishafte am Sehen-Als ist in diesem Sinn unabhängig vom Wissen. Das Erlebnishafte des Sehen-Als kann aber auch nicht auf Konventionen beruhen. Man kann nicht durch bloße Vereinbarung (oder auch durch eine Art Dekret) gewährleisten, dass alle Mitglieder einer Gemeinschaft beim Anblick einer bestimmten Konfiguration von Linien oder Flächen ein bestimmtes Sehen-als-Erlebnis haben. Man könnte zum Beispiel übereinkommen, dass die Türen öffentlicher Toiletten in Hinkunft durch ein Dreieck (für Frauen) bzw. ein Quadrat (für Männer) gekennzeichnet werden. Das ist konventionelle Zeichenverwendung. Aber man kann nicht übereinkommen, dass ein Dreieck als Frauengestalt bzw. ein Quadrat als Männergestalt zu sehen ist.

Das Sehen-Als ist kulturabhängig, aber nicht konventionell

Damit ist nicht geleugnet, dass das Sehen-Als in hohem Maße „kulturabhängig“ ist. Ob eine Person eine Linien- oder Flächenkonfiguration als etwas anderes sehen kann (und wenn ja, als was), das hängt wesentlich ab von vorangegangenen Erfahrungen der Person, von Überzeugungen und Hintergrundannahmen; und unsere bisherigen Erfahrungen, Überzeugungen und Hintergrundannahmen hängen nun einmal zu einem guten Teil davon ab, in welcher Kultur wir leben. Ein Steinzeitmensch könnte eine Zeichnung eines Autos, die bei uns jedes Kind sofort als solche erkennen würde, vermutlich nicht als Auto sehen. Wer noch nie einen Hasen oder zumindest ein ähnliches Tier gesehen hat, wird kaum in der Lage sein, den Hasen-Enten-Kopf als Hasenkopf zu sehen. Trotzdem kann man das Sehen-Als nicht lernen, wie man das Vokabular einer fremden Sprache lernt. Die konventionalistische Definition von „x stellt y dar“ ist auch aus diesem Grund zu verwerfen.

Eine Definition, welche die Einwände gegen die konventionalistische Definition berücksichtigt, ist die Folgende:

Die rezipientenzentrierte Definition des Darstellens

x stellt y dar genau dann, wenn x als y gesehen werden kann.

Ich nenne das die *rezipientenzentrierte* Definition von „x stellt y dar“, weil gemäß dieser Definition die Rezipienten bzw. ihre Fähigkeit, etwas als etwas zu sehen, maßgeblich sind für die Frage, ob ein x etwas darstellt, und wenn ja, was. Gemäß der rezipientenzentrierten Definition stellt also ein Gemälde beispielsweise einen Baum dar genau dann, wenn das Gemälde als ein Baum gesehen werden kann. Allerdings wirft diese Definition, so wie sie dasteht, die Frage auf, wie es genau zu interpretieren ist, dass x als y gesehen werden *kann*. Genügt es, dass es Wesen geben könnte, die in der Lage sind, x als y zu sehen oder muss es solche Wesen tatsächlich geben? Wenn Letzteres der Fall ist, stellt sich die Frage: *Von wie vielen* Individuen muss x als y gesehen werden können, damit wir mit Recht sagen können, dass x y darstellt? Genügt es, wenn eine einzige beliebige Person in der Lage ist, x als y zu sehen? Genügt es, wenn die Künstlerin, die x geschaffen hat, in der Lage ist, x als y zu sehen? Oder muss *jeder* in der Lage sein, x als y zu sehen, oder nur eine bestimmte Gruppe potentieller Betrachter (etwa das Zielpublikum oder Leute mit mindestens durchschnittlicher visueller Phantasiebegabung)? Die Definition würde wohl zu eng werden, wenn man forderte, dass *jede* Person x als y sehen können muss, und sie würde zu weit werden, wenn man sich damit begnügte, dass irgendjemand in der Lage ist, x als y zu sehen. Daher ist es vermutlich zweckmäßig, irgendetwas dazwischen zu wählen, zum Beispiel die Mehrheit des Zielpublikums.

Ein Einwand gegen die rezipientenzentrierte Definition des Darstellens

Aber das ist ein Nebenproblem. Denn die vorgeschlagene Definition scheint in jedem Fall zu weit zu sein, gleichgültig, wie wir die Frage „Wer muss x als y sehen können?“ entscheiden. Die Definition scheint zu weit zu sein, weil sie auch in gewissen Kontexten erfüllt wird, in denen wir normalerweise nicht von Darstellungen sprechen. Wolkenformationen sind bekanntlich sehr dazu geeignet, unsere visuelle Phantasie anzuregen. Es macht einen guten Sinn, beispielsweise zu sagen: „Ich sehe diese Wolke als Krokodil." Derartige Sehen-als-Erlebnisse können durchaus intersubjektiv sein. Das heißt: Es ist gut möglich, dass auch andere Anwesende die betreffende Wolke als Krokodil sehen, vielleicht sogar *alle* anderen. Trotzdem würden wir normalerweise nicht sagen, dass eine Wolke ein Krokodil *darstellt*.

Warum ist das so? An der Flüchtigkeit von Wolkengebilden liegt es gewiss nicht. Vielmehr liegt es daran, dass Wolken normalerweise ohne absichtsvolles menschliches Zutun entstehen, oder genauer: dass die *Formen* von Wolken normalerweise ohne absichtsvolles menschliches Zutun entstehen. Die Einschränkung ist nicht trivial, denn es kann durchaus sein, dass jemand mit Absicht eine Wolke erzeugt (zum Beispiel eine Schiffbrüchige auf einer einsamen Insel, die mit dem Rauch auf sich aufmerksam machen möchte), ohne aber irgendwelche Absichten in Bezug auf die Form der erzeugten Wolke zu haben.

Eine (natürlich entstandene) Wolke mag aussehen, als hätte jemand ein Krokodil an den Himmel gemalt, aber tatsächlich ist sie ein Gebilde der Natur. Es steckt keine Absicht dahinter. Aber selbst wenn wir es mit einer absichtlich (aber ohne Absicht in Bezug auf die *Formgebung*) erzeugten Wolke zu tun hätten, die zufällig die Form eines Krokodils hätte, würden wir wohl eher nicht sagen, dass diese Wolke ein Krokodil *darstellt*. Die Fragen „Was stellt das dar?" und „Was siehst/erkennst du darin?" (bzw. „Als was kannst du das sehen?") scheinen nicht gleichbedeutend zu sein. Entscheidend sind offenbar die Absichten des Autors (also derjenigen Person, die das Gebilde erzeugt hat – vorausgesetzt natürlich, es gibt eine solche Person überhaupt). Die Frage ist: Wollte der Autor mit seinem Gebilde etwas darstellen oder nicht? Mit anderen Worten, wollte der Autor, dass sein Gebilde als etwas gesehen werden soll?

Die vorangegangenen Überlegungen führen zu einer weiteren Definition von „x stellt y dar":

Die autorenzentrierte Definition des Darstellens

> x stellt y dar genau dann, wenn die Autorin von x intendierte, dass x als y gesehen werden soll.

Das nenne ich die *autorenzentrierte* Definition von „x stellt y dar". Eine der Konsequenzen dieser Definition ist, dass eine natürlich entstandene Wolke (ebenso wie eine Wolke, deren Form zufällig entstanden ist), in keinem Fall etwas darstellt – auch dann nicht, wenn alle Betrachterinnen darin übereinstimmen, dass sie wie ein Krokodil aussieht (mit anderen Worten: wenn alle Betrachterinnen sie als Krokodil sehen). Das ist eine intuitiv plausible Konsequenz. Die Plausibilität dieser Konsequenz lässt sich sogar noch verstärken, wenn man als Kontrast ein kleines Gedankenexperiment anstellt: Stellen wir uns vor, es würde eine neue Kunstform entstehen, nämlich die „Wolkenmalerei", und zwar nicht die bereits bekannte Art der Wolkenmalerei (nämlich das Malen *von* Wolken mit Pinsel und Farbe, also gewöhnliches Malen mit Wolken als *Motiv*), sondern sozusagen das Malen *mit* Wolken, oder anders gesagt, das absichtliche Herstellen von Wolkenformationen mit der Absicht, diesen Wolkenformationen eine ganz bestimmte Gestalt zu geben. In diesem Fall spricht nichts grundsätzlich dagegen, von einer bei einem Wettbewerb der Wolkenmaler erzeugten Wolke zu sagen, sie stelle ein Krokodil dar.

Natürlich könnte in diesem Fall ein Disput darüber entstehen, ob die betreffende Wolke *wirklich* ein Krokodil darstellt. Jemand könnte auf die Behauptung „Diese Wolke stellt ein Krokodil dar" (oder, wie wir in der Umgangssprache oft kurz sagen: „Das ist ein Krokodil") zum Beispiel entgegnen: „Unsinn! Das ist ein Delphin. Das sieht man doch!" Diese Möglichkeit des Disputs ist aber keineswegs ein Argument gegen die These, dass in diesem Kontext das Reden vom Darstellen sinnvoll und korrekt ist. Das Gegenteil ist der Fall: Die Möglichkeit einer Meinungsverschiedenheit darüber, *was* von einem Gegenstand dargestellt wird, ist ein gutes Indiz dafür, dass es hier sinnvoll ist zu sagen, *dass* etwas dargestellt wird.

Es ist zumindest zweifelhaft, ob es im Falle natürlicher Wolken eine solche Meinungsverschiedenheit ebenfalls geben kann. Freilich kann sich ein Dialog der Art „Das ist ein Krokodil!" – „Nein, ein Delphin." auch zwischen Personen ereignen, die natürliche Wolken betrachten. Aber in vielen Fällen geht es den Gesprächspartnern dabei nicht darum, Behauptung gegen Behauptung zu setzen, sondern eher darum, mitzuteilen, welches Sehen-als-Erlebnis jeder von ihnen gerade hat. „Das ist ein Krokodil" wäre dann zu verstehen im Sinn von „Ich sehe das als ein Krokodil", und analog natürlich für „Das ist ein Delphin". Dass eine Person A eine Wolke als Krokodil sieht, schließt selbstverständlich nicht aus, dass eine andere Person B dieselbe Wolke als Delphin sieht; und darum liegt in diesem Fall keine echte Meinungsverschiedenheit vor. Eine andere plausible Interpretation von „Das ist ein Krokodil" und „Das ist ein Delphin" in dem geschilderten Kontext wäre etwa „Schau, man kann diese Wolke als Krokodil sehen" und „Schau, man kann diese Wolke als Delphin sehen". Dass man eine Wolke als Krokodil sehen kann, schließt aber nicht aus, dass man dieselbe Wolke auch als Delphin sehen kann. (Wir kennen das schon von den Umspringbildern.) Auch in dieser Interpretation liegt also keine echte Meinungsverschiedenheit vor.

Verteidigung der autorenzentrierten Definition des Darstellens

Wenden wir uns nun wieder herkömmlichen Formen der bildenden Kunst zu. Eine Konsequenz der gerade zur Diskussion stehenden Debatte besteht darin, dass die Intentionen der Autoren darüber entscheiden, ob ein Gemälde oder eine Skulptur etwas darstellt, und wenn ja, was.

Auch diese Konsequenz ist intuitiv plausibel. Stellen wir uns vor, jemand, der noch nie mit gegenstandsloser Malerei konfrontiert war, geriete zufällig in eine Ausstellung mit Schüttbildern von Hermann Nitsch (geb. 1938). Nennen wir unseren fiktiven Ausstellungsbesucher „Bruno". Wir wollen annehmen, dass Bruno grundsätzlich neuen Formen der Kunst gegenüber aufgeschlossen ist, nur gehört zu seinen fundamentalen Hintergrundannahmen über Wesen und Aufgaben der Malerei, dass ein Bild etwas darstellen muss. Bruno ist weder dogmatisch noch engstirnig, es ist ihm einfach nur noch nie der Gedanke gekommen, dass Maler Farbe auf Leinwand verteilen könnten ohne die Absicht, damit etwas darzustellen. Bruno tritt nun an Nitschs Schüttbilder heran in der Erwartung, darin irgendwelche dargestellten Gegenstände zu finden. Das heißt, unter anderem: Er erwartet, die farbigen Flächen, Linien und Tropfen auf der Leinwand *als etwas anderes sehen zu können*. Mehr noch: Er erwartet sich genau von dieser Betrachtungsweise irgendeine Art von Gewinn (sei es ästhetischer oder intellektueller Natur). Dass Farben und Linien auf einer Leinwand um ihrer selbst willen der Betrachtung wert sein könnten, kommt ihm gar nicht in den Sinn.

Höchstwahrscheinlich ist Bruno am Anfang frustriert, denn was er sieht, bietet sich für eine gegenständliche Deutung nicht gerade an. Aber wenn er genügend Zeit und Mühe aufwendet, könnte er am Ende erfolgreich sein: Es könnte sein, dass er in den Schüttbildern tatsächlich Figuren, Gesichter und Landschaften sieht. Das ist nicht weiter erstaunlich. Es handelt sich um eine Leistung der Phantasie, die von genau derselben Art ist wie jene, die uns auch in Wolken oder Feuchtigkeitsflecken auf altem Gemäuer Gegenstände aller Art sehen lässt. Bruno geht es aber nicht um ein bloßes Spiel der Phantasie. Er verfolgt ein Ziel: Er will Nitschs Bilder verstehen; er will ihnen „einen Sinn abgewinnen". Gemäß Brunos Verständnis der Malerei liegt der Sinn eines Gemäldes in dem, was es darstellt (und eventuell auch noch darin, *wie* es darstellt).

Fehlinterpretationen

Stellen wir uns vor, Bruno rufe nach längerer Betrachtung eines der Schüttbilder erfreut aus: „Jetzt habe ich es verstanden! Dieses Bild stellt eine menschliche Figur mit Flügeln dar." Gemäß der autorenzentrierten Definition ist dieses Urteil ganz sicher *falsch*. Dabei ist es völlig gleichgültig, wie das betreffende Bild aussieht und ob Brunos Deutung intersubjektiv leicht oder schwer nachzuvollziehen ist. Es ist falsch, dass das Bild eine Figur mit Flügeln darstellt, weil es überhaupt nichts darstellt; und es stellt überhaupt nichts dar, weil es nicht Nitschs Absicht war, etwas darzustellen. Ganz im Gegenteil: Nitschs erklärte Absicht war es, mit den Schüttbildern Gemälde zu machen, die nichts darstellen sollen. Die Schüttbilder sind vielfach Relikte von „Malaktionen" und sollten den Betrachtern etwas von der „orgiastischen" Atmosphäre dieser Aktionen vermitteln. Brunos ehrliche Bemühungen, Nitschs Bilder zu verstehen, gehen also in eine völlig falsche Richtung. Wir können mit Fug und Recht sagen, dass schon Brunos Suche nach dargestellten Gegenständen eine *Fehlinterpretation* ist – ganz unabhängig davon, was er schließlich findet.

Hierher passt auch, dass wir in der Alltagssprache einen deutlichen Unterschied machen zwischen dem *Interpretieren* eines Werks und dem *„Hineininterpretieren"* von etwas in ein Werk. Wir sprechen davon, dass eine Interpretin etwas in ein Werk „hineininterpretiert", wenn sie behauptet, das Werk enthalte gewisse Elemente oder Ebenen der Bedeutung, von denen wir glauben, dass der Autor sie nicht intendiert hatte. Der Ausdruck „Hineininterpretieren" ist deutlich negativ konnotiert. Wenn wir von einer Interpretin sagen, dass sie etwas in ein Werk „hineininterpretiert", dann bringen wir damit auch zum Ausdruck, dass wir diese Art des Umgangs mit dem Werk *missbilligen*. Beispielsweise gibt es eine Diskussion über angebliche rassistische Tendenzen in J. R. Tolkiens Fantasy-Bestseller *Der Herr der Ringe*. Manche Interpreten werfen Tolkien vor, er würde unterschwellig die Botschaft von der Überlegenheit der germanischen Rasse vermitteln. Die Verteidiger Tolkiens werfen diesen Interpreten vor, sie würden den Rassismus in Tolkiens Werk *hineininterpretieren*. Das bedeutet: Tolkien wollte nicht, dass seine Geschichte so verstanden wird. Mit anderen Worten, die Rassismus-Interpretation widerspricht den Autorenintentionen.

Doch kehren wir zurück zu Bruno und Hermann Nitsch: Wir könnten sagen, dass Bruno durch seine gegenständliche Interpretation eine Bedeutungsebene in Nitschs Bild hineininterpretiert. Das heißt: Diese Bedeutungsebene ist in dem Werk nicht vorhanden. Das scheint eine ganz zutreffende Beschreibung der Situation zu sein. Unsere autorenzentrierte Definition von „x stellt y dar" wird dem gerecht, und das ist ein Punkt zugunsten dieser Definition.

Misslungene Darstellungen

In dieselbe Richtung geht folgende Beobachtung: Kinderzeichnungen sind meist gegenständlich, aber nicht immer ist das Dargestellte leicht zu erkennen. Was tun wir üblicherweise, wenn wir wissen wollen, was so eine Zeichnung darstellt? – Wir fragen das Kind, das sie gemacht hat! Darüber hinaus lassen wir die Antwort des Kindes normalerweise als maßgebend gelten. Wenn das Kind sagt: „Das ist mein Hund, wie er in der Hängematte liegt", würde es uns normalerweise nicht einfallen, dem Kind zu widersprechen, selbst wenn es uns ausgesprochen schwer fällt, einen Hund in der Hängematte zu erkennen. Wir könnten freilich kritisch feststellen, dass die Darstellung in der einen oder anderen Hinsicht nicht ganz gelungen ist, aber das ist etwas anderes, als in Frage zu stellen, dass der-und-der Gegenstand dargestellt wird. Auch dem wird die autorenzentrierte Definition von „x stellt y dar" gerecht. Das Kind ist in diesem Fall die Autorin, und wenn die Autorin ihre Zeichnung als Darstellung eines Hundes in der Hängematte intendierte, dann *ist* die Zeichnung eine Darstellung eines Hundes in der Hängematte – möglicherweise eine mangelhafte oder vollkommen misslungene Darstellung, aber doch eine Darstellung genau dieses Gegenstandes.

Eine weitere Konsequenz der autorenzentrierten Definition ist die Folgende: Gemäß dieser Definition kann es auch *vollkommen misslungene Darstellungen* geben. Ich sage, dass eine Darstellung von y *vollkommen misslungen* ist, wenn der darstellende Gegenstand x von den Rezipienten nicht als y wahrgenommen werden kann (auch nicht bei Vorhandensein von gutem Willen und entsprechender Übung oder Gewöhnung). Darstellungen, die nicht vollkommen misslungen sind, können freilich immer noch mehr oder weniger gut gelungen sein.

Man kann freilich der Meinung sein, dass die autorenzentrierte Definition es den Künstlerinnen sozusagen zu leicht macht: Gemäß dieser Definition garantiert die Absicht allein bereits, dass ein Gegenstand eine Darstellung eines anderen ist. Diese Konsequenz ist jedoch nicht so unplausibel, wie sie auf den ersten Blick scheinen mag, wenn man sich vor Augen hält, dass damit noch überhaupt nichts darüber gesagt ist, ob und inwieweit die Darstellung *gelungen* ist. Man könnte diese Konsequenz jedoch vermeiden, indem man die autorenzentrierte und die rezipientenzentrierte Definition miteinander kombiniert:

> x stellt y dar genau dann, wenn die Autorin von x intendierte, dass x als y gesehen werden soll *und* wenn x als y gesehen werden kann.

Allerdings stehen wir hier erneut vor der oben bereits aufgeworfenen Frage, wie es genau zu interpretieren ist, dass x als y gesehen werden *kann*.

Einwände gegen die Darstellungsdefinition der Kunst

Kehren wir nun zurück zur Darstellungsdefinition der Kunst. Wir müssen uns nicht für eine der vorgeschlagenen Definitionen von „x stellt y dar" entscheiden, um feststellen zu können, dass die Darstellungsdefinition der Kunst viel zu eng ist. Die Darstellungsdefinition der Kunst schließt allzu vieles aus, was wir eindeutig zur Kunst rechnen wollen, und zwar egal, welche der vorgeschlagenen Definitionen von „x stellt y dar" wir zugrunde legen.

Erstens scheitert die Darstellungsdefinition der Kunst offensichtlich an zahlreichen Gegenbeispielen aus der Kunstgeschichte des 20. Jahrhunderts. Man braucht nur an die Geschichte der Malerei im 20. Jahrhundert zu denken. Sämtliche Werke der nicht-gegenständlichen („abstrakten") Malerei erfüllen nicht die Bedingung, etwas darzustellen.

Zweitens schließt die Darstellungstheorie nicht nur einzelne Werke oder Stilrichtungen, sondern ganze *Kunstgattungen* aus. Musik und Literatur zum Beispiel sind keine darstellenden Künste, jedenfalls nicht im Allgemeinen. Dasselbe gilt für die Architektur.

Zwar *kann* die Musik nachahmend sein. In der so genannten *Programmmusik* wird die Musik zur Nachahmung natürlicher Geräusche eingesetzt. Mit Musik kann man zum Beispiel einen Gewitterdonner oder das Brausen des Windes oder Tierstimmen darstellen. Aber es ist klar, dass das nicht die normale Verwendung von Musik ist. Die meiste Musik ist nicht darstellend in diesem Sinn; und viele Leute würden wohl zustimmen, dass es nicht zum Wesen der Musik gehört, etwas darzustellen, also irgendwelche Geräusche, Stimmen oder Ereignisse nachzuahmen.

Es gibt auch vereinzelt Werke der Architektur, die etwas darstellen. Das neue Jüdische Museum in Berlin zum Beispiel stellt einen gebrochenen Davidstern dar. Das Opernhaus in Sydney stellt ein Schiff mit geblähten Segeln dar. Aber die meisten architektonischen Werke stellen nichts dar.

Eine andere Kunstgattung, für die die Darstellungstheorie nur sehr bedingt plausibel ist, ist der *Tanz*. Nicht jeder Tanz ist eine pantomimische Darstellung von etwas. Oft geht es einfach nur um die Schönheit von Bewegungen.

Drittens wäre die Bedingung des Darstellens, selbst wenn sie eine *notwendige* Bedingung für den Status eines Kunstwerks wäre, so doch niemals eine *hinreichende* Bedingung. Mit Hilfe von Fotoapparaten und Videokameras kann heute jeder mehr oder minder gelungene Darstellungen von Menschen, Dingen und Ereignissen herstellen. Aber nicht jedes Foto ist ein Kunstwerk allein dadurch, dass die fotografierten Gegenstände darauf gut zu erkennen sind.

Die historischen Wurzeln der Darstellungstheorie

Trotz aller dieser Einwände war die Darstellungstheorie mehr als 2000 Jahre lang die vorherrschende Kunsttheorie. Die Ursprünge dieser Theorie finden sich bei Platon und Aristoteles. Es mag sein, dass die große Autorität dieser beiden Denker wesentlich dafür verantwortlich war, dass sich die Darstellungstheorie, trotz aller Mängel, so lange gehalten hat.

Man muss zur Ehrenrettung von Platon und Aristoteles sagen, dass es ihnen nicht darum ging, den Kunstbegriff zu definieren. Man kann aber aus dem, was sie über Kunst gesagt haben, ableiten, dass sie Nachahmung als ein wesentliches Merkmal von Kunstwerken angesehen haben. Beide haben in erster Linie an das Theater gedacht, in zweiter Linie an die bildende Kunst. Theater war für sie Nachahmung von Handlungen. Das ist auch plausibel. Denn die Schauspieler auf der Bühne ahmen ja wirklich Handlungen nach. Musik und Tanz wurden von Platon und Aristoteles nur als „Hilfs- bzw. Begleitkünste" für das Theater betrachtet, nicht als eigenständige Künste. Literatur war für Platon und Aristoteles ebenfalls in erster Linie Theater. Maler und Bildhauer der damaligen Zeit waren tatsächlich bemüht, Menschen, Gegenstände und Ereignisse möglichst wirklichkeitsgetreu abzubilden. Vor diesem Hintergrund war die Darstellungstheorie nicht unplausibel. Doch als eine generelle Theorie der Kunst ist die Darstellungstheorie nicht zu retten.

3. Die Ausdruckstheorie

Nach einer anderen Auffassung besteht das Wesen der Kunst nicht in der Darstellung, sondern im *Ausdruck*. Nach dieser Auffassung ist es Aufgabe der Kunst, etwas auszudrücken. Eine ausdruckstheoretische Definition der Kunst könnte also lauten:

Die Ausdrucksdefinition der Kunst

x ist ein Kunstwerk genau dann, wenn x etwas ausdrückt.

Die Eigenschaft mancher Kunstwerke etwas auszudrücken, wird auch oft „Expressivität" genannt, insbesondere dann, wenn es Gefühle sind, die ausgedrückt werden. Ein expressives Kunstwerk ist also ein Kunstwerk, das etwas, namentlich ein Gefühl, ausdrückt.

Darüber, *was* ein Kunstwerk ausdrücken soll, gehen die Ansichten jedoch auseinander. Manche meinen, Kunstwerke sollten primär Gefühle ausdrücken. Andere finden, die Kunst sei zu Höherem berufen, nämlich zum Ausdruck besonders „bedeutender geistiger Gehalte" oder „Ideen", vornehmlich solchen, die sich nicht oder jedenfalls nicht vollständig mit unkünstlerischen Mitteln ausdrücken lassen.

Argumente zugunsten der Ausdruckstheorie

In beiden Versionen lässt sich die Ausdruckstheorie als eine Reaktion auf die Darstellungstheorie verstehen. Tatsächlich hat die Ausdruckstheorie gegenüber der Darstellungstheorie einige Vorzüge. Erstens lässt sie auch nichtdarstellende Werke als Kunstwerke zu. Das ist insbesondere für die Musik wichtig, aber auch für viele Werke der bildenden Kunst, bei denen offenbar die Darstellung nicht das Ziel der Künstler war. Zweitens gibt die Ausdruckstheorie der Kunst eine neue Legitimation, nach der im 19. Jahrhundert, im Zuge der Erfindung der Fotografie, Bedarf bestand. Denn mit der Fotografie hatte man ein technisches Mittel zur Nachahmung der Natur in der Hand. Das musste die Malerei, im Lichte der Nachahmungstheorie, in eine existentielle Krise stürzen. Die neue technische Errungenschaft warf eine grundsätzliche Frage auf: Wenn es möglich ist, getreue Abbilder der Natur auf mechanische Weise herzustellen, hat dann die bildende Kunst, insbesondere die Malerei, noch eine Funktion? Die Ausdruckstheorie beantwortet diese Frage in einer für die Malerei günstigen Weise.

Zugunsten der Ausdruckstheorie ist außerdem zu sagen, dass es tatsächlich zutrifft, dass eine große Zahl von Kunstwerken etwas ausdrückt, und dass diese Ausdrucksqualitäten auch wesentlich sind für den Charakter der betreffenden Kunstwerke. Das gilt insbesondere (aber freilich nicht nur) für die Musik.

Was heißt es, dass ein Kunstwerk etwas ausdrückt?

Ehe wir die Ausdruckstheorie der Kunst auf ihre Adäquatheit hin überprüfen, wollen wir uns fragen, was es genau heißt, dass ein Gegenstand (zum Beispiel ein Gemälde oder ein Musikstück) etwas ausdrückt.

Im gewöhnlichen Sprachgebrauch verwenden wir die Wendung „x drückt y aus" meist so, dass wir einer *Person* zuschreiben, dass sie etwas ausdrückt, wobei das, *was* ausgedrückt wird, ein psychischer Zustand oder Vorgang ist. So sagen wir etwa, dass jemand seine Zustimmung durch beifälliges Nicken ausdrückt oder seinen Ärger durch Stirnrunzeln, und so fort. Allgemein sagen wir, im *primären* Sinn von „ausdrücken", dass ein Individuum etwas ausdrückt, wenn wir von gewissen Eigenschaften des Individuums (zum Beispiel seinem Verhalten, seinem Aussehen, dem Klang seiner Stimme) auf einen bestimmten psychischen Zustand des Individuums schließen.

Von daher ist klar, dass wir unbelebten Gegenständen die Fähigkeit des Ausdrucks *nicht* zusprechen können – jedenfalls nicht *in dem Sinn*, in dem wir sie empfindungsfähigen Wesen zusprechen. Denn unbelebte Gegenstände haben keine psychischen Zustände, die sie ausdrücken könnten. Da fast alle Kunstwerke unbelebte Gegenstände sind, können Kunstwerke also nicht etwas ausdrücken in dem Sinn, in dem empfindungsfähige und denkende Wesen ihre Empfindungen, Gefühle und Gedanken ausdrücken können. Wenn wir dennoch von einem Gemälde oder einem Musikstück sagen, dass es etwas ausdrückt, so muss das „ausdrücken" hier in einem anderen Sinn gemeint sein als wenn wir beispielsweise sagen, dass ein Konzertpublikum seine Begeisterung durch heftigen Applaus ausdrückte.

Versuchen wir also zu klären, in welchem Sinn etwa ein Gemälde oder ein Musikstück ein Gefühl ausdrücken können. Wir suchen nach einer Definition des Ausdrucks „x drückt y aus". Eine Instanz von „x drückt y aus" wäre zum Beispiel: „Der dritte Satz von Beethovens Klaviersonate in e-Moll drückt eine düstere Seelenverfassung, aber auch deren Überwindung aus."

Eine mögliche Definition von „x drückt y aus" lautet:

Das Werk als Ausdruck der Gefühle des Künstlers

> x drückt y aus genau dann, wenn der Autor von x während der Schaffung von x y erlebte.

Dieser Definition liegt die Auffassung zugrunde, dass Kunst eine Form der „Objektivierung" dessen ist, was im Bewusstsein der Künstlerinnen vorgeht. Verbreitet ist die Vorstellung, dass Künstler außergewöhnlich empfindsame und sensible Menschen sind, Menschen also, die die Gabe haben, besonders intensive Gefühle zu erleben. Die Erzeugnisse der Künstlerinnen, ihre Werke, sind nach dieser Auffassung objektive Manifestationen ihrer Erlebnisse, insbesondere ihrer Gefühle. Auf diese Weise lassen sie uns, die Rezipienten, an ihrem ungewöhnlich reichen Gefühlsleben teilhaben.

Tatsache ist aber, dass das Gefühl, das ein Werk ausdrückt, wesentlich verschieden sein kann von den Gefühlen, welche eine Künstlerin bei der Schaffung ihres Werks erlebte. Jemand, der ein heiteres Lied komponiert, muss dabei nicht selber in heiterer Stimmung sein. Ein düsteres Bild muss nicht in düsterer Stimmung gemalt worden sein. Darum muss die vorgeschlagene Definition verworfen werden.

Hier ist ein anderer Vorschlag:

Ausdruck als Wirkung auf die Rezipientinnen

x drückt y aus genau dann, wenn x in den Rezipientinnen y verursacht.

In dieser Definition werden die Ausdrucksqualitäten eines Werks von der *Wirkung* des Werks her definiert, nicht von der Produktionsgeschichte her, wie in der ersten Definition. Daher entgeht diese Definition dem Einwand, dass Künstler nicht das erleben müssen, was ihre Werke ausdrücken. Dass ein Musikstück traurig ist, bedeutet gemäß dieser Definition, dass es die Hörerinnen traurig macht.

Nun ist es unbestreitbar, dass expressive Kunstwerke die Emotionen der Rezipienten beeinflussen können. Aber, und das ist in diesem Fall entscheidend, sie tun es nicht immer und nicht immer in derselben Weise. Ein trauriger Film muss nicht jeden im Publikum traurig stimmen, und auch die nicht traurig Gestimmten können erkennen, dass es sich um einen traurigen Film handelt. Andererseits kann es Umstände geben, unter denen jemand durch einen lustigen Film traurig gestimmt wird. Es muss also auch diese Definition verworfen werden.

Eine weitere mögliche Definition lautet:

Ausdruck durch Darstellung

x drückt y aus genau dann, wenn x ein Individuum darstellt, das y erlebt.

Zweifellos kann ein Werk Gefühle über den Umweg der dargestellten Figuren ausdrücken. Edvard Munchs Bild *Der Schrei* drückt intensive negative Gefühle (panische Angst, Entsetzen, Verzweiflung) aus, und es tut dies, indem es einen Menschen darstellt, der diese Gefühle erlebt. Wir deuten Gesichtsausdruck und Körperhaltung der dargestellten Person als Ausdruck dieser Gefühle (und *hier* ist „Ausdruck“ im ursprünglichen Sinn gemeint). Täten wir das nicht, würden wir kaum sagen, dass Munchs Bild Angst und Verzweiflung ausdrückt.

Trotzdem lässt sich „x drückt y aus“ nicht in dieser Weise definieren. Denn erstens können Werke Gefühle ausdrücken, ohne ein Individuum darzustellen. Viele meinen, dass *Musik* dasjenige Medium ist, das zum Ausdruck von Gefühlen besser geeignet ist als jedes andere. Aber gerade Musikwerke sind im Allgemeinen nicht darstellend. Ihre Ausdrucksqualitäten können also nicht von Gefühlen abhängen, die wir dargestellten Individuen zuschreiben. Zweitens gilt auch für darstellende Werke nicht notwendigerweise, dass die Gefühle, die sie ausdrücken, die Gefühle der dargestellten Individuen sind. Ein Werk, das einen verbitterten, wütenden oder melancholischen Menschen darstellt, muss selbst nicht unbedingt Verbitterung, Wut oder Melancholie ausdrücken. Ein solches Werk könnte auch komisch sein.

Betrachten wir als nächstes folgende Definition:

> x drückt y aus genau dann, wenn x Eigenschaften hat, die auch ein Individuum hat, das y erlebt.

Ausdruck in der Kunst als Nachahmung natürlichen Ausdrucks

Die Idee dieser Definition ist, dass in expressiven Werken die Weisen, in denen Individuen ihre Gefühle ausdrücken, sozusagen imitiert werden. Zum Beispiel erkennen wir, dass ein Mensch in depressiver Stimmung ist, oft daran, dass er sich langsam bewegt, mit leiser und tonloser Stimme spricht, Kopf und Schultern hängen lässt, und so fort. Es erscheint gar nicht weit hergeholt, die typische Gangart trauernder Menschen im Rhythmus eines Trauermarschs nachgeahmt zu sehen. (Dass diese Nachahmung den Schöpfern der Werke *bewusst* ist, soll hier natürlich nicht behauptet werden.) Jedenfalls ist es wohl kaum ein Zufall, dass Trauermärsche selten bis gar nie einen schwungvollen, „hopsenden" Rhythmus aufweisen. Und warum nennen wir die Trauerweide „*Trauer*weide"? Ist es nicht deshalb, weil ihre hängenden Zweige uns an die Körperhaltung traurig gestimmter Menschen erinnern?

Diese Erklärung ist nicht völlig unplausibel. Für ausgewählte Beispiele ist sie sogar sehr einleuchtend. Aber insgesamt ist sie wohl zu stark vereinfachend. Es ist höchst unwahrscheinlich, dass die ganze Vielfalt der Ausdrucksqualitäten von Kunstwerken in all ihren feinen und feinsten Nuancierungen auf diese Weise erklärt werden kann. Daher ist auch diese Definition nicht zufrieden stellend.

Als letzte wollen wir die folgende Definition betrachten:

> x drückt y aus genau dann, wenn x und y strukturell gleichartig sind.

Ausdruck durch Ähnlichkeit von Werk und Emotion

Um den Grundgedanken dieser Definition zu verstehen, ist es nützlich, sich zu allererst den Unterschied dieser Definition zur vorangegangenen klar zu machen. Die Basis der vorangegangenen Definition ist die folgende These: Es besteht eine Ähnlichkeit zwischen einem *Werk, das ein y ausdrückt*, und einem *Individuum, das y erlebt*. Die Basis der jetzt zur Diskussion stehenden Definition ist eine andere These, nämlich die folgende: Es besteht eine Ähnlichkeit zwischen einem Werk, das ein y ausdrückt, und dem *y selbst*.

Nun ist es aber klar, dass die Ähnlichkeit zwischen beispielsweise einem Gemälde oder einem Musikstück einerseits und einem Gefühl andererseits eine Ähnlichkeit sehr spezieller Art sein muss – falls eine derartige Ähnlichkeit überhaupt besteht. Wie schon oben festgehalten wurde, besteht die Ähnlichkeit zweier Gegenstände x und y darin, dass x und y gewisse Eigenschaften gemeinsam haben. Dass Gefühle ausdrückende Werke in diesem Sinn Ähnlichkeit mit fühlenden Individuen haben können, ist relativ leicht einzusehen, am leichtesten für naturalistische dreidimensionale Werke der darstellenden Kunst, mit gewissen Einschränkungen aber auch für Gemälde und, wie wir gerade gesehen haben, auch für Musik. Auguste Rodins Skulptur *Der Denker* hat eine nicht zu übersehende Ähnlichkeit mit einem Individuum, das durch seine Körperhaltung eine bestimmte Art von konzentrierter Nachdenklichkeit ausdrückt. Diese Ähnlichkeit ist eine Ähnlichkeit zweier Körper, und dass zwei Körper viele Eigenschaften gemeinsam haben können, versteht sich von selbst. Die Basis unserer letzten Definition von „x drückt y aus" ist aber die Behauptung, dass es Ähnlichkeiten geben kann zwischen *Körpern* einerseits und *Gefühlen* andererseits. Das aber versteht sich keineswegs von selbst. Denn hier haben wir es mit Gegenständen aus verschiedenen Kategorien zu tun, nämlich mit materiellen Gegenständen einerseits und psychischen Gegenständen andererseits. Die Ähnlichkeit zwischen Rodins *Denker* und der Gestalt eines nachdenklichen Menschen ist eine Ähnlichkeit der (äußeren) *Form*. Zwischen einer Skulptur und einem Gefühl kann aber grundsätzlich niemals eine Ähnlichkeit der äußeren Form bestehen, denn Gefühle (und psychische Gegenstände im Allgemeinen) haben keine äußere Form.

Was die direkte Vergleichbarkeit von Kunstwerken und Gefühlen betrifft, scheinen Musikwerke noch vergleichsweise die besten Voraussetzungen zu haben, wesentlich bessere jedenfalls als Skulpturen und Gemälde. Der Grund dafür liegt darin, dass die Realisierungen von Musikwerken (typischerweise) kaum eine räumliche, dafür aber eine ausgeprägte zeitliche Struktur haben. Das haben sie mit psychischen Gegenständen gemeinsam, und das macht sie grundsätzlich besser mit Gefühlen vergleichbar als etwa Gemälde und Skulpturen. Zum Beispiel haben Musikwerke und ihre Teile eine bestimmte zeitliche *Dauer*, und das gilt auch von psychischen Zuständen und Vorgängen. Dennoch hält sich die Ähnlichkeit psychischer Zustände und musikalischer Werke bzw. ihrer Aufführungen in engen Grenzen. Offenbar kann man allenfalls in einem metaphorischen Sinn sagen, dass ein Gefühl in einer bestimmten Tonart ist, dass es laut oder leise ist, dass es im Zwei-Viertel-Takt ist, und so fort.

Strukturelle Ähnlichkeit

Aus diesen Gründen ist in der zur Diskussion stehenden Definition von „x drückt y aus" auch eine spezielle Art von Ähnlichkeit zwischen x und y gefordert, nämlich *strukturelle* Ähnlichkeit bzw. Gleichartigkeit. Was versteht man unter „struktureller Ähnlichkeit"? – Denken Sie zum Beispiel an Landkarten. Landkarten sehen üblicherweise den dargestellten Gegenden allenfalls sehr entfernt ähnlich. Sie sind keine „realistischen" Darstellungen. Wohl aber weisen Landkarten eine sehr weitgehende strukturelle Ähnlichkeit mit dem, was sie darstellen auf. Das heißt, zum Beispiel: Es gibt eine stets gleich bleibende Beziehung zwischen der Länge von Linien einer bestimmten Art auf der Landkarte und der Länge von Straßen der dargestellten Gegend. Es gibt eine stets gleich bleibende Beziehung zwischen den Abständen schwarz umrandeter roter Punkte auf der Landkarte und der Entfernung zwischen Ortschaften, und so fort. Das ist strukturelle Ähnlichkeit; sie ist die Voraussetzung dafür, dass Landkarten brauchbar sind. Ein anderes Beispiel für strukturelle Ähnlichkeit liefern uns Partituren. Partituren weisen eine sehr weitgehende strukturelle Ähnlichkeit mit Aufführungen der notierten Musikwerke auf. Der Höhe eines Tones entspricht die Position des zugeordneten Notenzeichens auf den Notenlinien. Der Tondauer entspricht eine bestimmte Notengestalt. Ein Ton hat keinerlei Ähnlichkeit mit einer Note in einer Partitur. Aber es gibt eine Entsprechung zwischen den Beziehungen der Töne eines Stücks zueinander und den Beziehungen der Noten der Partitur zueinander. Die Gegenstände sind sehr verschieden; aber ihre Strukturen sind sehr ähnlich.

Allgemein kann man sagen: Strukturen sind Netze von Beziehungen. Die Struktur eines Gegenstandes ist die Gesamtheit der Beziehungen der Teile (oder bestimmter Teile) des Gegenstandes zueinander. Daher können nur komplexe Gegenstände (das heißt: Gegenstände, an denen wir Teile unterscheiden können) eine Struktur haben. Deshalb können wir nicht von der Struktur einer Farbe oder der Struktur eines einzelnen Tones sprechen (vorausgesetzt, dass wir an einzelnen Farben und Tönen keine Teile unterscheiden können).

Kunstwerke sind (in aller Regel) komplexe Gegenstände. Damit zwischen Kunstwerken und psychischen Zuständen eine strukturelle Ähnlichkeit bestehen kann, müssten aber auch psychische Zustände eine Struktur haben. Selbst wenn man das zugesteht (was zumindest nicht für alle psychischen Zustände unmittelbar einleuchtend ist), erscheint die Behauptung, dass etwa eine traurige Melodie eine strukturelle Ähnlichkeit mit dem Gefühl der Traurigkeit hat, vorerst als bloße Spekulation. Die Behauptung bleibt so lange bloße Spekulation, bis die behauptete Strukturähnlichkeit anhand der Gegenüberstellung einer Strukturanalyse des Gefühls mit einer Strukturanalyse der Melodie nachgewiesen wird. Einen solchen Nachweis zu erbringen, ist aber sicher nicht einfach, wobei die erste Hürde wahrscheinlich auch schon die größte ist: nämlich eine strukturelle Beschreibung von Gefühlen zu geben.

Wir müssen uns hier mit einem negativen Resultat begnügen, nämlich mit der Feststellung, dass keine der vorgeschlagenen Definitionen für „x drückt y aus" für alle Fälle von Ausdrucksqualitäten von Kunstwerken adäquat ist. Damit ist freilich nicht geleugnet, dass die eine oder andere der vorgeschlagenen Definitionen für manche Fälle adäquat sein mag. Es ist durchaus möglich, dass wir den Ausdruck „x drückt y aus" in Bezug auf Kunstwerke in mehreren Bedeutungen verwenden; und es ist natürlich sehr gut möglich, dass die angeführten Definitionen nicht alle Verwendungsweisen abdecken, die es tatsächlich gibt.

Wenn wir aber einmal jene Definitionen zugrunde legen, die wir bisher formuliert haben, dann können wir, was immer es genau bedeutet, dass ein Kunstwerk x ein y ausdrückt, Folgendes festhalten: Die Ausdruckstheorie liefert keine adäquate Definition der Kunst.

Einwände gegen die Ausdruckstheorie der Kunst

Betrachten wir zunächst die Gefühlsausdruckstheorie: Expressivität (also die Eigenschaft, Gefühle auszudrücken) ist ganz sicher keine notwendige und hinreichende Bedingung dafür, dass etwas ein Kunstwerk ist. Expressivität ist erstens keine notwendige Bedingung für Kunst; denn nicht alle Kunstwerke drücken Gefühle aus. Zweitens ist Expressivität keine hinreichende Bedingung für Kunst. Denn es gibt viele nicht-künstlerische Ausdrucksformen für Gefühle. Man kann Gefühle ausdrücken durch Gestik und Mimik oder durch einfache Wortäußerungen wie „Du gehst mir auf die Nerven" oder „Ich liebe dich". Nicht alle Gefühlsäußerungen sind Kunstwerke.

Kunst als Ausdruck „bedeutender geistiger Gehalte"

Die zweite oben erwähnte Version der Ausdruckstheorie – Kunst als Ausdruck von „bedeutenden geistigen Gehalten" – schneidet nicht besser ab. Eher im Gegenteil: Sie wirft eine Reihe von ihr eigenen Schwierigkeiten auf. Zunächst einmal ist es sehr unklar, was wir unter einem „bedeutenden geistigen Gehalt", den ein Kunstwerk ausdrücken soll, zu verstehen haben. Möglicherweise würden wir schon in Schwierigkeiten geraten, wenn wir genau angeben sollten, was wir eigentlich unter einem „geistigen Gehalt" verstehen (unabhängig davon, ob dieser nun „bedeutend" ist oder nicht). Aber wir wollen uns hier mit folgender Erläuterung begnügen: Der geistige Gehalt eines Kunstwerks ist das, was wir mit Hilfe unseres Verstandes erfassen. Das heißt, der geistige Gehalt ist nichts Sinnliches (wiewohl er freilich über die Sinne vermittelt sein kann), und er ist nichts Gefühlsmäßiges.

Es ist ganz klar, dass Kunstwerke in diesem weiten Sinn geistige Gehalte ausdrücken können, und sehr viele Kunstwerke tun das auch: Ein Kunstwerk kann „eine Geschichte erzählen" (auch, wenn es sich nicht um ein literarisches Werk oder einen Spielfilm handelt, sondern um ein Gemälde, eine Fotografie oder sogar ein Musikstück), und diese Geschichte lässt sich nicht reduzieren auf die sinnliche Erscheinung des Werks. Kunstwerke können aber auch allgemeinere Inhalte haben, etwa soziale Missstände oder die Grausamkeit des Krieges. Der Inhalt eines Kunstwerks kann aber auch, noch allgemeiner, eine archetypische menschliche Befindlichkeit sein, zum Beispiel Einsamkeit oder Angst, Verzweiflung, Langeweile, Lebensüberdruss und anderes. Typischerweise sind sehr allgemeine Inhalte auf weniger allgemeinen aufgebaut. Es kann zum Beispiel sein, dass eine Geschichte die Grausamkeit des Krieges im Allgemeinen zum Inhalt hat (nicht nur die Grausamkeit einer bestimmten Episode in einem bestimmten Krieg), diesen Inhalt aber durch eine ganz konkrete Geschichte vermittelt.

Nicht nur Kunstwerke drücken geistige Gehalte aus

Nun ist es aber klar, dass das Ausdrücken geistiger Gehalte kein Privileg der Kunst ist. Es gibt viele Dinge, die geistige Gehalte ausdrücken, ohne deswegen Kunstwerke zu sein, zum Beispiel Berichte in Tageszeitungen, Urlaubsfotos, Scheidungsstatistiken und anderes. Das ist ein Einwand gegen eine Ausdruckstheorie, die behauptet, dass das Wesen der Kunst im Ausdruck geistiger Gehalte bestünde. Diesem Einwand kann die Theorie nur durch Hinzufügen weiterer Bedingungen entgehen, durch die Kunstwerke von Zeitungsartikeln, Urlaubsfotos und Scheidungsstatistiken unterschieden werden können. Diese Bedingungen können grundsätzlich von zweierlei Art sein: Entweder Kunstwerke zeichnen sich gegenüber Zeitungsartikeln etc. dadurch aus, dass sie ihre geistigen Gehalte auf eine *andere Weise* ausdrücken; oder Kunstwerke zeichnen sich dadurch aus, dass sie *andere geistige Gehalte* ausdrücken. Die erste Strategie läuft darauf hinaus, das Wesen der Kunst doch nicht allein im Ausdruck geistiger Gehalte zu suchen, sondern auch in der *Form*. Mit formalistischen Ansätzen werden wir uns weiter unten noch beschäftigen. Für den Augenblick wollen wir sie beiseite lassen. Die zweite Strategie wirft die Frage auf, was das besondere an denjenigen geistigen Gehalten ist, durch deren Ausdruck sich Kunstwerke auszeichnen. Zwei Antworten auf diese Frage wurden bereits angedeutet: 1. Der geistige Gehalt eines Kunstwerks lässt sich grundsätzlich nicht (vollständig und adäquat) mit anderen als künstlerischen Mitteln ausdrücken. 2. Der geistige Gehalt eines Kunstwerks muss „bedeutend" sein.

Drücken alle Kunstwerke bedeutende geistige Gehalte aus?

Beide Antworten sind jedoch problematisch. Beginnen wir mit der zweiten: Diese Antwort wirft zunächst die offenkundige Schwierigkeit auf, dass das Adjektiv „bedeutend" äußerst vage ist. Je nachdem, wie weit oder eng wir den Begriff des „bedeutenden geistigen Gehalts" fassen, wird die Klasse derjenigen Gegenstände, die gemäß der Ausdruckstheorie als Kunstwerke gelten, sehr verschieden groß ausfallen. Haben Vincent van Goghs *Sonnenblumen*, die Mädchenbildnisse von Degas oder Mozarts *Kleine Nachtmusik* einen bedeutenden geistigen Gehalt? Wenn nicht, sind sie deshalb keine Kunstwerke? Wenn wir ausgehen von den Dingen, die allgemein als Kunstwerke anerkannt sind, dann sehen wir, dass viele von ihnen sich nicht durch einen bedeutenden geistigen Gehalt (im üblichen Sinn) auszeichnen. Umgekehrt scheint es, dass auch eindeutig nicht-künstlerische Produktionen bedeutenden geistigen Gehalt haben können (man denke zum Beispiel an wissenschaftliche Arbeiten).

Wenn man Kunstwerke definieren will als Gegenstände, die einen bedeutenden geistigen Gehalt ausdrücken, dann muss man eine von zwei gleichermaßen wenig überzeugenden Strategien wählen (oder eine Kombination aus beiden Strategien). Die erste Strategie bestünde darin, vieles, was allgemein als Kunstwerk anerkannt ist, auszuschließen und zugleich vieles, das allgemein nicht als Kunstwerk gilt, als Kunstwerk anzuerkennen. Die zweite Strategie bestünde in einer detaillierten Auseinandersetzung mit offenkundigen Gegenbeispielen von beiden Seiten. Das müsste folgendermaßen geschehen: Angesichts von Beispielen (etwa wissenschaftlichen Arbeiten), die offenbar bedeutenden geistigen Gehalt haben, ohne Kunstwerke zu sein, müssten die Ausdruckstheoretiker erklären, diese Arbeiten hätten nicht bedeutenden geistigen Gehalt im gemeinten Sinn. Das läuft darauf hinaus, den Ausdruck „bedeutender geistiger Gehalt" in einer sehr ungewöhnlichen Weise zu gebrauchen, ihm eine andere als die gewöhnliche Bedeutung zu geben. Damit eine solche Strategie überzeugend sein kann, müsste diese ungewöhnliche Bedeutung expliziert werden. Explikation durch Hinweis auf Beispiele würde nicht genügen, denn das würde nur den Eindruck verstärken, dass hier willkürlich manchen Gegenständen bedeutender geistiger Gehalt abgesprochen wird, nur um eine bestimmte Kunsttheorie zu retten.

Angesichts von Kunstwerken, die dem Anschein nach keinen bedeutenden geistigen Gehalt haben (zum Beispiel Stillleben oder Mädchenbildnisse) müssten die Ausdruckstheoretiker zeigen, dass in diesen Werken, entgegen dem oberflächlichen Anschein, eben doch ein bedeutender geistiger Gehalt steckt. Dabei besteht allerdings die Gefahr, dass Tiefsinn in Werke „hineininterpretiert" wird, die in Wahrheit keinen tiefen Sinn haben.

Wenden wir uns nun dem zweiten Versuch zu, Kunstwerke von anderen Gegenständen mit geistigem Gehalt abzugrenzen. Dieser Versuch lautet, wie erinnerlich: „Der geistige Gehalt eines Kunstwerks lässt sich grundsätzlich nicht (vollständig und adäquat) mit anderen als künstlerischen Mitteln ausdrücken."

Ist der geistige Gehalt eines Kunstwerks an eine bestimmte Form des Ausdrucks gebunden?

Oft steckt hinter dieser und ähnlich lautenden Behauptungen der Gedanke, dass der Gehalt von Kunstwerken nicht (oder jedenfalls nicht vollständig) begrifflich fassbar sei. Vertreter dieser Auffassung würden etwa Folgendes sagen: Man kann natürlich beschreiben, was auf einem Gemälde zu sehen ist, und man kann auch darüber hinaus unter Umständen noch einiges über den Gehalt des Gemäldes sagen; aber keine noch so genaue Beschreibung und Analyse, keine noch so scharfsinnige, vielschichtige und gründliche kunstkritische Abhandlung, kann den Gehalt des Gemäldes jemals vollständig und adäquat wiedergeben. Der geistige Gehalt eines Werks der Malerei lässt sich nur mit den Mitteln der Malerei ausdrücken. Mit sprachlichen Mitteln lässt sich vielleicht der eine oder andere Aspekt des Gehalts ausdrücken, aber niemals der Gehalt als Ganzes. So lautet jedenfalls eine Auffassung, die zahlreiche Anhänger hatte und hat.

Es ist aber zweifelhaft, ob diese Auffassung richtig ist. Um das zu verstehen, ist es nützlich, sich zu fragen, warum viele Leute diese Auffassung plausibel finden. Hier sind einige Gründe dafür: Erstens ist es eine unleugbare Tatsache, dass keine noch so gute sprachliche Wiedergabe des Gehalts eines Gemäldes ein Ersatz für die Betrachtung des Gemäldes sein kann. Analoges gilt für Musikwerke, Filme, Architektur und anderes.

Zweitens scheint es unmöglich zu sein, Kunstwerke einer bestimmten Gattung eins zu eins in ein anderes Medium zu „übertragen". Es ist schwer vorstellbar, dass der Gehalt eines Musikstücks zum Beispiel auch von einem Gemälde ausgedrückt werden könnte, oder umgekehrt. Als *Literaturverfilmungen* sind uns solche Übertragungen von einem Medium in ein anderes durchaus vertraut. Aber gerade in diesen Fällen bemerken wir deutlich, dass bei der Übertragung große Teile des Gehalts des ursprünglichen (literarischen) Werks verloren gehen und dass andererseits das neue (filmische) Werk Aspekte hat, die dem literarischen Werk fehlen; und das scheint unvermeidlich zu sein.

Ein dritter Grund ist eine Auffassung, die man etwa so formulieren könnte: *Alle* Eigenschaften eines Kunstwerks sind *wesentliche* Eigenschaften des Kunstwerks. Mit anderen Worten, wir können an einem Kunstwerk nichts, auch nicht das kleinste Detail, verändern, ohne das Kunstwerk zu zerstören. Man kann zum Beispiel in einem Gedicht nicht ein Wort durch ein anderes (vielleicht sogar bedeutungsgleiches) ersetzen, ohne das Gedicht in seinem Wesen zu verändern. Man kann in einem Gemälde nicht eine Farbe durch eine andere (und sei es nur um eine Nuance verschiedene) Farbe ersetzen, ohne das Gemälde in seinem Wesen zu verändern, und so fort. Kleinste Änderungen können die ästhetische Wirkung und den ästhetischen Wert eines Kunstwerks zerstören. Deshalb, so meinen manche, ist es von vorne herein ein aussichtsloses Unterfangen, etwa den Gehalt eines Gedichts durch eine Paraphrasierung in der Alltagssprache wiederzugeben.

Alle drei genannten Gründe beruhen auf durchaus richtigen und wertvollen Beobachtungen und Einsichten. Es ist richtig, dass eine Beschreibung des Gehalts eines Gemäldes niemals die Betrachtung des Gemäldes ersetzen kann; es ist richtig, dass Kunstwerke sich nicht eins zu eins von einem Medium in ein anderes übertragen lassen; und es ist auch richtig, dass für die ästhetische Wirkung und den ästhetischen Wert eines Werks kleinste Details eine Rolle spielen, die in alltäglichen Kommunikationszusammenhängen keine Rolle spielen würden. Aber aus nichts von alledem (und auch nicht aus allem zusammen) folgt, dass die geistigen Gehalte von Kunstwerken nur so ausgedrückt werden können, wie sie ausgedrückt werden.

Um das zu verstehen, müssen wir uns Folgendes klar machen: Für die angeführten Beobachtungen gibt es *mehrere mögliche Erklärungen*. *Eine* mögliche Erklärung ist, dass die Gehalte von Kunstwerken jeweils nur auf genau eine Weise ausgedrückt werden können. Es gibt aber auch noch eine andere mögliche Erklärung, nämlich: Es ist erstens nicht die einzige Aufgabe von

Kunstwerken, geistige Gehalte zu vermitteln; und es ist zweitens nicht nur der geistige Gehalt eines Kunstwerks, der dessen ästhetische Wirkung und Wert bestimmt.

Wenn diese zweite Erklärung zutreffend ist, dann schließen die angeführten richtigen Beobachtungen erstens nicht aus, dass beispielsweise der Gehalt eines Gemäldes sprachlich vermittelt werden könnte; und zweitens schließen sie nicht aus, dass *verschiedene* Kunstwerke *denselben* Gehalt vermitteln könnten. Drittens, und vor allem, schließen sie nicht aus, dass die Gehalte von Kunstwerken auch mit „nicht-künstlerischen Mitteln" ausgedrückt werden könnten.

Mit den vorangegangenen Überlegungen ist freilich nicht zwingend bewiesen, dass es keine Gehalte gibt, die nur mit künstlerischen Mitteln ausgedrückt werden können. Aber wie die Dinge liegen gibt es auch keine zwingenden Gründe *für* die Annahme, dass es Gehalte gibt, die nur mit künstlerischen Mitteln ausgedrückt werden können.

Wir können also festhalten, dass Kunstwerke sich nicht generell dadurch auszeichnen, dass sie einen ganz besonderen geistigen Gehalt ausdrücken.

4. Der kunstästhetische Formalismus

Verschiedene Bedeutungen von „Formalismus"

Der Terminus „Formalismus" wird in der Ästhetik in verschiedenen, teilweise überlappenden, Bedeutungen verwendet. Allgemein wird unter „Formalismus" ein Zugang zur Kunst verstanden, der formale Aspekte gegenüber inhaltlichen Aspekten betont. Formalismus in der Kunstkritik bedeutet, dass die formalen, nicht die inhaltlichen Aspekte eines Werks die Grundlage der ästhetischen Bewertung abgeben. Diese Art des Formalismus spielte in der ersten Hälfte des 20. Jahrhunderts eine wichtige Rolle. Es ging dabei wesentlich um die Verteidigung nicht-gegenständlicher bildender Kunst. In dieser Rolle erfüllte der Formalismus eine wichtige Funktion in der Kunstgeschichte.

Formalismus bei der Interpretation eines Werks bedeutet unter anderem, dass ausschließlich die intrinsischen Qualitäten des Werks beachtet werden – nicht etwa Aspekte der Biographie der Künstlerin oder sonstige Umstände der Entstehung des Werks.

Formalismus kann auch *programmatisch* sein in dem Sinn, dass er den Künstlern vorschreibt, worauf sie bei der Produktion von Werken achten sollen, welche Überlegungen die Kunstproduktion leiten sollen.

Autonomie der Kunst

Manchmal wird der Begriff des Formalismus, ähnlich wie der Begriff des *l'art pour l'art*, auch abwertend gebraucht, nämlich zur Bezeichnung von Kunst, die sinnleer ist und keinen Nutzen hat. Diese Kritik setzt freilich implizit voraus, dass Kunst irgendeine Art von Sinn haben und nützlich sein *soll*. Diese Voraussetzungen waren und sind Gegenstand heftiger Debatten. Verteidigerinnen der *Autonomie der Kunst* lehnen es strikt ab, die Kunst zu irgendeiner Form der Nützlichkeit zu verpflichten.

Die Doktrin von der Autonomie der Kunst ist aber selber mehrdeutig. Sie kann entweder *deskriptiv* (beschreibend) oder *präskriptiv* („vorschreibend", normativ) sein. In der deskriptiven Form besagt sie, dass Kunst autonom ist, das heißt: dass Künstler nicht in erster Linie Produkte ihrer Umwelt sind und dass daher die Untersuchung der Entstehungsbedingungen eines Werks nicht der richtige Weg zum Verständnis des Werks ist. In der präskriptiven Version besagt der Formalismus hingegen, dass Kunst nicht für außerkünstlerische (zum Beispiel religiöse oder politische) Zwecke vereinnahmt werden soll. Mit anderen Worten: Kunst soll zweckfrei sein.

Es leuchtet ein, dass ein Kunstwerk umso leichter zur Erreichung außerkünstlerischer Ziele eingesetzt werden kann, je stärker (und konkreter) seine inhaltliche Komponente ist. Umgekehrt gilt: Je stärker die formale Komponente gegenüber der inhaltlichen ist, desto eher ist das Werk „autonom" im oben explizierten Sinne. Picassos *Guernica* zum Beispiel führt den Betrachterinnen das Grauen des Krieges vor Augen und könnte daher politische und moralische Einstellungen (und damit vielleicht auch Verhalten) verändern. Von den Kompositionen eines Piet Mondrian (1872–1944) oder der Serie *Homage to the Square* von Josef Albers (1888–1976) sind dergleichen Wirkungen nicht zu erwarten. Daher *kann* Formalismus auch in die Forderung münden, Kunstwerke sollten möglichst frei von Inhalten sein, das heißt: sie sollten nichts darstellen und nichts ausdrücken. Formalismus beinhaltet eine solche Forderung aber nicht notwendigerweise.

Kunstästhetischer Formalismus

Das Thema dieses Kapitels ist aber nicht das Problem der Autonomie der Kunst in seinen verschiedenen Facetten, sondern das Problem der Definition des Kunstbegriffs. Daher verwende ich hier und im Folgenden den Terminus „Formalismus" in einem noch etwas anderen Sinn: Unter „kunstästhetischem Formalismus" (oder kurz „Formalismus") soll hier und im Folgenden eine Theorie über das Wesen der Kunst verstanden werden, genauer: ein Versuch, den Kunstbegriff durch formale Merkmale zu definieren. Der kunstästhetische Formalismus ist, wie die Ausdruckstheorie, eine Reaktion auf Darstellungstheorien der Kunst, deren Inadäquatheit, wie schon festgestellt wurde, Ende des 19. und zu Beginn des 20. Jahrhunderts immer offensichtlicher wurde. Der kunstästhetische Formalismus leugnet nicht, dass Kunstwerke etwas darstellen und etwas ausdrücken können; aber nach formalistischer Auffassung ist weder das Darstellen noch der Ausdruck eine primäre Funktion der Kunst. Etwas ist Kunst, weil es gewisse hervorstechende formale Merkmale aufweist und weil das Aufweisen dieser formalen Merkmale die primäre Funktion des Gegenstandes ist. Inhalt und etwaige andere Funktionen sind nebensächlich.

Formalismus nenne ich hier also die Auffassung, dass Kunstwerke sich durch besondere *formale Qualitäten* von Nicht-Kunstwerken unterscheiden. Eine formalistische Kunstdefinition könnte also etwa so lauten:

Eine formalistische Kunstdefinition

> x ist ein Kunstwerk genau dann, wenn x bestimmte formale Qualitäten hat.

Diese Definition wirft jedoch eine grundsätzliche Schwierigkeit auf: So, wie die Definition da steht, sagt sie nicht sehr viel aus. Denn es ist ganz unklar, *welche* formalen Qualitäten einen Gegenstand zum Kunstwerk machen. *Irgendwelche* formalen Qualitäten hat ja praktisch alles, denn fast jeder Gegenstand hat irgendeine räumliche und/oder zeitliche Struktur. Aber sicherlich ist nicht jeder Gegenstand, der irgendeine räumliche und/oder zeitliche Struktur hat, ein Kunstwerk. Es müssen also ganz besondere formale Qualitäten sein, die einen Gegenstand zu einem Kunstwerk machen. Es wäre anzugeben, welche das sind, damit die Definition gehaltvoll wird. Es ist aber höchst zweifelhaft, ob es grundsätzlich möglich ist, eine genaue Beschreibung dieser formalen Qualitäten zu geben. Denn eine solche Beschreibung müsste ja auf die formalen Qualitäten jedes Kunstwerks zutreffen, und zwar nicht nur jedes bereits existierenden Kunstwerks, sondern auch jedes vergangenen und zukünftigen und überhaupt jedes möglichen Kunstwerks. Das ist, nach derzeitigem Stand der Dinge, ein aussichtsloses Unterfangen.

Signifikante Form

Als klassischer Vertreter des kunstästhetischen Formalismus gilt der einflussreiche Kunstkritiker und Theoretiker Clive Bell. Der zentrale Begriff innerhalb von Bells Kunsttheorie ist der Begriff der „signifikanten Form" [*significant form*]. Gemäß dieser Kunsttheorie gilt:

> x ist ein Kunstwerk genau dann, wenn x signifikante Form hat.

Die signifikante Form eines Gemäldes wird etwa konstituiert durch Linien, Flächen und Farben und deren Beziehungen zueinander. Bell interessierte sich in erster Linie für bildende Kunst. Sein Anliegen als Kritiker und Theoretiker war es, der nicht-darstellenden bildenden Kunst Verständnis und Anerkennung zuteil werden zu lassen. Natürlich ist das Hauptproblem für Bells Theorie zu erklären, was genau eine „signifikante Form" ist. Bell gibt dafür folgende Erklärung: Signifikante Form seien Beziehungen von Kombinationen von Linien und Farben, denen gemeinsam ist, dass sie alle in den Betrachtern eine besondere Emotion auslösen. Diese Emotion nennt Bell „ästhetische Emotion". Bell macht also zwei fundamentale Annahmen:

1. Es gibt eine besondere Art von emotionalem Erlebnis, das durch Kunstwerke, und zwar durch alle Kunstwerke, hervorgerufen wird (nämlich die ästhetische Emotion).

2. Die Ursache dieses Erlebnisses ist ein spezielles formales Merkmal, das allen Kunstwerken gemeinsam ist.

Einwände gegen die Theorie der signifikanten Form

Beide Annahmen sind umstritten. Viele bezweifeln die Existenz einer besonderen ästhetischen Emotion. Aber noch zweifelhafter ist die zweite Annahme: Angesichts der formalen Vielfalt in der Kunst erscheint es alles andere als wahrscheinlich, dass sich in allen Gegenständen, die so etwas wie eine ästhetische Emotion in uns auslösen, ein und dasselbe formale Merkmal ausfindig machen lässt – ein Merkmal, das außerdem *ausschließlich* Kunstwerken zukommen soll.

Ein dritter Einwand gegen die formalistische Kunstdefinition lautet wie folgt: Es ist unplausibel, dass unsere ästhetischen Emotionen *ausschließlich* durch formale Qualitäten hervorgerufen werden. Vielmehr rührt ästhetischer Genuss oft gerade von einer besonders gelungenen Verbindung von Form und Inhalt her. Wir schätzen ein Porträt zum Beispiel deshalb, weil es mit wenigen Strichen das Wesentliche einer Persönlichkeit zum Ausdruck bringt, oder ein Gedicht deshalb, weil seine lautlichen und rhythmischen Qualitäten irgendwie zum Inhalt „passen".

5. Die Institutionstheorie

Die Kunstwelt

Eine Alternative zur Darstellungstheorie, zur Ausdruckstheorie und zum Formalismus ist die *Institutionstheorie* der Kunst. Es gibt eine Reihe von verschiedenen institutionellen Definitionen des Kunstbegriffs. Ihnen allen sind aber folgende Merkmale gemeinsam: Sie enthalten keine Bezugnahme auf formale Qualitäten, Ausdrucksqualitäten oder Darstellungsqualitäten. Sie beziehen sich stattdessen auf eine Institution bzw. ein institutionsartiges Gebilde. Dieses institutionsartige Gebilde wird häufig „die Kunstwelt" genannt. Ein Gegenstand hat Kunststatus genau dann, wenn er in der Kunstwelt eine Rolle spielt. Welche Rolle das genau ist, wird in verschiedenen institutionellen Definitionen jeweils verschieden spezifiziert. Ich spreche im Folgenden von „der Institutionstheorie" in der Einzahl, wenn es nicht um die Unterschiede innerhalb verschiedener Institutionstheorien, sondern um deren gemeinsame charakteristische Merkmale geht.

Der Kunststatus als extrinsische Eigenschaft

Die Institutionstheorie unterscheidet sich in einem wesentlichen Punkt von den traditionellen Kunsttheorien: Es wird das Wesen der Kunst nicht mehr in irgendwelchen intrinsischen Merkmalen der Kunstwerke gesucht, sondern in extrinsischen Eigenschaften. Zur Erinnerung: Unter einer intrinsischen Eigenschaft eines Gegenstandes versteht man eine Eigenschaft, die sozusagen zum Gegenstand selbst gehört, unabhängig von den Beziehungen des Gegenstandes zu anderen Gegenständen. Extrinsische Eigenschaften eines Gegenstandes sind hingegen Eigenschaften, die von den Beziehungen des Gegenstandes zu anderen Gegenständen abhängen. Die Größte in der Familie zu sein oder von einer bestimmten Person geliebt zu werden sind Beispiele für extrinsische Eigenschaften. Es ist möglich, dass eine Person diese Eigenschaften verliert, ohne dass die Person sich selbst verändert hätte.

Gemäß der institutionellen Theorie der Kunst ist die Eigenschaft, ein Kunstwerk zu sein, eine extrinsische Eigenschaft, die von der Kunstwelt abhängt. Die Kunstgeschichte ist voll von Beispielen für Werke, die zunächst nicht als Kunstwerke anerkannt wurden, später aber doch – und zwar ohne dass sich die Werke intrinsisch verändert hätten.

Der Terminus „Kunstwelt" wurde von dem amerikanischen Philosophen und Kunstkritiker Arthur C. Danto geprägt. Der Begriff der Kunstwelt, wie er bei Danto vorkommt, ist jedoch ziemlich unscharf; und es ist auch zweifelhaft, ob andere Theoretiker, die den Terminus „Kunstwelt" verwenden, ihn in genau demselben Sinn verwenden wie Danto.

Die Mitglieder der Kunstwelt

Wir wollen die Frage, was Danto genau unter „der Kunstwelt" verstanden hat, außer Acht lassen und statt dessen versuchen, eine Explikation des Begriffes zu geben, die im Rahmen einer Institutionstheorie der Kunst Sinn ergibt. Mit diesem Ziel im Hinterkopf könnte man den Begriff der Kunstwelt so explizieren: Die Kunstwelt besteht einerseits aus Kunstwerken und andererseits aus Künstlerinnen, Kunstkritikern, Kunsttheoretikerinnen, Kunsthistorikern, Kunsthändlerinnen, Kunstsammlern, Galeristinnen, Museumskuratoren und nicht zuletzt aus dem Publikum. Weiters gehören zur Kunstwelt verschiedene Arten von Institutionen, die mit Kunstwerken zu tun haben, wie zum Beispiel Museen, Verlage, Galerien, Konzertsäle, Filmfestivals, Kunstzeitschriften, und so fort. Schließlich sind auch *Kunsttheorien* Teil der Kunstwelt.

Der Kerngedanke institutioneller Kunsttheorien lässt sich wie folgt formulieren:

Die institutionelle Definition der Kunst

> Ein Gegenstand x ist ein Kunstwerk genau dann, wenn x innerhalb der Kunstwelt als Kunstwerk behandelt wird.

Einen Gegenstand als Kunstwerk zu behandeln kann zum Beispiel heißen, einen Gegenstand auf eine bestimmte Weise in einem bestimmten Kontext zu präsentieren, etwa in einer Kunstgalerie, auf ein Podest gestellt, mit einem Titel, dem Namen einer Person und einem Entstehungsjahr versehen. Es kann auch heißen, einem Gegenstand einen Aufsatz in einer Kunstzeitschrift zu widmen oder Bilder davon in einem Kunstgeschichte-Seminar zu präsentieren. Es kann aber auch bloß heißen, einen Gegenstand *als Kunstwerk zu rezipieren.* Falls es sich bei dem Gegenstand um etwas visuell Wahrnehmbares handelt, heißt den Gegenstand als Kunstwerk zu rezipieren so viel wie den Gegenstand als Kunstwerk zu *betrachten.*

Was heißt es nun aber, einen Gegenstand als Kunstwerk zu betrachten? – Offenbar gibt es verschiedene Arten der Betrachtung von Kunstwerken, aber drei Merkmale dürften doch hervorstechend sein:

1. Wenn wir einen Gegenstand als Kunstwerk betrachten, dann tendieren wir dazu, verstärkt auf seine ästhetischen Qualitäten zu achten.

2. Wenn wir einen Gegenstand als Kunstwerk betrachten, dann tendieren wir dazu, den Gegenstand zu *interpretieren.* „Interpretieren" ist hier in einem sehr weiten Sinn zu verstehen. Es schließt formale Analyse ebenso ein wie Interpretation im Sinne des Suchens nach Bedeutungen.

3. Wenn wir einen Gegenstand als Kunstwerk betrachten, dann tendieren wir dazu, die Frage nach der Funktion und der Zweckmäßigkeit eines Gegenstandes außer Acht zu lassen oder zumindest nicht als Maßstab für den Wert des Gegenstandes heranzuziehen.

Warhols *Brillo Boxes*

Viele von uns kennen Karikaturen wie die, die einen ratlosen Besucher einer Ausstellung moderner Kunst vor dem in einer Ecke aufgehängten Feuerlöscher zeigt: Ist dieses Objekt nun ein Kunstwerk, oder dient es bloß der Erfüllung der feuerpolizeilichen Vorschriften? Der historische Hintergrund solcher Witze sind gewisse Strömungen in der Kunst des 20. Jahrhunderts, die den Unterschied zwischen Alltagsgegenständen und Kunstwerken vollkommen zu verwischen schienen. Ein Beispiel dafür sind die berühmten *Brillo Boxes* des amerikanischen Pop-Künstlers Andy Warhol (1928–1987). Warhols Werk *Brillo Boxes* ist ein Gebilde aus übereinander gestapelten Sperrholzschachteln mit rot-blauem „Brillo"-Schriftzug auf weißem Grund. Diese (mit beträchtlichem Aufwand hergestellten) Schachteln sind eine genaue und täuschend ähnliche Nachbildung jener billigen Kartonschachteln, in die eine größere Stückzahl eines einfachen Haushaltsutensils (nämlich Brillo Seifenkissen) verpackt waren. Warhols „Skulptur" *Brillo Boxes* gleicht also äußerlich einem Stapel von Kartons, wie man sie etwa in einem gewöhnlichen Großhandelslager für Haushaltswaren sehen könnte. Es handelt sich um ein Gebilde, dem man schwerlich Ausdrucksqualitäten oder eine

„signifikante Form" zusprechen kann, geschweige denn Darstellungsqualitäten.

Nach allgemeiner Auffassung der Kunstexpertinnen ist *Brillo Boxes* ein Kunstwerk. Aber nach allgemeiner Auffassung derselben Expertinnen ist ein äußerlich ununterscheidbares Gebilde aus Brillo-Schachteln im Großmarkt *kein* Kunstwerk. Nehmen wir an, diese Auffassungen seien korrekt. Woran liegt es dann, dass dem einen Gegenstand Kunststatus zukommt und einem äußerlich davon ununterscheidbaren Gegenstand nicht? Liegt es daran, dass Warhols Schachteln aus Holz sind oder dass sie in aufwendiger Handarbeit hergestellt wurden? – Wohl kaum. Würde ich eine Brillo-Schachtel aus Holz herstellen, hätte diese vermutlich keine Chance, als Kunstwerk anerkannt zu werden.

Die Erklärung der institutionellen Kunsttheorie lautet: Warhols *Brillo Boxes* sind Kunstwerke, weil sie innerhalb der Kunstwelt als Kunstwerke behandelt werden. In einer Lagerhalle aufgestapelte Seifenkissen-Schachteln werden von der Kunstwelt nicht als Kunstwerke behandelt und sind daher auch keine Kunstwerke.

Ready-mades

Auf den ersten Blick scheint es, dass die Institutionstheorie der Kunst große Erklärungskraft hat. Offenbar kann sie nicht nur den Kunststatus von Warhols *Brillo Boxes* erklären, sondern bietet auch eine Erklärung für jene Kunstwerke, die *Ready-mades* [vom englischen „ready" (deutsch: „fertig") und „made" (deutsch: „gemacht")] oder *Objets trouvés* [französisch für *„gefundene Gegenstände"*] genannt werden. Als „Erfinder" der Ready-mades gilt Marcel Duchamp. Duchamp definierte das Ready-made als „ein gewöhnliches Objekt, das zur Würde eines Kunstwerks erhoben wird allein durch die Auswahl des Künstlers". Ready-mades sind typischerweise banale Gebrauchsgegenstände, aber nicht etwa nach künstlerischen Entwürfen in Handarbeit hergestellte Dinge, sondern industriell und ohne jede künstlerische Absicht und besonderen ästhetischen Anspruch hergestellte Massenware. Unter Duchamps Ready-mades befinden sich, unter anderem, ein Flaschentrockner, ein Kamm, eine Schneeschaufel und ein Pissoirbecken. Letzteres ist das vielleicht berühmteste von Duchamps Ready-mades. Es trägt den Titel *„Fountain"*. Es handelt sich dabei um ein weißes Porzellan-Pissoirbecken, signiert mit „R. Mutt 1917", das in einer nicht seiner ursprünglichen Bestimmung gemäßen Ausrichtung auf ein Podest gestellt ist.

Die Pointe der Ready-mades ist also, dass ein gewöhnlicher Alltagsgegenstand zum Kunstwerk erhoben wird, indem er von einem Künstler ausgewählt und eventuell zusätzlich in einer für Kunstwerke typischen Weise (auf einem Podest, signiert etc.) an einem besonderen Ort (in einer Galerie, einem Kunstmuseum) präsentiert wird. Durch den Akt der Auswahl durch einen Künstler wird ein Gegenstand Teil der Kunstwelt und innerhalb der Kunstwelt entsprechend behandelt.

Müssen Kunstwerke Artefakte sein?

Ready-mades sind *Artefakte*, also Gegenstände, die von Menschen *gemacht* wurden (zu welchem Zweck und mit welcher Absicht auch immer). Manche Vertreterinnen einer Institutionstheorie der Kunst betrachten genau das als eine notwendige Bedingung dafür, dass ein Gegenstand ein Kunstwerk sein kann. Mit anderen Worten: *Naturdinge* können keine Kunstwerke sein.

Diese Einschränkung auf Artefakte ist jedoch unplausibel. Wenn ein beliebiges Artefakt durch den Akt der Auswahl und das Zurschaustellen in einem geeigneten Kontext zum Kunstwerk werden kann, dann ist nicht einzusehen, warum dasselbe nicht auch mit Naturdingen funktionieren sollte. Wenn man eine Schneeschaufel als Skulptur ausstellen kann, dann wohl auch einen natürlich geformten Stein oder einen ganz unbearbeiteten Wurzelstock. Objets trouvés müssen also nicht unbedingt Artefakte sein.

Eindrucksvolle Beispiele für Objets trouvés, die keine Artefakte sind, liefert die Jahrtausende alte japanische Tradition des *Suiseki*-Sammelns. Suiseki sind besonders interessant geformte Steine, die von den Findern lediglich ausgewählt, gereinigt und in einer Schale präsentiert werden. Davon abgesehen werden sie in keiner Weise bearbeitet. Manche dieser Exemplare sehen aus wie darstellende Skulpturen, andere wie abstrakte Gebilde. Äußerlich ist ihnen nicht anzusehen, dass sie keine Artefakte sind. Sie scheinen mindestens ebenso viel Anspruch auf Kunststatus erheben zu können wie zum Beispiel Duchamps *Flaschentrockner*. Es ist willkürlich, ausgewählte Kämme als Kunstwerke gelten zu lassen, ausgewählte Steine aber nicht.

Selbstverständlich ist es mit der Grundidee der Institutionstheorie vollkommen verträglich, auch natürliche Dinge als Kunstwerke (bzw. Gegenstände, die durch Auswahl zu Kunstwerken werden können) zuzulassen. Das entspricht dem Geist der Institutionstheorie sogar sehr gut, weil grundsätzlich auch natürliche Gegenstände innerhalb der Kunstwelt als Kunstwerke behandelt werden können.

Wir können jedenfalls festhalten, dass die Institutionstheorie der Kunst einen nicht gering zu schätzenden Erklärungswert hat. Den Kunststatus von Readymades und Objets trouvés vermag keine der traditionellen Kunsttheorien zu erklären.

Probleme der Institutionstheorie der Kunst

Aber Institutionstheorien haben auch Schwachpunkte. Welche das genau sind, hängt wesentlich von Details der jeweiligen Theorie ab. Zwei miteinander zusammenhängende Fragen sind dabei vor allem relevant: 1. Welche Personen bzw. Personengruppen werden zur Kunstwelt gezählt? Gehören zur Kunstwelt nur Kunstexpertinnen? Oder gehört jede Person zur Kunstwelt, die irgendein Interesse an Kunst hat? 2. Was genau muss innerhalb der Kunstwelt mit einem Gegenstand geschehen, damit er Kunststatus erlangt? Muss ein Gegenstand tatsächlich „institutionell anerkannt" sein, oder genügt es, wenn irgendwann einmal eine beliebige Person den Gegenstand als Kunstwerk betrachtet? „Institutionelle Anerkennung" kann zum Beispiel darin bestehen, dass der Gegenstand von einem Kunstmuseum angekauft wird oder darin, dass er in einer renommierten Galerie ausgestellt wird, oder darin, dass er von einem professionellen Kunstkritiker diskutiert wird.

Wie leicht ist es, Kunst zu machen?

Je nachdem, wie diese Fragen beantwortet werden, kann es entweder sehr leicht oder sehr schwierig werden, einem Gegenstand Kunststatus zu verleihen. Jede Vertreterin einer institutionellen Kunsttheorie muss sich diesen Fragen stellen, und das bedeutet: Sie muss sich für eine eher großzügige oder eine strenge Strategie entscheiden. Unglücklicherweise haben beide Strategien kontraintuitive Konsequenzen.

Eine sehr großzügige Version könnte etwa so lauten:

> Ein Gegenstand x ist ein Kunstwerk genau dann, wenn x von einer beliebigen Person als Kunstwerk betrachtet wird.

Gemäß dieser Version ist es sehr leicht, einem Gegenstand Kunststatus zu verleihen, und gerade das könnte dieser Version als Schwäche ausgelegt werden. Kann ich denn wirklich aus einem banalen Alltagsgegenstand, sagen wir: meinem Besen, ein Kunstwerk machen, nur indem ich ihn nicht mehr unter praktischen, sondern unter ästhetischen Gesichtspunkten betrachte? Oder wird der Feuerlöscher in der Galerie allein schon deshalb zum Kunstwerk, weil er von einem verwirrten Besucher als solches betrachtet wird? Wird ein Kieselstein allein dadurch zum Kunstwerk, dass jemand seine Glätte, seine Farben und seine Maserung bewundert? Ist es wirklich so leicht, Kunstwerke in die Welt zu setzen?

Mit Rücksicht auf diese Bedenken könnte man die Definition folgendermaßen verschärfen:

> Ein Gegenstand x ist ein Kunstwerk genau dann, wenn x von einem Mitglied der Kunstwelt als Kunstwerk betrachtet wird.

Diese Formulierung ist freilich nur dann eine Verschärfung der ersten Definition, wenn verschärfte Bedingungen für das „Bürgerrecht" in der Kunstwelt gelten. Die beiden Formulierungen wären synonym, wenn jede Person, die einen Gegenstand als Kunstwerk betrachtet, allein dadurch bereits Mitglied der Kunstwelt wäre. Das widerspricht aber dem Geist der zweiten Definition. Gemeint ist hier vielmehr, dass nur ausgewählte Personen Mitglieder der Kunstwelt sind.

Soziale Tatsachen

Das entspricht auch eher dem Grundgedanken einer institutionellen Kunsttheorie. Denn es gehört zum Wesen von Institutionen, dass es nicht genügt, gewisse Fähigkeiten zu haben, um Mitglied einer Institution zu sein – selbst wenn es sich um Fähigkeiten handelt, die innerhalb der betreffenden Institution geschätzt und gebraucht werden. Institutionen sind soziale Gebilde, die in großem Ausmaß durch Regeln und organisierte Rollenverteilungen geprägt sind. Soziale Gebilde haben die Macht, soziale Tatsachen von beträchtlicher Tragweite zu schaffen, zum Beispiel die Tatsache, dass zwei Personen Eheleute sind oder die Tatsache, dass eine Frau diplomierte Psychologin ist oder die Tatsache, dass jemand durch seine Unterschrift Gesetze erlassen kann. Die Grundidee der institutionellen Kunsttheorie kann man also auch so auf den Punkt bringen: Ob ein Gegenstand ein Kunstwerk ist oder nicht, ist eine *soziale Tatsache*, die durch die Kunstwelt geschaffen wird.

Wer hat Bürgerrecht in der Kunstwelt?

Das wirft die Frage auf: Welche Bedingungen muss eine Person erfüllen, um Mitglied der Kunstwelt zu sein? Eines der Probleme der institutionellen Kunsttheorie besteht darin, dass es bei genauerer Betrachtung zweifelhaft erscheint, ob die so genannte „Kunstwelt" tatsächlich mit Recht eine „Institution" genannt wird. Es ist (von besonderen Fällen abgesehen) ganz klar, ob zwei Leute verheiratet sind oder nicht, ebenso wie es normalerweise ganz klar ist, ob jemand ein Psychologie-Diplom besitzt oder nicht. Das liegt daran, dass in den betreffenden Institutionen sehr genau geregelt ist, wer unter welchen Umständen dazu befugt ist, Diplome zu verleihen oder Heiratsurkunden auszustellen. Doch in der Kunstwelt existieren derlei Regelungen nicht. Es ist überhaupt nicht klar, wer die Befugnis hat, einem Gegenstand Kunststatus zu verleihen und wer nicht.

Man könnte folgende Bedingung aufstellen: Die Mitglieder der Kunstwelt müssen Kunstexperten sein. Das könnte etwa heißen, dass Mitglieder der Kunstwelt über Kenntnisse der Kunstgeschichte verfügen und über Kunsttheorien Bescheid wissen müssen. Demnach würde gelten: Die Befugnis, Gegenständen Kunststatus zu verleihen, kommt genau jenen Personen zu, die über einschlägige Fachkenntnisse (also über Kenntnisse der Theorie und Geschichte der Kunst) verfügen.

Sind nicht anerkannte Kunstwerke unmöglich?

Das klingt zunächst nicht unplausibel. Allerdings ist es aus der Kunstgeschichte bekannt, dass auch Kunstexperten nicht selten *neuen* Stilen und Verfahren die Zuerkennung des Kunststatus verweigern. Manches, das heute unbestritten als Kunst gilt, wurde von den Kunstexperten der Entstehungszeit nicht als Kunst anerkannt. Beispiele dafür gibt es viele: Von van Gogh über die Impressionisten bis zu den Nach-Impressionisten hatten Künstler, die wesentliche Neuerungen einführten, einen harten Kampf um Anerkennung zu führen. Im 20. Jahrhundert können wir auch an die Geschichte der Fotografie denken, der lange Zeit der Kunststatus verweigert wurde. Wenn nun Anerkennung durch Kunstexpertinnen eine notwendige und hinreichende Bedingung dafür ist, dass ein Gegenstand ein Kunstwerk ist, dann ist es möglich, dass ein Gegenstand zu manchen Zeiten seiner Existenz ein Kunstwerk ist, zu anderen aber nicht. Angenommen, *niemand* hätte zu van Goghs Zeiten van Goghs Bilder als Kunstwerke betrachtet: Wären dann zu jener Zeit seine Gemälde keine Kunstwerke gewesen? Diese Konsequenz dürfte heute vielen kontraintuitiv erscheinen.

Eine Variation dieses Einwands lautet: Wie steht es mit *unbekannten, nicht veröffentlichten* Werken, also Werken, die lange Zeit niemandem zugänglich sind? Angenommen, jemand schreibt einen Roman nur „für die Schublade", der nach dem Ableben der Autorin entdeckt wird und dann als großes Kunstwerk gefeiert wird? War denn der Roman vor seiner Entdeckung kein Kunstwerk? Manche Vertreterinnen der Institutionstheorie nehmen diese Konsequenz bewusst in Kauf. Für sie ist ein solches noch nicht entdecktes Werk nur ein „potentielles" Kunstwerk. Ein „potentielles Kunstwerk" ist freilich so wenig ein Kunstwerk wie eine potentielle Präsidentin eine Präsidentin ist.

Hört ein *vergessenes* Kunstwerk auf, ein Kunstwerk zu sein?

Natürlich wäre es, im Rahmen der Institutionstheorie, grundsätzlich auch möglich, dass ein Gegenstand seinen Kunststatus wieder *verliert*. Es könnte ja sein, dass die Kunstwelt aufhört, früher als Kunstwerke anerkannte Gegenstände als Kunstwerke zu behandeln – und sei es nur, weil die Kunstwelt diese Werke einfach *vergisst*.

Man könnte versuchen, wenigstens manchen dieser Probleme dadurch zu entgehen, dass man die Künstler in den Kreis der Kunstexperten aufnimmt (selbst wenn sie nicht über viel theoretisches und historisches Wissen verfügen sollten). Zumindest van Gogh hat seine Bilder als Kunstwerke anerkannt, auch wenn niemand sonst es getan hätte, und da er, als Künstler, ein Mitglied der Kunstwelt war, konnte er seinen Bildern Kunststatus verleihen. Daher hätten seine Bilder auf jeden Fall von Anfang an Kunststatus gehabt.

Diese Strategie hat jedoch einen entscheidenden Schwachpunkt: So lange nicht klar ist, welche Gegenstände mit Recht „Kunstwerke" genannt werden, so lange ist auch nicht klar, welche Personen Künstlerinnen sind. Denn Künstlerinnen sind offenbar Personen, die Kunstwerke produzieren (oder, im Rahmen einer Institutionstheorie, die Gegenstände produzieren, die von der Kunstwelt als Kunstwerke anerkannt werden). Ob jemand Künstler ist, entscheidet gemäß der Institutionstheorie die Kunstwelt, und nur die Kunstwelt, und zwar über den Weg der Anerkennung von Kunstwerken. Sie verleiht nicht nur Gegenständen den Status von Kunstwerken, sondern auch Personen den Status von Künstlern, wobei das erste offenbar das Primäre ist. Es ist nicht so, dass jemand *zuerst* zum Künstler erklärt wird und *dann* werden seine Erzeugnisse *deshalb* als Kunstwerke anerkannt, weil sie Erzeugnisse eines Künstlers sind. Es ist vielmehr genau umgekehrt: Weil die Erzeugnisse einer Person als Kunstwerke anerkannt sind, wird die Person als Künstler anerkannt. Deshalb kann das oben dargestellte Problem nicht dadurch gelöst werden, dass Künstler mit der Autorität von Kunstwelt-Mitgliedern ausgestattet werden.

Kann sich die Kunstwelt irren?

Ein weiterer Einwand gegen die Institutionstheorie lautet: Es ist eine Konsequenz der Institutionstheorie, dass sich die Kunstwelt in Bezug auf ihre Urteile hinsichtlich des Kunststatus von Gegenständen unmöglich irren kann. Ein solcher Irrtum ist deshalb nicht möglich, weil das Urteil „Dies ist ein Kunstwerk" (ausgesprochen von einem oder einer hinreichend großen Zahl von Mitgliedern der Kunstwelt) gemäß der Institutionstheorie nicht eine (unabhängig von der Kunstwelt bestehende) Tatsache *feststellt* oder *behauptet*, sondern vielmehr diese Tatsache erst *schafft*. Es ist aber unplausibel, dass die Kunstwelt sich unmöglich irren kann. Vielmehr scheint es möglich zu sein, dass die Kunstwelt aufgrund neuer Einsichten alte Urteile revidiert – und zwar deshalb, weil die alten Urteile *falsch* waren.

Es gibt noch ein weiteres Problem mit der Institutionstheorie: Angenommen, ich wäre ein Mitglied der Kunstwelt. Könnte ich dann meinen Besen durch ästhetische Betrachtung desselben zum Kunstwerk erheben? Oder, falls die ästhetische Betrachtung allein nicht genügt: Angenommen, ich würde einen Aufsatz zur Ästhetik des Besens verfassen (unter besonderer Berücksichtigung seiner symbolischen Aspekte) und eine einschlägige Fachzeitschrift würde ihn drucken. Wäre mein Besen dann nicht mehr ein einfacher Besen, sondern ein Kunstwerk?

Ich denke, dass viele Leute diese Frage verneinen würden (selbst wenn mein Aufsatz geistreich wäre). Offenbar können auch Angehörige der Kunstwelt nicht *Beliebiges* zur Kunst erklären. Sie müssen *Gründe* für ihre Entscheidungen haben, und zwar Gründe, die unabhängig von der Anerkennung oder Nicht-Anerkennung durch die Kunstwelt sind. Wenn dem so ist, dann erhebt sich jedoch die Frage, ob nicht letztlich das Wesen der Kunst gerade in jenen Merkmalen von Gegenständen besteht, die Kunstexpertinnen als Gründe dafür angeben könnten, dass sie einen bestimmten Gegenstand als Kunstwerk anerkennen. Nicht zuletzt deshalb ist auch die Institutionstheorie nicht vollständig zufrieden stellend.

6. Die Theorie der Familienähnlichkeit

Kunstästhetische Skepsis und kunstästhetischer Essentialismus

Nach Auffassung mancher Ästhetiker ist es grundsätzlich unmöglich, hinreichende und notwendige Bedingungen dafür anzugeben, dass etwas Kunst ist. Diese Auffassung kann man „kunstästhetische Skepsis" nennen. Die gegenteilige Auffassung nennt man auch „kunstästhetischen Essentialismus". Kunstästhetischer Essentialismus ist also die Auffassung, dass es so etwas wie ein „Wesen der Kunst" gibt, das heißt, irgendein Merkmal oder ein Bündel von Merkmalen, das Kunst von Nicht-Kunst unterscheidet. Wir haben uns bisher in diesem Kapitel ausschließlich mit essentialistischen Theorien beschäftigt. Jetzt ist es an der Zeit, die skeptische Position zu betrachten.

Der „essentialistische Fehlschluss"

Kunstästhetische Skeptiker werfen den Essentialisten unter den Kunstästhetikern den so genannten „essentialistischen Fehlschluss" vor. Dieser besteht in der Annahme, dass dem Gebrauch *eines* Wortes zur Bezeichnung vieler Dinge *ein gemeinsames Wesen* all dieser Dinge entsprechen müsse. Wir können, so wird eingewendet, aus der Tatsache, dass wir viele verschiedene Dinge als „Kunst" bzw. als „Kunstwerke" bezeichnen, nicht schließen, dass alle diese Dinge irgendetwas gemeinsam haben müssen.

Dieses Argument ist grundsätzlich richtig. Die bloße Tatsache, dass wir viele verschiedene Phänomene als „Kunst" bezeichnen, beweist noch nicht, dass alle diese Phänomene etwas gemeinsam haben. Allerdings, das Argument vom essentialistischen Fehlschluss beweist auch nicht das Gegenteil, also dass es *nicht* der Fall ist, dass alle diese Phänomene etwas gemeinsam haben. Es ist prima facie plausibel, die Verwendung eines Wortes zur Bezeichnung von vielen verschiedenen Dingen durch das Vorhandensein eines oder mehrerer gemeinsamer Merkmale zu erklären; zumindest als Hypothese muss das zugelassen werden. Zum Beispiel verwenden wir das Wort „Baum" zweifellos zur Bezeichnung sehr verschiedener Gegenstände, und es mag sein, dass wir zunächst gar nicht in der Lage sind, Merkmale anzugeben, die denjenigen, und nur denjenigen Gegenständen zukommen, die wir als „Bäume" bezeichnen. Trotzdem erscheint es plausibel anzunehmen, dass es solche Merkmale gibt. Mit anderen Worten: Es ist unplausibel, dass wir zum Beispiel das Wort „Baum" willkürlich auf manche Gegenstände anwenden und auf andere nicht. Analoges gilt für das Wort „Kunst". Das Argument vom essentialistischen Fehlschluss reicht daher nicht hin zur Begründung einer kunstästhetischen Skepsis.

Morris Weitz' Argumente gegen den kunstästhetischen Essentialismus

Ein berühmter kunstästhetischer Skeptiker ist *Morris Weitz*. Weitz begründet seine kunstästhetische Skepsis zunächst mit der Behauptung, dass es nichts gibt, was allen Gegenständen, die wir bis jetzt als Kunstwerke anerkennen, gemeinsam ist.

Zweitens bringt Weitz ein Argument grundsätzlicher Natur vor: Er argumentiert, dass es keine Definition des Kunstbegriffs geben kann, weil die Künstler *jede* Definition irgendwann widerlegen würden, indem sie etwas machen, was der Definition nicht mehr gerecht wird. Die Kunst entwickelt sich immer weiter, und daher sei es unmöglich, so etwas wie ein „Wesen der Kunst" in einer Definition zu fixieren. Das ist Weitz' Hauptargument zur Begründung der kunstästhetischen Skepsis.

Weitz argumentiert aber nicht nur negativ. Das heißt: Es geht ihm nicht nur

Wittgensteins Begriff der Familienähnlichkeit

darum zu beweisen, dass es keine Definition des Kunstbegriffs geben kann. Er versucht darüber hinaus, eine Erklärung dafür zu geben, warum wir für ganz verschiedenartige Phänomene dieselbe Bezeichnung verwenden, nämlich „Kunst". Für diese Erklärung benutzt er einen Begriff, den Ludwig Wittgenstein prägte, nämlich den Begriff der *Familienähnlichkeit*.

Wittgensteins Theorie der Familienähnlichkeit ist ein Versuch zu erklären, warum wir ein und dasselbe Wort zur Bezeichnung verschiedener Dinge verwenden, obwohl wir keine Merkmale angeben können, die allen diesen Dingen gemeinsam sind. Wittgenstein erörterte diese Frage nicht am Beispiel des Kunstbegriffs, sondern am Beispiel des Begriffs des *Spiels*. Er machte in Bezug auf Spiele dieselbe Beobachtung wie Weitz in Bezug auf Kunstwerke, nämlich dass wir viele sehr verschiedene Dinge „Spiel" nennen, und dass es anscheinend nicht möglich ist, irgendeine Eigenschaft anzugeben, die alle Spiele gemeinsam haben.

Wittgenstein meint nun, dass zwischen Spielen eine Art „Familienähnlichkeit" bestehe, und das soll heißen: Es gibt zwar nichts, was alle Spiele gemeinsam haben, aber es hat doch jedes Spiel mit irgendeinem Spiel irgendetwas gemeinsam. Schach und Mensch-ärgere-dich-nicht haben zum Beispiel gemeinsam, dass sie beide Brettspiele sind. Mensch-ärgere-dich-nicht und Scharade haben gemeinsam, dass sie zur Unterhaltung gespielt werden. Scharade und Fußball haben gemeinsam, dass beide Mannschaftsspiele sind. Und so weiter. Die Idee ist, dass jedes Spiel mit jedem anderen Spiel durch eine solche Kette von Gemeinsamkeiten verbunden ist. Aus diesem Grund nennen wir alle diese Dinge „Spiel", obwohl wir nicht in der Lage sind, eine allen gemeinsame Eigenschaft anzugeben. Diese Idee wendet Weitz auf den Kunstbegriff an. Es gibt nach seiner Auffassung also zwischen Kunstwerken Wittgenstein'sche Familienähnlichkeiten.

Betrachten wir zunächst das erste der Argumente, die Weitz für die kunstästhetische Skepsis vorbringt. Es lautet, wie gesagt: Es gibt nichts, was alle bisher anerkannten Kunstwerke gemeinsam haben. Deshalb kann es keine Definition des Kunstbegriffs geben.

Wenn es richtig ist, dass es nichts gibt, was die bisher anerkannten Kunstwerke gemeinsam haben, dann ist natürlich auch die Konklusion richtig, dass es keine Kunstdefinition geben kann. Die Frage ist also, ob die Prämisse richtig ist.

Einwände gegen Weitz

Weitz konnte sich lediglich auf die ihm bekannten und augenscheinlich fehlgeschlagenen Definitionsversuche stützen. Dass zu einem bestimmten Zeitpunkt keine allen Kunstwerken gemeinsame Eigenschaft gefunden wurde, schließt aber nicht aus, dass irgendwann später eine gefunden wird. Weitz dachte vermutlich vor allem an die Imitationstheorie und die Ausdruckstheorie. Wir haben aber gesehen, dass es noch andere Versuche gibt, Kunst zu definieren, und dass diese sich jedenfalls nicht so leicht vom Tisch wischen lassen wie die traditionellen Kunsttheorien. Die Prämisse, dass es nichts gibt, was alle Kunstwerke gemeinsam haben, ist also sehr schlecht begründet. Darum ist das Argument, für sich genommen, sehr schwach.

Wie steht es aber mit Weitz' zweitem Argument? Dieses lautet, kurz gefasst, dass es keine Kunstdefinition geben kann, weil künstlerische Tätigkeit ihrem Wesen nach kreativ und innovativ ist. Auch dieses Argument beweist jedoch nicht die Unmöglichkeit einer Kunstdefinition. Eine Kunstdefinition schließt nicht notwendigerweise die Möglichkeit von Neuerungen aus.

Wir können als festhalten: Keines von Weitz' Argumenten beweist, dass eine Definition der Kunst unmöglich ist. Trotzdem könnte Weitz natürlich Recht haben mit seiner Hypothese. Es lohnt sich daher, sich mit der Familienähnlichkeitstheorie zu beschäftigen, die Weitz ja sozusagen als Ersatz für eine Definition des Kunstbegriffs vorschlägt.

Um es vorweg zu sagen: Die Familienähnlichkeitstheorie der Kunst funktioniert nicht. Sie bietet uns keine befriedigende Erklärung für unseren vielseitigen Gebrauch des Ausdrucks „Kunst". Übrigens funktioniert die Familienähnlichkeitstheorie auch nicht für den Begriff des Spiels. Sie funktioniert für keinen Begriff.

Aber bleiben wir beim Kunstbegriff. Die Idee von Weitz ist: Jedes Kunstwerk ist mit jedem anderen Kunstwerk sozusagen durch eine Kette von Familienähnlichkeiten verbunden. Zum Beispiel so: Ein Werk W1 und ein Werk W2 sind ähnlich insofern, als sie beide darstellende Werke sind. W2 ist ähnlich mit W3 insofern als beide Gefühle ausdrücken. W3 ist ähnlich mit W4 insofern als beide schön sind. Es ist möglich, dass W1 nichts mit W4 gemeinsam hat, aber aufgrund der aufgezeigten Familienähnlichkeiten können wir sie doch beide „Kunstwerke" nennen.

Einwände gegen die Familienähnlichkeitstheorie der Kunst

Warum diese Erklärung nicht funktioniert, soll zunächst durch Gegenbeispiele klar gemacht werden: Stellen wir uns ein (realistisches) Gemälde vor, das einen Sonnenuntergang darstellt, und stellen wir uns außerdem einen realen Sonnenuntergang vor, und vergleichen wir das Gemälde mit dem realen Naturereignis. Zweifellos gibt es auffällige Ähnlichkeiten zwischen dem Gemälde einerseits und dem Sonnenuntergang andererseits. Angenommen, wir bezeichnen das Gemälde als „Kunstwerk". Müssten wir dann nach der Familienähnlichkeitstheorie nicht auch den realen Naturvorgang als „Kunstwerk" bezeichnen? Tatsache ist, dass wir das nicht tun. Gemälde, die Sonnenuntergänge darstellen, können Kunstwerke sein. Sonnenuntergänge sind keine Kunstwerke.

Noch ein anderes Beispiel, das auf denselben Punkt hinweisen soll. Nehmen wir an, unser als Kunstwerk identifiziertes Gemälde ist rechteckig und hat die Maße 60 x 80 cm. Vergleichen wir dieses Gemälde mit einer gewöhnlichen Pressspanplatte mit den Maßen 60 x 80 cm. Es lässt sich nicht leugnen, dass zwischen dem Gemälde und der Pressspanplatte eine Familienähnlichkeit besteht. Wir betrachten aber nicht jede Pressspanplatte mit den Maßen 60 x 80 cm als Kunstwerk. Die Familienähnlichkeitstheorie kann nicht erklären, warum wir das nicht tun.

Die Pointe dieser Beispiele ist Folgende: Familienähnlichkeiten lassen sich zwischen allem und jedem herstellen. Die einzige Erklärung dafür, dass eine gewöhnliche Pressspanplatte mit den Maßen 60 x 80 cm kein Kunstwerk ist, muss – aus der Sicht eines Anhängers der Familienähnlichkeitstheorie – lauten, dass das Format in diesem Zusammenhang eben keine *relevante* Eigenschaft ist. Aber mit einer solchen Entgegnung wäre für einen Vertreter einer Familienähnlichkeitstheorie nichts gewonnen. Denn das liefe darauf hinaus, dass die Familienähnlichkeitstheorie modifiziert werden muss, und zwar dahingehend, dass nur bestimmte Eigenschaften für die Frage „Kunst oder nicht

Kunst?" relevant sind. Dann müsste aber natürlich erklärt werden, welche die relevanten Eigenschaften sind. Aber das läuft wieder auf eine Wesensdefinition der Kunst hinaus.

Wir können also zusammenfassend festhalten: Die Familienähnlichkeitstheorie ist kein brauchbarer Ersatz für eine Definition der Kunst. Denn die Familienähnlichkeitstheorie vermag nicht zu erklären, warum wir die Worte „Kunst" und „Kunstwerk" so verwenden, wie wir sie verwenden.

7. Kunst als ästhetische Kommunikation

Wir haben nun einige einflussreiche Kunstdefinitionen diskutiert und jede als nicht adäquat befunden. Aber die kunstästhetische Skepsis ist auch keine Lösung. Es ist sinnvoll, trotz aller bisherigen Fehlschläge, nach einer Kunstdefinition zu suchen, und zwar aus mindestens zwei Gründen: Erstens verwenden wir alle die Ausdrücke „Kunst" und „Kunstwerk", und wir verstehen diese Ausdrücke eigentlich ganz gut – auch wenn es in manchen Fällen zweifelhaft ist, ob ein Gegenstand unter diese Begriffe fällt oder nicht. Das spricht dafür, dass diese Begriffe eine Bedeutung haben, und jede Bedeutung, auch wenn sie vage ist, kann man explizieren. Zweitens: Selbst wenn man letztlich keine vollkommen befriedigende und allgemein akzeptierte Definition findet, so kann man auf der Suche nach einer solchen Definition eine ganze Menge über die Kunst lernen.

Aus diesem Grund wird hier nun noch eine weitere Kunstdefinition vorgeschlagen. Es wird nicht behauptet, dass diese Definition keine Probleme aufwirft; aber sie vermeidet jedenfalls die Mängel der bisher betrachteten Kandidaten.

Ich schlage vor, Kunst als eine spezielle Form der *Kommunikation* zu betrachten. Bei jeder Kommunikation gibt es (mindestens) einen *Sender* (oder *Produzenten*) und (mindestens) einen *Empfänger* (oder *Rezipienten*). Darüber hinaus gibt es ein *Medium* der Kommunikation, das ist ein Gegenstand, der den Inhalt, der kommuniziert werden soll, übermittelt. Das kann zum Beispiel ein Satz sein oder ein Bild oder eine Melodie. Im Fall der künstlerischen Kommunikation ist das Kunstwerk also das Medium, mit dem die Künstlerin den Rezipienten etwas vermittelt.

Nun ist natürlich nicht jede Form der Kommunikation künstlerisch. Es muss also etwas geben, das künstlerische Kommunikation von nicht-künstlerischer Kommunikation unterscheidet. Ich meine, dass das Spezifische der künstlerischen Kommunikation darin besteht, dass eine *ästhetische Erfahrung* (*ein ästhetisches Erlebnis*) vermittelt werden soll. Demgemäß könnte der Kunstbegriff wie folgt definiert werden:

Die kommunikationstheoretische Definition der Kunst

> x ist ein Kunstwerk genau dann, wenn x von einem Sender (Produzenten) als Medium einer ästhetischen Erfahrung intendiert ist.

Ich nenne diese Definition im Folgenden die „kommunikationstheoretische Definition der Kunst". Der Grundgedanke dieser Definition ist der Folgende:

Künstlerinnen haben das Ziel, eine ästhetische Erfahrung zu vermitteln. Zu diesem Zweck erzeugen sie Gegenstände, von denen sie glauben, dass sie einer geeigneten Gruppe von Rezipienten die intendierten ästhetischen Erfahrungen vermitteln können. Sie versuchen, diese Gegenstände genau so zu gestalten, dass die Rezipienten, wenn sie diese Gegenstände wahrnehmen, die entsprechenden ästhetischen Erlebnisse haben. Die Kommunikation kann als gelungen angesehen werden, wenn die Rezipienten tatsächlich die intendierten ästhetischen Erlebnisse haben; andernfalls ist die ästhetische Kommunikation nicht gelungen.

In obiger Definition ist absichtlich ganz neutral von einem „Sender" und nur in Klammern von einem „Produzenten" die Rede, weil auf diese Weise Ready-mades und Objets trouvés eingeschlossen sind. Die Definition lässt so die Möglichkeit offen, dass das berühmte Pissoir von Duchamp kein Kunstwerk war, so lange es im Lager eines Installateurs lag, später aber ein Kunstwerk wurde. Ein industriell produziertes Pissoir wurde mit größter Wahrscheinlichkeit nicht in der Absicht hergestellt, eine ästhetische Erfahrung zu vermitteln. Aber Duchamp hat es möglicherweise in dieser Absicht ausgestellt (wenngleich dies sicherlich nicht seine einzige, wahrscheinlich nicht einmal seine primäre Absicht war).

Vorzüge der kommunikationstheoretischen Definition

Für die kommunikationstheoretische Definition spricht, dass sie die wichtigsten Einwände gegen die Darstellungstheorie, die Ausdruckstheorie, die formalistische Theorie und die Institutionstheorie vermeidet:

1. Sie schließt nicht-darstellende und nicht-expressive Gegenstände nicht aus.

2. Sie impliziert nicht, dass *jeder* darstellende und/oder expressive Gegenstand ein Kunstwerk ist.

3. Sie impliziert nicht, dass alle Kunstwerke ganz spezielle formale Eigenschaften gemeinsam haben.

4. Sie schließt Gegenstände, die von der Kunstwelt nicht (noch nicht, nicht mehr) als Kunstwerke anerkannt werden, nicht aus.

5. Sie bietet eine Erklärung für Ready-mades und Objets trouvés: Ein natürlicher Stein, der unbeachtet irgendwo auf einem Berg liegt, ist kein Kunstwerk, aber er kann eines werden, wenn er gefunden, mitgenommen und in geeigneter Weise präsentiert wird. Denn der Stein war ursprünglich nicht als Medium einer ästhetischen Erfahrung intendiert, aber er kann von einem Sammler als Medium der ästhetischen Erfahrung intendiert werden.

6. Sie schließt nicht aus, dass mit einem Kunstwerk auch (möglicherweise sogar in erster Linie) außer-ästhetische Absichten verfolgt werden können (zum Beispiel religiöse, soziale, politische oder philosophische).

Darüber hinaus schließt die vorgeschlagene Definition auch nicht aus, dass ein Kunstwerk *praktischen Nutzen* haben kann. Seine Brauchbarkeit für praktische Zwecke kann auch durchaus intendiert sein. Entscheidend ist nur, dass der Gegenstand *auch* als Medium einer ästhetischen Erfahrung intendiert ist. Eine Teeschale, ein Kleid oder ein Haus kann also durchaus ein Kunstwerk sein in diesem Sinn. Die vorgeschlagene Definition ist also sehr weit. Sie schließt auch Gebrauchskunst und Kunsthandwerk ein.

Die kommunikationstheoretische Definition hat freilich auch Schwachpunkte. Der am schwersten wiegende Einwand lautet, dass die Definition *zu*

Einwände gegen die kommunikationstheoretische Definition

weit ist, das heißt: dass sie Gegenstände einschließt, die wir nicht als „Kunstwerke" bezeichnen wollen. Es scheint, dass die Bedingung, dass ein Gegenstand als Auslöser einer ästhetischen Erfahrung intendiert ist, von vielen Gegenständen erfüllt wird, die wir – selbst bei großzügiger Auslegung – nicht als Kunst anerkennen wollen. Man könnte etwa einwenden: Wer seinen Kleiderschrank blau lackiert, tut dies vermutlich in erster Linie aus ästhetischen Gründen. Alltäglichen Hausrat und Kleidungsstücke suchen wir nicht zuletzt nach ästhetischen Gesichtspunkten aus. Das wissen die Hersteller dieser Dinge natürlich und bemühen sich daher, ihre Produkte so zu gestalten, dass sie unsere ästhetischen Bedürfnisse möglichst gut befriedigen. Viele (wahrscheinlich die meisten) Fernseh-Werbespots zielen in der einen oder anderen Weise auf unsere Empfänglichkeit für ästhetische Reize, um uns davon abzuhalten, auf den Ausschaltknopf zu drücken, wenn die Werbung kommt. Die Liste könnte gewiss noch lange fortgeführt werden. Dennoch ist, nach allgemeiner Auffassung jedenfalls, nicht jeder blau gestrichene Schrank, jedes Nudelsieb und jeder Werbespot ein Kunstwerk.

Kunst und Kitsch

Darüber hinaus könnte eingewendet werden, dass die vorgeschlagene Definition nicht zur Unterscheidung von Kunst und Kitsch taugt: Es scheint doch, dass Heimatromane, Gartenzwerge und die berüchtigten röhrenden Hirsche über der Wohnzimmercouch als Medien der ästhetischen Erfahrung intendiert sind. Wenn dem so ist, dann würde der ärgste Kitsch die in obiger Definition formulierte Bedingung für den Kunststatus erfüllen. Aber eine adäquate Kunstdefinition sollte eine Abgrenzung von Kunst und Kitsch ermöglichen.

Der Kitsch-Einwand ist hingegen nicht so stark, wie er auf den ersten Blick aussehen mag. Er beruht wesentlich auf zwei Voraussetzungen: 1. Kunst und Kitsch schließen einander aus; was Kitsch ist, kann nicht Kunst sein, und was Kunst ist, kann nicht Kitsch sein. 2. Kitsch zielt (unter anderem) darauf ab, ästhetische Erfahrung zu ermöglichen.

Beide Voraussetzungen können in Zweifel gezogen werden. Erstens könnte man die Auffassung vertreten, dass Kitsch (zumindest mancher Kitsch) ganz einfach *schlechte* Kunst ist. Schlechte Kunst ist aber immer noch Kunst. Demgemäß wäre es kein Mangel der vorgeschlagenen Definition, dass sie Kitsch einschließt. Zweitens könnte man leugnen, dass Kitsch stets als Medium der ästhetischen Erfahrung intendiert ist. Vielfach scheint Kitsch weniger unseren Sinn für das Schöne und Erhabene anzusprechen als vielmehr gewisse urwüchsige Instinkte. Gartenzwerge werden wohl nicht zuletzt deshalb als „putzig" empfunden, weil sie kleinen Kindern ähneln. Der röhrende Hirsch vor der Kulisse einer völlig unbesiedelten Landschaft weckt Sehnsüchte nach unberührter Natur, die als Reaktion auf Lebensbedingungen verstanden werden können, die durch Platzmangel, Lärm und andere störende Umwelteinflüsse charakterisiert sind.

Freilich hängt hier sehr viel davon ab, was wir unter einer ästhetischen Erfahrung genau verstehen; und das ist eine schwierige Frage. Aber man wird nicht jede Befriedigung eines emotionalen Bedürfnisses als ästhetische Erfahrung klassifizieren wollen.

Dennoch scheint es, dass zumindest manche als kitschig klassifizierten Gegenstände auch als Medien der ästhetischen Erfahrung intendiert sind.

Dafür spricht nicht zuletzt, dass oft große Uneinigkeit darüber herrscht, ob etwas nun Kunst oder Kitsch ist. Es scheint, dass ein Gegenstand in einer oder mehreren Hinsichten kitschig sein kann (wobei Kitsch in Graden kommt), dabei aber gleichzeitig durchaus künstlerische Qualitäten aufweisen kann. Ich plädiere daher für die Auffassung, dass Kunst und Kitsch sich nicht gegenseitig ausschließen. Demnach wäre es kein Mangel der vorgeschlagenen Definition, dass sie nicht alles ausschließt, was Kitsch ist.

Gibt es eine scharfe Grenze zwischen Kunst und Nicht-Kunst?

Der grundsätzliche Einwand gegen die vorgeschlagene Definition, dass sie zu vieles einschließe, ist damit freilich nicht widerlegt. Ich habe leider auch keine definitive Widerlegung dieses Einwands anzubieten. Ein Schlüssel zu einer Antwort könnte im Begriff der ästhetischen Erfahrung liegen. Wenn es eine ausgearbeitete Theorie der ästhetischen Erfahrung gäbe (einschließlich einer Beschreibung und Klassifikation jener Phänomene, die wir als „ästhetische Erlebnisse" bezeichnen), dann könnten wir vielleicht Kunst definieren als das, was als Medium von ästhetischer Erfahrung *einer bestimmten Art* intendiert ist; möglicherweise wäre damit der Geltungsbereich der Definition in adäquater Weise eingeschränkt. Zumindest vorläufig sieht es aber so aus, als wären die Grenzen zwischen Kunst und Nicht-Kunst fließend.

8. Zusammenfassung, Lektürehinweise, Fragen und Übungen

Zusammenfassung

Die älteste Kunsttheorie ist die Darstellungstheorie der Kunst, der gemäß jedes Kunstwerk etwas darstellen muss (wobei darstellen oft im Sinne von „nachahmen" verstanden wurde). Diese Theorie scheitert nicht nur an zahlreichen Gegenbeispielen aus der bildenden Kunst des 20. Jahrhunderts, sondern auch an ganzen Kunstgattungen, wie Musik und Architektur. Wie die Darstellungstheorie, so versuchen auch die Ausdruckstheorie und die formalistische Theorie Kunst durch intrinsische Merkmale von Kunstwerken zu definieren. Gemäß der Ausdruckstheorie ist ein Gegenstand ein Kunstwerk genau dann, wenn er ein Gefühl oder einen bedeutenden Gehalt ausdrückt. Diese Definition ist unter anderem deshalb unzulänglich, weil nicht alles, was ein Gefühl oder einen bedeutenden Gehalt ausdrückt, ein Kunstwerk ist. Gemäß der formalistischen Kunsttheorie sind Kunstwerke charakterisiert durch eine bestimmte Form. Es erscheint aber unwahrscheinlich, dass es eine allen Kunstwerken (und nur allen Kunstwerken) gemeinsame Form gibt.

Gemäß der Institutionstheorie wird ein Gegenstand zum Kunstwerk dadurch, dass er von der „Kunstwelt" als Kunstwerk anerkannt wird. Diese Theorie kann den Kunststatus von Ready-mades und Objets trouvés erklären. Allerdings handelt man sich mit dieser Theorie auch wenig plausible Konsequenzen ein, wie die, dass noch nicht entdeckte Werke grundsätzlich keine Kunstwerke sein können.

Kunstästhetische Skepsis ist die Auffassung, dass es grundsätzlich unmöglich ist, den Kunstbegriff zu definieren. Für diese Behauptung gibt es jedoch keine stichhaltigen Argumente. Außerdem vermag die von vielen kunstästhetischen Skeptikern vertretene „Familienähnlichkeitstheorie" der Kunst, entgegen ihrem Anspruch, nicht zu erklären, warum wir manche Dinge „Kunst" nennen und andere nicht.

Die kommunikationstheoretische Definition der Kunst stellt die Autorenintentionen in den Mittelpunkt: Kunst ist nach dieser Auffassung ein Gegenstand genau dann, wenn er als Medium einer ästhetischen Erfahrung intendiert ist. Das Hauptproblem dieser Definition ist, dass sie möglicherweise zu vieles einschließt.

Lektürehinweise

Eine brillante systematische Darstellung und Diskussion sämtlicher wichtiger Kunsttheorien ist [3]. Einen guten Überblick über die wichtigsten Kunsttheorien von der Antike bis in die zweite Hälfte des 20. Jahrhunderts bietet [5] (Chapter 3, sowie Chapters 7–11). Sehr empfehlenswert ist der von Roland Bluhm und Reinold Schmücker herausgegebene Sammelband [159], der einen Querschnitt durch die kunsttheoretischen Diskussionen der zweiten Hälfte des 20. Jahrhunderts bietet und viele klassische Aufsätze erstmals in deutscher Übersetzung enthält. Einer der neuesten Beiträge dieses Bandes, nämlich [227], enthält nicht nur eine Kritik der kunstästhetischen Skepsis, sondern gibt auch einen sehr guten Überblick über moderne Kunstdefinitionen.

Zur Ästhetik des Aristoteles siehe [2], zu Platons Kritik der künstlerischen Darstellung siehe [16], Bücher III und X.

Für Peirce' Unterscheidung zwischen Ikon, Index und Symbol siehe [216], vor allem §§ 3–6.

Ein berühmter Vertreter der Ausdruckstheorie ist Leo Tolstoi (siehe [232]). Weitere Vertreter sind Collingwood (siehe [68]), Croce (siehe [116]) und Kutschera in [11]. Ein ausgezeichneter Sammelband zur Ausdruckstheorie ist [190]. [6] (Chapter 2, „Artist-Centered Aesthetic Issues") enthält, unter anderem, eine besonders gute Diskussion des Ausdrucksbegriffs.

Als klassischer Text zum kunstästhetischen Formalismus gilt [25].

Der wichtigste Vertreter der Institutionstheorie ist George Dickie (siehe [175] und [176]). Eine Verteidigung der Institutionstheorie findet sich aber auch in [6] (Chapter 5, „Aesthetic and Artistic Objects and their Contexts"), wo zugleich auch der Formalismus kritisiert wird.

Wittgensteins Theorie der Familienähnlichkeit findet sich in [238], §§ 65–67. Der berühmteste Aufsatz zur Familienähnlichkeitstheorie ist Morris Weitz' [236]. Ebenfalls eine Art Familienähnlichkeitstheorie vertritt Ziff in [244]. Zur Kritik der Familienähnlichkeitstheorie siehe [204]. Alle drei Texte sind in dem schon erwähnten Sammelband [159] enthalten.

Eine gute Diskussion der Kommunikationstheorie der Kunst (wenn auch unter der Bezeichnung „Ästhetische Kunsttheorien") findet sich in [3] (Chapter 4, „Art and Aesthetic Experience").

Fragen und Übungen

- Warum ist die Redewendung „Kunst kommt von Können" keine brauchbare Grundlage für eine Definition des Kunstbegriffs?
- Wie lautet die „Darstellungsdefinition" der Kunst?
- Geben Sie mindestens drei mögliche Interpretationen des Ausdrucks „(Ein Werk) x stellt y dar" an und diskutieren Sie sie! Hier sind einige Fragen dazu:
  - Warum ist Ähnlichkeit zwischen einem Bild x und einem beliebigen Gegenstand y weder eine notwendige noch eine hinreichende Bedingung dafür, dass x y darstellt?
  - Ist Darstellen eine Relation zwischen dem darstellenden und dem dargestellten Gegenstand? Geben Sie Beispiele sowohl für die relationale als auch für die nicht-relationale Verwendung von „x stellt y dar"!
  - Erläutern Sie die Unterscheidung zwischen indexikalischen, ikonischen und symbolischen Zeichen! Erläutern Sie die konventionalistische Deutung von „x stellt y dar" mit Hilfe dieser Unterscheidung!
  - Was spricht gegen die konventionalistische Interpretation von „x stellt y dar"? Begründen Sie, warum „Ich weiß, dass x y darstellt" nicht dasselbe bedeuten kann wie „Ich sehe x als y"!

  - Wie lautet die rezipientenzentrierte Definition von „x stellt y dar"? Führen Sie Gegenbeispiele gegen diese Definition an!
  - Wie lautet die autorenzentrierte Definition von „x stellt y dar"? Finden Sie diese Definition adäquat? Begründen Sie Ihre Ansicht!
- Woran scheitert die Darstellungstheorie der Kunst?
- Erläutern Sie die Ausdruckstheorie der Kunst! Welche Vorzüge hat die Ausdruckstheorie gegenüber der Darstellungstheorie?
- Geben Sie mindestens drei mögliche Interpretationen des Ausdrucks „(Ein Werk) x drückt y aus" an und begründen Sie für jede, warum sie als generelle Definition nicht tauglich ist!
- Warum muss die Ausdruckstheorie verworfen werden?
- Erläutern Sie die formalistische Theorie der Kunst! Welche Schwierigkeiten wirft diese Theorie auf?
- Erläutern Sie die Institutionstheorie der Kunst! Wodurch unterscheidet sich die Institutionstheorie grundsätzlich von der Darstellungstheorie, der Ausdruckstheorie und der formalistischen Theorie der Kunst?
- Angenommen, Warhols *Brillo Boxes* bestünde nicht aus hölzernen *Nachbildungen* von Brillo-Kartons, sondern aus *echten* Brillo-Kartons: Hätte das, gemäß der Institutionstheorie, Auswirkungen auf den Kunststatus von *Brillo Boxes*?
- Welche Erscheinungen der Kunstgeschichte des 20. Jahrhunderts, an denen die traditionellen Kunsttheorien scheitern, vermag die Institutionstheorie zu erklären?
- Angenommen, Duchamps *Fountain* wäre gar kein industriell erzeugtes Massenprodukt, sondern eine nach Entwürfen Duchamps hergestellte Einzelanfertigung: Hätte das Auswirkungen auf den Kunststatus von *Fountain*?
- Müssen Kunstwerke Artefakte sein?
- Welche Schwierigkeiten wirft die Institutionstheorie auf? Wer gehört zur „Kunstwelt" und welche Art von Anerkennung muss ein Gegenstand genießen, um ein Kunstwerk zu sein?
- Finden Sie die Institutionstheorie grundsätzlich plausibel? Begründen Sie Ihre Antwort! Denken Sie dabei auch an Werke, denen die Anerkennung durch die Kunstwelt erst einige Zeit nach ihrer Entstehung zuteil wurde!
- Was versteht man unter „kunstästhetischem Essentialismus" und unter „kunstästhetischer Skepsis"?
- Wie lautet der „essentialistische Fehlschluss"?
- Wie argumentiert Morris Weitz gegen den kunstästhetischen Essentialismus? Was ist von seinen Argumenten zu halten?
- Erläutern Sie die Familienähnlichkeitstheorie der Kunst! Warum funktioniert die Familienähnlichkeitstheorie nicht?
- Erläutern Sie die Kommunikationstheorie der Kunst! Welche Vorzüge hat die Kommunikationstheorie gegenüber der Ausdruckstheorie, der Darstellungstheorie, der formalistischen Theorie und der Institutionstheorie?
- Welche Schwierigkeiten wirft die Kommunikationstheorie auf?

Literatur

I. Was ist philosophische Ästhetik?

[1] Allesch, Christian G.: „Psychologie und Ästhetik: Zur Geschichte und Gegenwart eines schwierigen Verhältnisses". In: W. Schurian (Hrsg.): *Kunst-psychologie heute.* Göttingen 1993, S. 19–48.

[2] Aristoteles: *Poetik.* Verfügbare Ausgabe: *Universalbibliothek* 7828. Griechisch-Deutsch. Hrsg. und übers. von Manfred Fuhrmann. Stuttgart: Reclam 1994.

[3] Carroll, Noël: *Philosophy of Art. A Contemporary Introduction.* London: Routledge 1999.

[4] Cooper, David E. (Hrsg.): *A Companion to Aesthetics.* Oxford: Blackwell 1992.

[5] Dickie, George: *Aesthetics. An Introduction.* Indianapolis (Indiana): Pegasus ^{6}1979. [Erste Auflage 1971.]

[6] Eaton, Marcia Muelder: *Basic Issues in Aesthetics.* Prospect Heights (Illinois): Waveland 1999.

[7] Elton, William (Hrsg.): *Aesthetics and Language.* Oxford: Blackwell 1954.

[8] Gallie, Walter B.: „The Function of Philosophical Aesthetics". *Mind* 57 (1948), S. 302–321.

[9] Ingarden, Roman: „On Philosophical Aesthetics". *Dialectics and Humanism* 10 (1983), S. 5–12.

[10] Isenberg, Arnold: „Kunstkritische Mitteilung". In: R. Bittner und P. Pfaff (Hrsg.): *Das ästhetische Urteil. Beiträge zur sprachanalytischen Ästhetik. Neue wissenschaftliche Bibliothek* 89. Köln: Kiepenheuer & Witsch 1977, S. 42–54. [Original: „Critical Communication". *Philosophical Review* 58 (1949), S. 330–344. Wieder abgedruckt in W. Elton (Hrsg.): *Aesthetics and Language.* Oxford: Blackwell 1954.]

[11] Kutschera, Franz von: *Ästhetik.* Berlin: de Gruyter. Zweite, um ein Vorwort erweiterte Auflage 1998. [Erste Auflage 1988.]

[12] Lüdeking, Karlheinz: *Analytische Philosophie der Kunst. Eine Einführung. UTB* 1775. München: Fink 1998.

[13] Neumaier, Otto: *Prolegomena zu einer künftigen Ästhetik. Teil I. Ästhetische Gegenstände.* Sankt Augustin: Academia 1999.

[14] Nida-Rümelin, Julian und Betzler, Monika (Hrsg.): *Ästhetik und Kunstphilosophie. Von der Antike bis zur Gegenwart in Einzeldarstellungen.* Stuttgart: Kröner 1998.

[15] Passmore, John A.: „The Dreariness of Aesthetics". *Mind* 60 (1951), S. 318–335. [Wiederabgedruckt in W. Elton (Hrsg.): *Aesthetics and Language.* Oxford: Blackwell 1954.]

[16] Platon: *Der Staat.* Verfügbare Ausgabe: *Philosophische Bibliothek* 80. Übers. und erläutert von Otto Apelt. Hrsg. von Karl Bormann. Hamburg: Meiner 1989.

[17] Saw, Ruth L.: *Aesthetics: An Introduction.* London: Macmillan 1972.

[18] Schmücker, Reinold: *Was ist Kunst? Eine Grundlegung. UTB* 2030. München: Fink 1998.

[19] Schweizer, Hans Rudolf (Hrsg.): *Theoretische Ästhetik: Die grundlegenden Abschnitte der „Aesthetica".* Hamburg: Meiner 1983.

[20] Shusterman, Richard (Hrsg.): *Analytic Aesthetics.* Oxford: Blackwell 1989.

[21] Zimmermann, Jörg: *Sprachanalytische Ästhetik. Ein Überblick.* Stuttgart: Frommann-Holzboog 1980.

II. Das ästhetische Erlebnis und die ästhetische Einstellung

[3], [4], [5], [6], [11] und:

[22] Beardsley, Monroe C. und Schueller, H. M. (Hrsg.): *Aesthetic Inquiry: Essays on Art Criticism and the Philosophy of Art.* Belmont (California): Dickenson 1967.

[23] Beardsley, Monroe C.: *Aesthetics: Problems in the Philosophy of Criticism.* Indianapolis: Hackett 1981.

[24] Beardsley, Monroe C.: *The Aesthetic Point of View. Selected Essays.* Hrsg. von Michael J. Wreen und Donald M. Callen. Ithaca (New York): Cornell University Press 1982.

[25] Bell, Clive: *Art.* London: Open Source 1914.

[26] Brentano, Franz: *Psychologie vom empirischen Standpunkt. Philosophische Bibliothek* 192. Hamburg: Meiner 1973. [Ursprünglich erschienen 1874 in Leipzig bei Duncker & Humblot.]

[27] Bullough, Edward: „‚Psychical Distance' As a Factor in Art and an Aesthetic Principle". *British Journal of Psychology* 5 (1912), S. 87–117. [Wieder abgedruckt in: M. Weitz (Hrsg.): *Problems in Aesthetics.* New York: Macmillan 1970.]

[28] Cohen, Marshall: „Appearance and the Aesthetic Attitude". *Journal of Philosophy* 56 (1959), S. 915–926.

[29] Cohen, Marshall: „Aesthetic Essence". In: F. A. Tillman und S. M. Cahn (Hrsg.): *Philosophy of Art and Aesthetics. From Plato to Wittgenstein.* New York: Harper & Row 1969, S. 641–656.

[30] Cooper, David E.: „Attitude, Aesthetic". In: D. E. Cooper (Hrsg.): *A Companion to Aesthetics.* Oxford: Blackwell 1992, S. 23–27.

[31] Dawson, Sheila: „‚Distancing' as an Aesthetic Principle". *Australasien Journal of Philosophy* 39 (1961), S. 155–174.

[32] Dempster, Douglas J.: „Aesthetic Experience and Psychological Definitions of Art". *Journal of Aesthetics and Art Criticism* 44 (1985/86), S. 153–165.

[33] Dewey, John: *Art as Experience.* New York: Perigree 1934. [Neu herausgegeben von Jo Ann Boydston, in: *John Dewey. The Later Works,* vol. 10. Carbondale (Illinois): Southern Illinois University Press 1987.]

[34] Dickie, George: „The Myth of the Aesthetic Attitude". *American Philosophical Quarterly* 1 (1964), S. 56–65.

[35] Dufrenne, Mikel: *Phénoménologie de l'expérience esthétique.* (2 Bände.) Paris: PUF 1952. [Englische Übersetzung: *The Phenomenology of Aesthetic Experience.* Evanston (Illinois): Northwestern University Press 1973.]

[36] Hepburn, Ronald W.: „Emotions and Emotional Qualities: Some Attempts at Analysis". In: F. A. Tillman und S. M. Cahn (Hrsg.): *Philosophy of Art and Aesthetics. From Plato to Wittgenstein.* New York-Evanston-London: Harper & Row 1969, S. 561–571.

[37] Hospers, John: *Understanding the Arts.* Englewood Cliffs (New Jersey): Prentice-Hall 1982.

[38] Ingarden, Roman: *Vom Erkennen des literarischen Kunstwerks.* Tübingen: Niemeyer 1968.

[39] Ingarden, Roman: *Erlebnis, Kunstwerk und Wert. Vorträge zur Ästhetik 1937–1967.* Tübingen: Niemeyer 1969.

[40] Kant, Immanuel: *Kritik der Urteilskraft.* Verfügbare Ausgabe: *Philosophische Bibliothek* 507. Mit einer Einleitung und Bibliographie hrsg. von Heiner F. Klemme. Hamburg: Meiner 2006. [Erstausgabe 1790 erschienen.]

[41] Levinson, Jerrold: *Music, Art, and Metaphysics.* Ithaca (New York): Cornell University Press 1990.

[42] Levinson, Jerrold: „Pleasure and the Value of Works of Art". *British Journal of Aesthetics* 32 (1992), S. 295–306. [Wieder abgedruckt in: J. Levinson: *The Pleasures of Aesthetics. Philosophical Essays.* Ithaca (New York): Cornell University Press 1996, S. 11–24.]

[43] Levinson, Jerrold: „Pleasure, Aesthetic". In: D. E. Cooper (Hrsg.): *A Companion to Aesthetics.* Oxford: Blackwell 1992, S. 330–335.

[44] Levinson, Jerrold: *The Pleasures of Aesthetics. Philosophical Essays.* Ithaca (New York): Cornell University Press 1996.

[45] Meinong, Alexius: *Über Annahmen. Alexius Meinong Gesamtausgabe* Band IV. Hrsg. von Rudolf Haller und Rudolf Kindinger, gemeinsam mit Roderick M. Chisholm. Graz: Akademische Druck- u. Verlagsanstalt 1977. [Ursprünglich erschienen 1902, 2. Auflage 1910.]

[46] Mitias, Michael H. (Hrsg.): *Aesthetic Quality and Aesthetic Experience.* Amsterdam: Rodopi 1988.

[47] Pepper, Stephen C.: „Emotional Distance in Art". In: M. C. Beardsley und H. M. Schueller (Hrsg.): *Aesthetic Inquiry: Essays on Art Criticism and the Philosophy of Art.* Belmont (California): Dickenson 1967, S. 215–218.

[48] Pole, David: „When Is a Situation Aesthetic?" *Proceedings of the Aristotelian Society,* suppl. vol. 31 (1957), S. 93–106.

[49] Schaper, Eva: *Pleasure, Preference and Value.* Cambridge: Cambridge University Press 1983.

[50] Schopenhauer, Arthur: *Die Welt als Wille und Vorstellung.* Verfügbare Ausgabe: Hrsg. von Arthur Hübscher. *Universal-Bibliothek* 2761 und 2762. Stuttgart: Reclam 1987. [Erstausgabe 1818.]

[51] Scruton, Roger: *Art and Imagination – A Study in the Philosophy of Mind.* London: Routledge & Kegan Paul 1974.

[52] Stolnitz, Jerome: *Aesthetics and Philosophy of Art Criticism. A Critical Introduction.* Boston: Houghton Mifflin 1960.

[53] Stolnitz, Jerome: „Of the Origins of Aesthetic Disinterestedness". *Journal of Aesthetics and Art Criticism* 20 (1961), S. 131–143.

[54] Tillman, Frank A. und Cahn, Stephen M. (Hrsg.): *Philosophy of Art and Aesthetics. From Plato to Wittgenstein.* New York: Harper & Row 1969.

[55] Urmson, J. O.: „When Is a Situation Aesthetic?" *Proceedings of the Aristotelian Society,* suppl. vol. 31 (1957), S. 75–92.

[56] Vivas, Eliseo: „Contextualism Reconsidered". *Journal of Aesthetics and Art Criticism* 18 (1959), S. 222–240.

[57] Weitz, Morris (Hrsg.): *Problems in Aesthetics.* New York: Macmillan 1970.

III. Ästhetische Eigenschaften, ästhetische Werturteile und ästhetische Gegenstände

[3], [4], [5], [6], [7], [11], [13], [22], [23], [36], [37], [46], [49], [54] und:

[58] Ayer, Alfred Jules: *Sprache, Wahrheit und Logik.* Aus dem Englischen übersetzt und hrsg. von Herbert Herring. *Universal-Bibliothek* 7919–22. Stuttgart: Reclam 1970. [Original: *Language, Truth and Logic.* 1936.]

[59] Beardsley, Monroe: „What Is an Aesthetic Quality?". *Theoria* 39 (1973), S. 50–70.

[60] Beardsley, Monroe: „The Descriptivist Account of Aesthetic Attributions". *Revue internationale de philosophie* 28 (1974), S. 336–352.

[61] Bender, John W.: „Realism, Supervenience, and Irresolvable Aesthetic Disputes". *Journal of Aesthetics and Art Criticism* 54 (1996), S. 371–381.

[62] Bittner, Rüdiger und Pfaff, Peter (Hrsg.): *Das ästhetische Urteil. Beiträge zur sprachanalytischen Ästhetik. Neue wissenschaftliche Bibliothek* 89. Köln: Kiepenheuer & Witsch 1977.

[63] Bolzano, Bernard: „Über den Begriff des Schönen. Eine philosophische Abhandlung". In: D. Gerhardus (Hrsg.), *Bernard Bolzano. Untersuchungen zur Grundlegung der Ästhetik.* Frankfurt (Main): Athenäum 1972, S. 1–118. [Ursprünglich erschienen in Prag 1843.]

[64] Brentano, Franz: *Vom Ursprung sittlicher Erkenntnis. Philosophische Bibliothek* 55. Leipzig: Meiner 1921.

[65] Brower, Bruce W.: „Dispositional Ethical Realism". *Ethics* 103 (1993), S. 221–249.

[66] Chisholm, Roderick M.: *Perceiving: A Philosophical Study.* Ithaca (New York): Cornell University Press ^{6}1969.

[67] Cohen, Ted: „Aesthetic/Non-aesthetic and the Concept of Taste". *Theoria* 39 (1973), S. 113–152. [Deutsche Übersetzung in R. Bittner und P. Pfaff (Hrsg.): *Das ästhetische Urteil. Beiträge zur sprachanalytischen Ästhetik. Neue wissenschaftliche Bibliothek* 89. Köln: Kiepenheuer & Witsch 1977.]

[68] Collingwood, R. G.: *The Principles of Art.* Oxford: Oxford University Press 1970.

[69] D'Arms, Justin und Jacobson, Daniel: „The Moralistic Fallacy: On the ‚Appropriateness' of Emotions". *Philosophy and Phenomenological Research* 61 (2000), S. 65–90.

[70] Dickie, George: *Evaluating Art.* Philadelphia: Temple University Press 1988.

[71] Ehrenfels, Christian von: „Was ist Schönheit?". In: R. Fabian (Hrsg.): *Christian von Ehrenfels. Ästhetik. Philosophische Schriften. Band 2.* München: Philosophia 1986, S. 155–171. [Erstmals erschienen 1906.]

[72] Ehrenfels, Christian von: „Über das ästhetische Urteil". In: R. Fabian (Hrsg.): *Christian von Ehrenfels. Ästhetik. Philosophische Schriften. Band 2.* München: Philosophia 1986, S. 201–260.

[73] Fabian, Reinhard (Hrsg.): *Christian von Ehrenfels. Ästhetik. Philosophische Schriften. Band 2.* München: Philosophia 1986.

[74] Goldman, Alan H.: „Aesthetic Qualities and Aesthetic Value". *Journal of Philosophy* 87 (1990), S. 23–37.

[75] Goldman, Alan H.: „Properties, Aesthetic". In: D. Cooper (Hrsg.): *A Companion to Aesthetics.* Oxford: Blackwell 1992, S. 342–347.

[76] Goldman, Alan: *Aesthetic Value.* Bolder (Colorado): Westview 1995.

[77] Gracia, Jorge J. E.: „The Ontological Status of Value". *The Modern Schoolman* 53 (1976), S. 393–397.

[78] Hermeren, Göran: *The Nature of Aesthetic Qualities.* Lund: Lund University Press 1988.

[79] Heyl, Bernard C.: „The Critic's Reason". In: M. C. Beardsley und H. M. Schueller (Hrsg.): *Aesthetic Inquiry: Essays on Art Criticism and the Philosophy of Art.* Belmont (California): Dickenson 1967, S. 231–240.

[80] Hume, David: „Über den Maßstab des Geschmacks". In: D. Hume: *Vom schwachen Trost der Philosophie. Essays.* Hrsg. und übersetzt von Jens Kulenkampff. Göttingen: Steidl 1990, S. 73–103. [Erstmalig erschienen 1757.]

[81] Hungerland, Isabel C.: „Once Again, Aesthetic and Non-Aesthetic". *Journal of Aesthetics and Art Criticism* 26 (1968), S. 285–295.

[82] Hungerland, Isabel C.: „Die Logik ästhetischer Begriffe". In: R. Bittner und P. Pfaff (Hrsg.): *Das ästhetische Urteil. Beiträge zur sprachanalytischen Ästhetik. Neue wissenschaftliche Bibliothek* 89. Köln: Kiepenheuer & Witsch 1977, S. 111–133. [Original erstmals erschienen 1963.]

[83] Hutcheson, Francis: *Eine Untersuchung über den Ursprung unserer Ideen von Schönheit und Tugend. Über moralisch Gutes und Schlechtes.* Aus dem Englischen übersetzt und mit einer Einleitung hrsg. von Wolfgang Leidhold. *Philosophische Bibliothek* 364. Hamburg: Meiner 1986. [Diese Übersetzung basiert auf der zweiten Auflage von 1726.]

[84] Jessop, T. E.: „The Objectivity of Aesthetic Value". In: J. Hospers (Hrsg.): *Introductory Readings in Aesthetics*. New York: The Free Press 1969, S. 271–281.

[85] Khatchadourian, Haig: „Art-Names and Aesthetic Judgments". *Philosophy* 36 (1961), S. 30–48.

[86] Kim, Jaegwon: „Concepts of Supervenience". *Philosophy and Phenomenological Research* 45 (1984), S. 153–178. [Wieder abgedruckt in: J. Kim: *Supervenience and Mind*. Cambridge: Cambridge University Press 1993, S. 53–78.]

[87] Knight, H.: „The Use of ‚Good' in Aesthetic Judgments". *Proceedings of the Aristotelian Society* 49 (1948/49). [Wieder abgedruckt in W. Elton (Hrsg.): *Aesthetics and Language*. Oxford: Blackwell 1954.]

[88] Landmann-Kalischer, Edith: „Über den Erkenntniswert ästhetischer Urteile. Ein Vergleich zwischen Sinnes- und Werturteilen". *Archiv für die gesamte Psychologie* 5 (1905), S. 263–328.

[89] Levinson, Jerrold: „Aesthetic Supervenience". In: J. Levinson: *Music, Art, and Metaphysics. Essays in Philosophical Aesthetics*. Ithaca: Cornell University Press 1990, S. 134–158. [Ursprünglich erschienen in: *Southern Journal of Philosophy* 22 (1983), S. 93–110.]

[90] Macdonald, Margaret: „Einige Besonderheiten der ästhetischen Argumentation". In: R. Bittner und P. Pfaff (Hrsg.): *Das ästhetische Urteil. Beiträge zur sprachanalytischen Ästhetik. Neue wissenschaftliche Bibliothek* 89. Köln: Kiepenheuer & Witsch 1977, S. 33–41. [Original: „Some Distinctive Features of Arguments Used in Criticism of the Arts". In: W. Elton (Hrsg.): *Aesthetics and Language*. Oxford: Blackwell 1954.]

[91] Mackie, John Leslie. *Ethik. Die Erfindung des moralisch Richtigen und Falschen. Universal-Bibliothek* 7680. Stuttgart: Reclam 2000.

[92] Margolis, Joseph: „Works of Art as Physically Embodied and Culturally Emergent Entities". *British Journal of Aesthetics* 14 (1974), S. 187–196.

[93] McDowell, John: „Aesthetic Value, Objectivity, and the Fabric of the World". In: E. Schaper (Hrsg.): *Pleasure, Preference and Value*. Cambridge: Cambridge University Press 1983, S. 1–16.

[94] Meager, Ruby: „Aesthetic Concepts". *British Journal of Aesthetics* 10 (1970), S. 303–322.

[95] Meynell, Hugo A.: *The Nature of Aesthetic Value*. London: Macmillan 1986.

[96] Mothersill, Mary: *Beauty Restored*. Oxford: Oxford University Press 1984.

[97] Osborne, Harold: *Theory of Beauty: An Introduction to Aesthetics*. London: Routledge 1952.

[98] Pepper, Stephen C.: *Aesthetic Quality. A Contextualistic Theory of Beauty*. Westport (Connecticut): Greenwood Press 1970. [Erstmals erschienen 1937 bei Charles Scribner's Sons, New York.]

[99] Piecha, Alexander: *Die Begründbarkeit ästhetischer Werturteile*. Paderborn: Mentis 2002.

[100] Reicher, Maria Elisabeth: „Imagination und Objekt. Die Rolle des Rezipienten bei der Konstituierung des ästhetischen Gegenstandes". In: A. Bolterauer und E. Wiltschnigg (Hrsg.): *Kunstgrenzen. Funktionsräume der Ästhetik in Moderne und Postmoderne. Studien zur Moderne* 16, Wien: Passagen 2001, S. 39–52.

[101] Santayana, George: *The Sense of Beauty*. New York: Scribner 1902.

[102] Sibley, Frank: „Aesthetic and Non-Aesthetic". *Philosophical Review* 74 (1965), S. 135–159.

[103] Sibley, Frank: „Aesthetics and Objectivity". *Proceedings of the Aristotelian Society*, suppl. vol. 42 (1968), S. 31–54.

[104] Sibley, Frank: „Ästhetische Begriffe". In: R. Bittner und P. Pfaff (Hrsg.): *Das ästhetische Urteil. Beiträge zur sprachanalytischen Ästhetik. Neue wissenschaftliche Bibliothek* 89. Köln: Kiepenheuer & Witsch 1977, S. 87–110. [Original erstmals erschienen 1959.]

[105] Stevenson, Charles L.: „Die emotive Bedeutung ethischer Ausdrücke". In: G. Grewendorf und G. Meggle (Hrsg.): *Seminar: Sprache und Ethik. Zur Entwicklung der Metaethik*. Frankfurt (Main): Suhrkamp 1974, S. 116–139. [Original: „The Emotive Meaning of Ethical Terms". *Mind* 46 (1937), S. 14–31.]

[106] Strube, Werner: *Analytische Philosophie der Literaturwissenschaft. Definition, Klassifikation, Interpretation, Bewertung*. Paderborn: Schöningh 1993.

[107] Walsh, Dorothy: „Kunstkritische Begründungen". In: R. Bittner und P. Pfaff (Hrsg.): *Das ästhetische Urteil. Beiträge zur sprachanalytischen Ästhetik. Neue wissenschaftliche Bibliothek* 89. Köln: Kiepenheuer & Witsch 1977, S. 81–86. [Original: „Critical Reasons". *Philosophical Review* 69 (1960), S. 386–393.]

[108] Witasek, Stephan: *Grundzüge der allgemeinen Ästhetik*. Leipzig: Barth 1904.

[109] Witasek, Stephan: „Über ästhetische Objektivität". *Zeitschrift für Philosophie und philoso-*

phische Kritik 157 (1915), S. 87–114 und 179–199.

[110] Zangwill, Nick: „Moral Mind-Dependence". *Australasian Journal of Philosophy* 72 (1994), S. 205–218.

[111] Zangwill, Nick: „Aesthetic/Sensory Dependence". *British Journal of Aesthetics* 38 (1998), S. 66–81.

[112] Zangwill, Nick: „Skin Deep or In the Eye of the Beholder? The Metaphysics of Aesthetic and Sensory Properties". *Philosophy and Phenomenological Research* 61 (2000), S. 555–618.

[113] Ziff, Paul: „Kunst und das ‚Objekt der Kunst'". In: R. Schmücker (Hrsg.): *Identität und Existenz. Studien zur Ontologie der Kunst. KunstPhilosophie* 2. Mentis: Paderborn 2003, S. 11–27. [Original erstmals erschienen 1951.]

[114] Ziff, Paul: „Gründe in der Kunstkritik". In: R. Bittner und P. Pfaff (Hrsg.): *Das ästhetische Urteil. Beiträge zur sprachanalytischen Ästhetik. Neue wissenschaftliche Bibliothek* 89. Köln: Kiepenheuer & Witsch 1977, S. 63–80. [Original: „Reasons in Art Criticism". In: I. Scheffler (Hrsg.), *Philosophy and Education*, Boston 1958, S. 219–236.]

IV. Die Ontologie des Kunstwerks

[41], [68], [113] und:

[115] Bolzano, Bernard: „Über die Einteilung der schönen Künste. Eine ästhetische Abhandlung". In: D. Gerhardus (Hrsg.), *Bernard Bolzano. Untersuchungen zur Grundlegung der Ästhetik*. Frankfurt (Main): Athenäum 1972, S. 119–173. [Ursprünglich erschienen in Prag 1849.]

[116] Croce, Benedetto: *Ästhetik als Wissenschaft des Ausdrucks und allgemeine Linguistik*. Leipzig: Seemann 1905.

[117] Currie, Gregory: *An Ontology of Art*. New York: St. Martin's Press 1989.

[118] Davies, Stephen: „The Ontology of Musical Works and the Authenticity of their Performances". *Noûs* 25 (1991), S. 21–41.

[119] Goodman, Nelson: *Sprachen der Kunst. Entwurf einer Symboltheorie*. Frankfurt (Main): Suhrkamp 1973. [Erste Auflage des Originals 1968.]

[120] Goodman, Nelson: „Über die Identität von Kunstwerken". In: R. Schmücker (Hrsg.): *Identität und Existenz. Studien zur Ontologie der Kunst. KunstPhilosophie* 2. Paderborn: Mentis 2003, S. 102–106. [Original erschienen 1984.]

[121] Harrison, Andrew: „Works of Art and other Cultural Objects". *Proceedings of the Aristotelian Society*, New Series 68 (1967/68), S. 105–128.

[122] Ingarden, Roman: *Das literarische Kunstwerk*. Tübingen: Niemeyer ^{4}1972. [Ersterscheinungsjahr 1931.]

[123] Ingarden, Roman: *Untersuchungen zur Ontologie der Kunst. Musikwerk – Bild – Architektur – Film*. Tübingen: Niemeyer 1962.

[124] Künne, Wolfgang: „Ausdrücke und literarische Werke als Typen". In: R. Schmücker (Hrsg.): *Identität und Existenz. Studien zur Ontologie der Kunst. KunstPhilosophie* 2. Paderborn: Mentis 2003, S. 141–148.

[125] Künne, Wolfgang: „Fiktion ohne fiktive Gegenstände: Prolegomenon zu einer Fregeanischen Theorie der Fiktion". In: Marie E. Reicher (Hrsg.): Fiktion, Wahrheit, Wirklichkeit. Philosophische Grundlagen der Literaturtheorie. Paderborn: Mentis 2007, S. 54–72.

[126] Kulenkampff, Jens: „Gibt es ein ontologisches Problem des Kunstwerks?" In: R. Schmücker (Hrsg.): *Identität und Existenz. Studien zur Ontologie der Kunst. KunstPhilosophie* 2. Paderborn: Mentis 2003, S. 121–140.

[127] Levinson, Jerrold: „What a Musical Work Is". *Journal of Philosophy* 77 (1980), S. 5–28.

[128] Levinson, Jerrold: „Autographic and Allographic Art Revisited". *Philosophical Studies* 38 (1980), S. 367–383. [Wieder abgedruckt in: J. Levinson: *Music, Art, and Metaphysics. Essays in Philosophical Aesthetics*. Ithaca (New York): Cornell University Press 1990, S. 89–106.]

[129] Levinson, Jerrold: „What a Musical Work Is, Again". In: J. Levinson: *Music, Art, and Metaphysics. Essays in Philosophical Aesthetics*. Ithaca (New York): Cornell University Press 1990, S. 215–263.

[130] Margolis, Joseph: „Die Identität eines Kunstwerks". In: R. Schmücker (Hrsg.): *Identität und Existenz. Studien zur Ontologie der Kunst. KunstPhilosophie* 2. Paderborn: Mentis 2003, S. 28–46.

[131] Parsons, Terence: „A Meinongian Analysis of Fictional Objects". *Grazer Philosophische Studien* 1 (1975), S. 73–86.

[132] Patzig, Günther: „Über den ontologischen Status von Kunstwerken". In: R. Schmücker (Hrsg.): *Identität und Existenz. Studien zur Ontologie der Kunst. KunstPhilosophie* 2. Mentis: Paderborn 2003, S. 107–120.

[133] Petrus, Klaus: „Was sind Kunstwerke? Grund-

züge einer Konstitutionstheorie der Kunst". *Zeitschrift für Ästhetik und Allgemeine Kunstwissenschaft* 47 (2002), S. 217–236.

[134] Ralls, Anthony: „The Uniqueness and Reproducibility of a Work of Art: A Critique of Goodman's Theory". *Philosophical Quarterly* 22 (1972), S. 1–18.

[135] Reicher, Maria Elisabeth: „Fiktive Gegenstände als abstrakte Individuen". In: K. S. Johannessen und T. Nordenstam (Hrsg.): *Culture and Value. Philosophie und die Kulturwissenschaften. Beiträge des 18. Internationalen Wittgenstein Symposiums. Beiträge der Österreichischen Ludwig Wittgenstein Gesellschaft* 3. Kirchberg am Wechsel 1995, S. 233–240.

[136] Reicher, Maria Elisabeth: „Zur Identität fiktiver Gegenstände. (Replik auf Amie Thomasson)". *Conceptus* 28, no. 72 (1995), S. 93–116.

[137] Reicher, Maria Elisabeth: *Zur Metaphysik der Kunst. Eine logisch-ontologische Untersuchung des Werkbegriffs. Dissertationen der Karl-Franzens-Universität* 111. Graz: dbv-Verlag 1998.

[138] Reicher, Maria Elisabeth: „What Is It to Compose a Musical Work?" *Grazer Philosophische Studien* 58/59 (2000), S. 203–221.

[139] Reicher, Maria Elisabeth: „Predicable and Non-Predicable Universals". In: U. Meixner (Hrsg.): *Metaphysics in the Post-Metaphysical Age. Proceedings of the 22nd International Wittgenstein Symposium. Kirchberg am Wechsel (Austria) 1999. Schriftenreihe der Wittgenstein-Gesellschaft* 28, Wien: öbv&hpt 2001, S. 89–98.

[140] Reicher, Maria Elisabeth: „Eine Typenontologie der Kunst". In: R. Schmücker (Hrsg.): *Identität und Existenz. Studien zur Ontologie der Kunst. KunstPhilosophie* 2. Paderborn: Mentis 2003, S. 180–199.

[141] Reicher, Maria Elisabeth: „Die Gegenstände des Als-ob". In: G. Koch und C. Voss (Hrsg.): *„Es ist, als ob". Fiktionalität in Philosophie, Film- und Medienwissenschaft.* München: Fink 2009, S. 49–67.

[142] Schmücker, Reinold (Hrsg.): *Identität und Existenz. Studien zur Ontologie der Kunst. KunstPhilosophie* 2. Paderborn: Mentis 2003.

[143] Schmücker, Reinold: „Kunstwerke als intersubjektiv-instantiale Entitäten". In: R. Schmücker (Hrsg.): *Identität und Existenz. Studien zur Ontologie der Kunst. KunstPhilosophie* 2. Paderborn: Mentis 2003, S. 149–179.

[144] Stevenson, Charles L.: „On ‚What Is a Poem'". *Philosophical Review* 66 (1957), S. 329–362.

[145] Thomasson, Amie L.: „Die Identität fiktionaler Gegenstände". *Conceptus* 27, no. 70 (1994), S. 77–95.

[146] Thomasson, Amie L.: „Fictional Characters: Dependent or Abstract? A Reply to Reicher's Objections". *Conceptus* 29, no. 74 (1996), S. 119–144.

[147] Thomasson, Amie L.: *Fiction and Metaphysics.* Cambridge: Cambridge University Press 1999.

[148] Van Inwagen, Peter: „Creatures of Fiction". *American Philosophical Quarterly* 14 (1977), S. 299–308.

[149] Wollheim, Richard: *Objekte der Kunst. stw* 384. Frankfurt (Main): Suhrkamp 1982.

[150] Wollheim, Richard: „Sind die Identitätskriterien, die in den verschiedenen Künsten für ein Kunstwerk gelten, ästhetisch relevant?" In: R. Schmücker (Hrsg.): *Identität und Existenz. Studien zur Ontologie der Kunst. KunstPhilosophie* 2. Paderborn: Mentis 2003, S. 76–101.

[151] Wolterstorff, Nicholas: *Works and Worlds of Art.* Oxford: Clarendon 1980.

[152] Wolterstorff, Nicholas: „Auf dem Weg zu einer Ontologie der Kunstwerke". In: R. Schmücker (Hrsg.): *Identität und Existenz. Studien zur Ontologie der Kunst. KunstPhilosophie* 2. Paderborn: Mentis 2003, S. 47–75.

[153] Zalta, Edward N.: „Referring to Fictional Characters". *Dialectica* 57 (2003), S. 243–254.

V. Was ist Kunst?

[2], [3], [5], [6], [7], [11], [16], [18], [22], [23], [25], [32], [33], [36], [37], [51], [54], [68], [116], [133], [149] und:

[154] Arnheim, Rudolf: *Art and Visual Perception. A Psychology of the Creative Eye.* London: Faber and Faber 1954.

[155] Arnheim, Rudolf: „From Function to Expression". In: M. C. Beardsley und H. M. Schueller (Hrsg.): *Aesthetic Inquiry: Essays on Art Criticism and the Philosophy of Art.* Belmont (California): Dickenson 1967, S. 199–214.

[156] Barrett, Cyril: „Are Bad Works of Art ‚Works of Art'?" *Philosophy and the Arts. Royal Institute of Philosophy Lectures* 6 (1971–72), S. 182–193.

[157] Beardsley, Monroe: „Redefining Art". In: M. Beardsley, *The Aesthetic Point of View. Selected Essays.* Hrsg. von Michael J. Wreen und

Donald M. Callen. Ithaca (New York): Cornell University Press 1982, S. 298–315.

[158] Beardsley, Monroe: „An Aesthetic Definition of Art". In: H. Curtler (Hrsg.): *What Is Art?* New York: Haven 1983, S. 15–29.

[159] Bluhm, Roland und Schmücker, Reinold (Hrsg.): *Kunst und Kunstbegriff. Der Streit um die Grundlagen der Ästhetik.* Paderborn: Mentis 2002.

[160] Bouwsma, O. K.: „The Expression Theory of Art". In: J. Hospers (Hrsg.): *Artistic Expression.* New York: Appleton-Century-Crofts 1971, S. 224–249. [Ursprünglich erschienen in: M. Black (Hrsg.): *Philosophical Analysis.* Cornell University Press 1950.]

[161] Breton, André und Eluard, Paul (Hrsg.): *Dictionnaire Abrégé du Surréalisme.* Paris: Galerie Beaux-Arts 1938.

[162] Budd, Malcolm: *Music and the Emotions.* London: Routledge & Kegan Paul 1985.

[163] Carney, James: „The Style Theory of Art". *Pacific Philosophical Quarterly* 72 (1991), S. 272–289.

[164] Carroll, Noël: „Formalism and Critical Evaluation". In: P. McCormick (Hrsg.): *The Reasons of Art.* Ottawa: University of Ottawa Press 1985, S. 327–335.

[165] Carroll, Noël: „Art, Practice, and Narrative". *Monist* 71 (1988), S. 140–156.

[166] Carroll, Noël: „Historical Narratives and the Philosophy of Art". *Journal of Aesthetics and Art Criticism* 51 (1993), S. 313–326.

[167] Carroll, Noël: „Identifying Art". In: R. J. Yanal (Hrsg.): *Institutions of Art. Reconsiderations of George Dickie's Philosophy.* University Park (Pennsylvania): Penn State University Press 1994, S. 3–38.

[168] Curtler, Hugh (Hrsg.): *What Is Art?* New York: Haven 1983.

[169] Danto, Arthur C.: „Artworks and Real Things". *Theoria* 39 (1973), S. 1–17.

[170] Danto, Arthur C.: *Die Verklärung des Gewöhnlichen. Eine Philosophie der Kunst.* Frankfurt (Main): Suhrkamp 1984.

[171] Danto, Arthur C.: „Die Kunstwelt". *Deutsche Zeitschrift für Philosophie* 42 (1994), S. 907–919. [Original erstmals erschienen 1964.]

[172] Davies, Stephen: „A Defense of the Institutional Theory of Art". *Southern Journal of Philosophy* 26 (1988), S. 307–324.

[173] Davies, Stephen: *Definitions of Art.* Ithaca (New York): Cornell University Press 1991.

[174] Dickie, George: „Defining Art". *American Philosophical Quarterly* 6 (1969), S. 253–256.

[175] Dickie, George: *Art and the Aesthetic. An Institutional Analysis.* Ithaca (New York): Cornell University Press 1974.

[176] Dickie, George: *The Art Circle. A Theory of Art.* New York: Haven Publications 1984.

[177] Diffey, T. J.: „The Republic of Art". *British Journal of Aesthetics* 9 (1969), S. 145–156.

[178] Diffey, T. J.: „Essentialism and the Definition of ‚Art'". *British Journal of Aesthetics* 13 (1973), S. 103–120.

[179] Diffey, T. J.: „The Idea of Art". *British Journal of Aesthetics* 17 (1977), S. 122–128.

[180] Diffey, T. J.: „On Defining Art". *British Journal of Aesthetics* 19 (1979), S. 15–23.

[181] Ducasse, C. J.: „Art and the Language of the Emotions". In: J. Hospers (Hrsg.): *Artistic Expression.* New York: Appleton-Century-Crofts 1971, S. 95–101. [Ursprünglich erschienen in: *Journal of Aesthetics and Art Criticism* 23 (1964).]

[182] Eldridge, Richard: „Form and Content. An Aesthetic Theory of Art". *British Journal of Aesthetics* 25 (1985), S. 303–316.

[183] Feagin, Susan L.: „On Defining and Interpreting Art Intentionalistically". *British Journal of Aesthetics* 22 (1982), S. 65–77.

[184] Gallie, Walter B.: „Art as an Essentially Contested Concept". *Philosophical Quarterly* 6 (1956), S. 97–114.

[185] Gaut, Berys: „‚Kunst' als Clusterbegriff". In: R. Bluhm und R. Schmücker (Hrsg.): *Kunst und Kunstbegriff. Der Streit um die Grundlagen der Ästhetik.* Paderborn: Mentis 2002, S. 140–165. [Original erstmals erschienen 2000.]

[186] Gelfert, Hans-Dieter: *Was ist Kitsch?* Göttingen: Vandenhoeck & Ruprecht 2000.

[187] Gombrich, Ernst H.: *Kunst und Illusion. Zur Psychologie der bildlichen Darstellung.* Berlin: Phaidon [6]2002. [Original: *Art and Illusion.* New York 1960.]

[188] Hanslick, Eduard: *Vom Musikalisch-Schönen. Ein Beitrag zur Revision der Ästhetik der Tonkunst.* Leipzig: Breitkopf & Härtel [12]1918.

[189] Hospers, John: „The Concept of Artistic Expression". *Proceedings of the Aristotelian Society* 55 (1956), S. 313–334.

[190] Hospers, John (Hrsg.): *Artistic Expression.* New York: Appleton-Century-Crofts 1971.

[191] Hospers, John: „The Croce-Collingwood Theory of Art". In: J. Hospers (Hrsg.): *Artistic Expression.* New York: Appleton-Century-Crofts 1971, S. 51–71.

[192] Kamber, Richard: „A Modest Proposal for Defining a Work of Art". *British Journal of Aesthetics* 33 (1993), S. 313–320.

[193] Kamber, Richard: „Weitz Reconsidered: A Clearer View of Why Theories of Art Fail". *British Journal of Aesthetics* 38 (1998), S. 33–46.

[194] Kennick, William E.: „Beruht die traditionelle Ästhetik auf einem Fehler?" In: R. Bluhm und R. Schmücker (Hrsg.): *Kunst und Kunstbegriff. Der Streit um die Grundlagen der Ästhetik.* Paderborn: Mentis 2002, S. 53–73. [Original erstmals erschienen 1958.]

[195] Kennick, William E.: „Theories of Art and the Artworld". *Journal of Philosophy* 61 (1964), S. 585–587.

[196] Krukowski, Lucian: „A Basis for Attributions of ‚Art'". *Journal of Aesthetics and Art Criticism* 39 (1980/81), S. 67–76.

[197] Langer, Susanne: *Feeling and Form.* New York: Scribner 1953.

[198] Langer, Susanne: *Philosophie auf neuem Wege. Das Symbol im Denken, im Ritus und in der Kunst.* Frankfurt (Main): Fischer 1984.

[199] Lessing, Alfred: „What Is Wrong with a Forgery?" In: M. C. Beardsley und H. M. Schueller (Hrsg.): *Aesthetic Inquiry: Essays on Art Criticism and the Philosophy of Art.* Belmont (California): Dickenson 1967, S. 241–252.

[200] Levinson, Jerrold: „Defining Art Historically". *British Journal of Aesthetics* 19 (1979), S. 232–250. [Wieder abgedruckt in: J. Levinson, *Music, Art, and Metaphysics. Essays in Philosophical Aesthetics.* Ithaca (New York): Cornell University Press 1990, S. 3–25.]

[201] Levinson, Jerrold: „Refining Art Historically". *Journal of Aesthetics and Art Criticism* 47 (1988/89), S. 21–33.

[202] Levinson, Jerrold: „Extending Art Historically". *Journal of Aesthetics and Art Criticism* 51 (1993), S. 411–423.

[203] Lind, Richard: „The Aesthetic Essence of Art". *Journal of Aesthetics and Art Criticism* 50 (1991/92), S. 117–129.

[204] Mandelbaum, Maurice: „Familienähnlichkeit und allgemeine Aussagen über die Künste". In: R. Bluhm und R. Schmücker (Hrsg.): *Kunst und Kunstbegriff. Der Streit um die Grundlagen der Ästhetik.* Paderborn: Mentis 2002, S. 74–94. [Original erstmals erschienen 1965.]

[205] Manns, J. W.: „Representation, Relativism and Resemblance". *British Journal of Aesthetics* 11 (1971), S. 281–287.

[206] Margolis, Joseph: „Mr. Weitz and the Definition of Art". *Philosophical Studies* 9 (1958), S. 88–94.

[207] Margolis, Joseph (Hrsg.): *Philosophy Looks at the Arts. Contemporary Readings in Aesthetics.* Philadelphia: Temple University Press ^{3}1987.

[208] Margolis, Joseph: *What, After All, Is a Work of Art? Lectures in the Philosophy of Art.* University Park (Pennsylvania): Pennsylvania University Press 1999.

[209] Matthews, Robert J.: „Eine Verteidigung der traditionellen Ästhetik". In: R. Bluhm und R. Schmücker (Hrsg.): *Kunst und Kunstbegriff. Der Streit um die Grundlagen der Ästhetik.* Paderborn: Mentis 2002, S. 95–117. [Original erstmals erschienen 1980.]

[210] McCormick, Peter (Hrsg.): *The Reasons of Art.* Ottawa: University of Ottawa Press 1985.

[211] McLaughlin, Thomas M.: „Clive Bell's Aesthetic: Tradition and Significant Form". *Journal of Aesthetics and Art Criticism* 35 (1977), S. 433–443.

[212] Morris, Charles: „Ästhetik und Zeichentheorie". In: C. Morris, *Grundlagen der Zeichentheorie. Ästhetik und Zeichentheorie.* Frankfurt (Main): Ullstein 1979, S. 91–118. [Original: „Esthetics and the Theory of Signs". *Journal of Unified Science* (*Erkenntnis*) 8, 1938, S. 131–150.]

[213] Oppy, Graham: „On Defining Art Historically". *British Journal of Aesthetics* 32 (1992), S. 153–161.

[214] Osborne, Harold: „What Is a Work of Art?" *British Journal of Aesthetics* 21 (1981), S. 3–11.

[215] Peetz, Dieter: „Some Current Philosophical Theories of Pictorial Representation". *British Journal of Aesthetics* 27 (1987), S. 227–238.

[216] Peirce, Charles Sanders: „Die Kunst des Räsonierens". In: C. S. Peirce, *Semiotische Schriften. Band 1.* Hrsg. von Christian J. W. Kloesel und Helmut Pape. Frankfurt (Main): Suhrkamp 2000, S. 191–201.

[217] Pitkänen, R.: „The Resemblance View of Pictorial Representation". *British Journal of Aesthetics* 16 (1976), S. 313–323.

[218] Pole, David: „Goodman and the Naïve View of Representation". *British Journal of Aesthetics* 14 (1974), S. 68–80.

[219] Rowe, M. W.: „The Definition of ‚Art'". *Philosophical Quarterly* 41 (1991), S. 271–286.

[220] Schier, Flint: *Deeper Into Pictures: An Essay on Pictorial Representation.* Cambridge: Cambridge University Press 1986.

[221] Schlesinger, George: „Aesthetic Experience and the Definition of Art". *British Journal of Aesthetics* 19 (1979), S. 167–176.

[222] Sclafani, Richard J.: „‚Art', Wittgenstein, and Open-Textured Concepts". *Journal of Aesthetics and Art Criticism* 29 (1970/71), S. 333–341.

[223] Sclafani, Richard J.: „The Logical Primitiveness of the Concept of a Work of Art". *British Journal of Aesthetics* 15 (1975), S. 14–28.

[224] Sircello, Guy: „Expressive Predicates of Art". In: J. Hospers (Hrsg.): *Artistic Expression.* New York: Appleton-Century-Crofts 1971, S. 303–326.

[225] Snoeyenbos, Milton H.: „Vagueness and ‚Art'". *British Journal of Aesthetics* 18 (1978), S. 12–18.

[226] Stecker, Robert: *Artworks. Definition, Meaning, Value.* University Park (Pennsylvania): The Pennsylvania State University Press 1997.

[227] Stecker, Robert: „Warum wir nach einer Definition der Kunst suchen sollten". In: R. Bluhm und R. Schmücker (Hrsg.): *Kunst und Kunstbegriff. Der Streit um die Grundlagen der Ästhetik.* Paderborn: Mentis 2002, S. 118–139. [Original erstmals erschienen 1997.]

[228] Tatarkiewicz, Wladyslaw: „What Is Art? The Problem of Definition Today". *British Journal of Aesthetics* 11 (1971), S. 134–153.

[229] Tilghman, Benjamin R.: „Wittgenstein, Games, and Art". *Journal of Aesthetics and Art Criticism* 31 (1972/73), S. 517–524.

[230] Todd, George F.: „Art and the Concept of Art". *Philosophy and Phenomenological Research* 44 (1983), S. 255–270.

[231] Tolhurst, William: „Toward an Aesthetic Account of the Nature of Art". *Journal of Aesthetics and Art Criticism* 42 (1983/84), S. 261–269.

[232] Tolstoi, Leo: *Was ist Kunst? Eine Studie.* Hrsg. und eingeleitet von Klaus H. Fischer. Schutterwald: Verlag Klaus Fischer 1999. [Original erstmals erschienen 1898.]

[233] Tomas, Vincent, Douglas, Morgan N. und Beardsley, Monroe C.: „The Concept of Expression in Art". In: J. Hospers: *Artistic Expression.* New York: Appleton-Century-Crofts 1971, S. 250–287.

[234] Tormey, Alan: *The Concept of Expression. A Study in Philosophical Psychology and Aesthetics.* Princeton: Princeton University Press 1971.

[235] Walton, Kendall: *Mimesis and Make-Believe. On the Foundations of the Representational Arts.* Cambridge (Massachusetts): Harvard University Press 1990.

[236] Weitz, Morris: „Die Rolle der Theorie in der Ästhetik". In: R. Bluhm und R. Schmücker (Hrsg.): *Kunst und Kunstbegriff. Der Streit um die Grundlagen der Ästhetik.* Paderborn: Mentis 2002, S. 39–52. [Original erstmals erschienen 1956.]

[237] Weitz, Morris: „Open Concepts". *Revue internationale de philosophie* 26 (1976), S. 86–110.

[238] Wittgenstein, Ludwig: *Philosophische Untersuchungen.* In: L. Wittgenstein: *Ludwig Wittgenstein. Werkausgabe Band 1. stw* 501. Frankfurt (Main): Suhrkamp 1984, S. 225–580.

[239] Wollheim, Richard: „Sehen-als, sehen-in und bildliche Darstellung". In: R. Wollheim: *Objekte der Kunst. stw* 384. Frankfurt (Main): Suhrkamp 1982, S. 192–210.

[240] Wollheim, Richard: *Painting as an Art.* London: Thames and Hudson 1987.

[241] Yanal, Robert J. (Hrsg.): *Institutions of Art. Reconsiderations of George Dickie's Philosophy.* University Park (Pennsylvania): Penn State University Press 1994.

[242] Young, James O.: „Defining Art Responsibly". *British Journal of Aesthetics* 37 (1997), S. 57–65.

[243] Zerby, Lewis K.: „A Reconsideration of the Role of Theory in Aesthetics – a Reply to Morris Weitz". *Journal of Aesthetics and Art Criticism* 16 (1957/58), S. 253–255.

[244] Ziff, Paul: „Was es heißt zu definieren, was ein Kunstwerk ist". In: R. Bluhm und R. Schmücker (Hrsg.): *Kunst und Kunstbegriff. Der Streit um die Grundlagen der Ästhetik.* Paderborn: Mentis 2002, S. 17–38. [Original erstmals erschienen 1953.]

Wichtige Fachzeitschriften

- *Journal of Aesthetics and Art Criticism*
  http://www.temple.edu/jaac/
- *British Journal of Aesthetics*
  http://www3.oup.co.uk/aesthj/
- *Zeitschrift für Ästhetik und Allgemeine Kunstwissenschaft*
  http://www.meiner.de/ZAEK/ZAEK.htm

Personenregister

Sachregister